PANÉGYRIQUES

DE

SAINT FRANÇOIS

DE SALES,

ÉVÊQUE ET PRINCE DE GENÈVE;

PAR

BOSSUET, BOURDALOUE, FLÉCHIER, LE P. DELARUE,
LE P. AVRILLON, LE P. DE SEGAUD, FREY DE
NEUVILLE, DE BEAUVAIS,

TERMINÉS

PAR DES FRAGMENTS DE FÉNELON,

RELATIFS AU SAINT,

ET ACCOMPAGNÉS D'UN FAC-SIMILE DE SON ÉCRITURE.

A PARIS,

J. J. BLAISE, LIBRAIRE DE FEU S. A. R. MADAME
LA DUCHESSE D'ORLÉANS DOUAIRIÈRE,

RUE FÉROU S.-SULPICE, N° 24, A LA BIBLE D'OR.

M·DCCC XXXIV.

Notre édition des *OEuvres complètes* de saint François de Sales se compose des ouvrages suivants :

La Vie, par M. Loyau d'Amboise, 1 vol. — Introduction à la Vie dévote, 1 vol. — Sermons, 3 vol. — Traité de l'Amour de Dieu, 2 vol. — Lettres, 4 vol. — Controverses, 1 vol. — Entretiens spirituels, 1 vol. — Opuscules, 1 vol. — Esprit de saint François de Sales, 1 vol.

Suppléments inédits, composés de divers ouvrages, formant les compléments : de l'Introduction à la Vie dévote, du Traité de l'Amour de Dieu, des Sermons, des Lettres, des Controverses, des Opuscules, etc., etc.

Table générale des matières contenues dans les OEuvres complètes.

Monument érigé à la gloire de S. François de Sales, à Annecy :

S. François de Sales présentant S. Vincent de Paul aux dames de la Visitation.

Ce recueil se compose de cinq gravures exécutées sur acier, avec les soins les plus minutieux, et forme, avec les discours qui ont été prononcés lors de la translation des reliques du saint évêque dans l'église Saint-Pierre d'Annecy, 1 vol. in-8, et se vend séparément.

Panégyriques de S. François de Sales, évêque et prince de Genève, fondateur de l'ordre de la Visitation de la Vierge, par Bossuet, le P. Bourdaloue, Fléchier, le P. Delarue, le P. de Segaud, le P. Avrillon, le P. Charles Frey de Neuville, et M. de Beauvais, évêque de Senez. Pour servir de complément à l'histoire de sa vie. 1 vol. in-8º, et se vend séparément.

Suppléments destinés à compléter l'édition de 1821, publiés avec celle de 1833-34 : Lettres, 2 vol. ; Addition à la Vie Dévote, et au Traité de l'Amour de Dieu, 1 vol. ; De la Primauté de S. Pierre, 1 vol. ; Règles et Constitutions des Dames de la Visitation, 1 vol. — Panégyriques du Saint, 1 vol. — Monument érigé à la gloire de S. Fr. de Sales, avec cinq Planches, détaillées ci-dessus.

Tenez voyla doncq ma
heureuse fille trois mots tout
fin seulz pour vous dire que
mon coeur cherit le vostre
et luy desire mille et mille
benedictions. Affin qu'il vive
constant et emple parmi
les accidens si variables de cette
vie mortelle. Mays priez bien
Dieu ma heureuse fille qu'il me
face la misericorde de me pardonner
mes peches affin que ie puisse un
iour voir sa sa saincte face avec
vous, et nostre chere Madame de
villesavin es pieds desquelz amen

Vostre tres humble
=ost 1621   franç. ev de Geneve

AVERTISSEMENT.

Nous croyons remplir une lacune et faire un véritable plaisir au lecteur, en publiant les divers Panégyriques qui ont été composés par les hommes les plus illustres des XVIIe, XVIIIe et XIXe siècles en l'honneur de saint François de Sales, Panégyriques que, jusqu'à ce jour, nous n'avions cités que pour mémoire. On jugera facilement que ces divers écrits sont indispensables pour servir de complément à l'Histoire de la Vie du grand évêque de Genève. Citer les noms des Bossuet, des Fénelon, des Bourdaloue, des Fléchier, etc., c'est donner en peu de mots la mesure du mérite de ces productions, et nous dispenser d'en faire l'éloge.

Une petite note, placée au bas de la première page de chacun des panégyriques est destinée à faire connoître la meilleure édition des œuvres des divers auteurs de ces écrits, ainsi que l'époque de leur naissance et celle de leur décès.

L'empressement flatteur avec lequel on a accueilli les diverses éditions des œuvres de saint François de Sales, que nous avons successivement publiées, étoit un témoignage trop éclatant de l'estime qui environnoit nos travaux, pour que nous ne nous crussions point engagé à justifier, autant qu'il dépendoit de nous, la confiance dont le public a bien voulu nous honorer. Aussi n'avons-nous rien négligé pour que l'édition que nous faisons paroître aujourd'hui ne laissât rien à désirer sous aucun rapport. Le volume des Panégyriques que nous publions en est le meilleur garant.

Nous faisons paroître pour la première fois le Panégyrique de Saint François de Sales, par le P. Avrillon; nous en devons la communication à M. Heu...

PANÉGYRIQUE

DE

SAINT FRANÇOIS DE SALES,

PAR BOSSUET. (1)

La science de saint François de Sales, lumineuse, mais beaucoup plus ardente. Avec quel fruit il a travaillé à l'édification de l'Église. Son éloignement pour tous les objets de l'ambition ; bel exemple de sa modération. Douceur extrême qu'il témoignoit aux âmes qu'il conduisoit. Cette douceur absolument nécessaire aux directeurs ; trois vertus principales qu'elle produit. Combien le saint prélat les possédoit éminemment.

Ille erat lucerna ardens et lucens.

Il étoit une lampe ardente et luisante. (Joan. v. 35.)

Laissons un spectacle de cruauté (2), pour arrêter notre vue sur l'image de la douceur même ; laissons des petits enfants, qui emportent la couronne des hommes, pour admirer un homme qui a l'innocence et la simplicité des enfants ; laissons des mères désolées, qui ne veulent point recevoir de consolation dans la perte qu'elles font de leurs fils, pour con-

(1) Bossuet (Jacques-Bénigne), évêque de Meaux, naquit à Dijon, le 27 septembre 1627 ; mort à Paris, le 12 avril 1704.

La meilleure comme la plus complète des éditions de ses OEuvres est celle publiée par Lebel, imprimeur à Versailles, 44 vol. in-8°., accompagnée de la Vie par le cardinal Bausset. 4 vol. in-8°.

(2) Bossuet a prononcé ce panégyrique, dans un couvent de la Visitation, avant que saint François de Sales eût été canonisé, et par conséquent avant que sa fête eût été fixée au 29 janvier. Il le prêcha le jour des saints Innocents, qui est le jour de la mort de ce saint évêque : c'est ce qui explique le commencement de l'exorde, qui paroîtroit singulier si l'on ignoroit cette circonstance. (*Édit. de Versailles.*)

1

templer un père toujours constant, qui a amené lui-même ses filles à Dieu, afin de les immoler de ses propres mains par la mortification religieuse. Il n'est pas malaisé, ce semble, de louer un père si vénérable devant des filles si respectueuses, puisqu'elles ont le cœur si bien préparé à écouter ses louanges : mais à le considérer par un autre endroit, cette entreprise est fort haute ; parce qu'étant si justement prévenues d'une estime extraordinaire de ses vertus, il n'est rien de plus difficile que de satisfaire à leur piété, remplir leurs justes désirs, et égaler leurs grandes idées. C'est ce qui me fait désirer, mes Sœurs, pour votre entière satisfaction, que l'éloge de ce grand homme eût déjà été fait en ce lieu auguste, où se prononcent les oracles du christianisme. Mais en attendant ce glorieux jour trop éloigné pour nos vœux, qui ouvrira la bouche des prédicateurs, pour faire retentir par toutes les chaires les mérites incomparables de François de Sales, votre très-saint instituteur, nous pouvons nous entretenir en particulier de ses admirables vertus, et honorer, avec ses enfants, sa bienheureuse mémoire, qui est plus douce à tous les fidèles qu'une composition de parfums, comme parle l'Écriture sainte (1). Commençons donc, chères âmes, cette sainte conversation avec la bénédiction du ciel ; et pour implorer son secours, employons les prières de la sainte Vierge, en disant, *Ave*.

Il y a assez de fausses lumières, qui ne veulent briller dans le monde que pour attirer l'admiration par la surprise des yeux. Il est assez naturel aux hommes de vouloir s'élever aux lieux éminents, pour

(1) Eccli. XLIX, 1.

étaler de loin, avec pompe, l'éclat d'une superbe grandeur. Ce vice, si commun dans le monde, est entré bien avant dans l'Église, et a gagné jusqu'aux autels. Beaucoup veulent monter dans les chaires, pour y charmer les esprits par leur science et l'éclat de leurs pensées délicates; mais peu s'étudient comme il faut à se rendre capables d'échauffer les cœurs par des sentiments de piété. Beaucoup s'empressent, avec ardeur, de paroître dans les grandes places, pour luire sur le chandelier (1); peu s'appliquent sérieusement à jeter dans les âmes ce feu céleste que Jésus a apporté sur la terre.

François de Sales, mes Sœurs, votre saint et admirable instituteur, n'a pas été de ces faux luisants qui n'attirent que des regards curieux et des acclamations inutiles. Il avoit appris de l'Évangile, que les amis de l'Époux et les ministres de sa sainte Église devoient être ardents et luisants; qu'ils devoient non-seulement éclairer, mais encore échauffer la maison de Dieu : *Ille erat lucerna ardens et lucens*. C'est ce qu'il a fidèlement accompli, durant tout le cours de sa vie; et il ne sera pas malaisé de vous le faire connoître fort évidemment par cette réflexion.

Trois choses principalement lui ont donné beaucoup d'éclat dans le monde : la science, comme docteur et prédicateur; l'autorité, comme évêque; la conduite, comme directeur des âmes. La science l'a rendu un flambeau capable d'illuminer les fidèles; la dignité épiscopale a mis ce flambeau sur le chandelier pour éclairer toute l'Église; et le soin de la direction a appliqué cette lumière bénigne à la conduite des particuliers. Vous voyez combien reluit ce flambeau sacré; admirez maintenant comme il échauffe. Sa science, pleine d'onction, attendrit les cœurs; sa

(1) Luc. XII, 49.

modestie, dans l'autorité, enflamme les hommes à la
vertu ; sa douceur, dans la direction, les gagne à
l'amour de Notre-Seigneur. Voilà donc un flambeau
ardent et luisant : si sa science reluit parce qu'elle
est claire, elle échauffe en même temps parce qu'elle
est tendre et affective ; s'il brille aux yeux des
hommes par l'éclat de sa dignité, il les édifie, les
excite, les enflamme tout ensemble par l'exemple
de sa modération. Enfin, si ceux qu'il dirige se
trouvent éclairés fort heureusement par ses sages et
salutaires conseils, ils se sentent aussi vivement
touchés par sa charmante douceur ; et c'est ce que je
me propose de vous expliquer dans les trois parties
de ce discours.

PREMIER POINT.

PLUSIEURS considèrent Jésus-Christ comme un
sujet de recherches curieuses, et pensent être savants
dans son Ecriture, quand ils y ont rencontré ou des
questions inutiles ou des rêveries agréables. François
de Sales, mes Sœurs, a cherché une science qui
tendît à la piété ; et afin que vous entendiez dans le
fond, et de quelle sorte Jésus-Christ veut être connu,
remontez avec moi jusqu'au principe.

Il y a deux temps à distinguer, qui comprennent
tout le mystère du christianisme : il y a le temps des
énigmes, et ensuite le temps de la claire vue ; le
temps de l'obscurité, et après, celui des lumières ;
enfin le temps de croire, et le temps de voir. Cette
distinction étant supposée, tirons maintenant cette
conséquence. Dans le temps de la claire vue, c'est
alors que les esprits seront satisfaits par la manifesta-
tion de la vérité ; car « nous verrons Dieu face à
face : » *Videbimus facie ad faciem* (1) : et là, dé-

(1) I. Cor. XIII, 12.

couvrant sans aucun nuage la vérité dans sa source, nous trouverons de quoi contenter toutes nos curiosités raisonnables. Maintenant quelle est notre connoissance ? connoissance obscure et enveloppée, qui nous fait entrevoir de loin quelques rayons de lumière, à travers mille nuages épais ; connoissance par conséquent qui n'a pas été destinée pour nous satisfaire, mais pour nous conduire, et qui est plutôt pour le cœur que pour l'esprit. Et c'est ce qui a fait dire au divin Sauveur : *Beati mundo corde, quoniam ipsi Deum videbunt* (1) : « Bienheureux ceux qui « ont le cœur pur, parce qu'ils verront Dieu. » *Videbunt* ; ils verront un jour, et alors ce sera le temps de satisfaire l'esprit : maintenant c'est le temps de travailler pour le cœur en le purifiant par le saint amour ; et ce doit être tout l'objet de notre science.

Approfondissons davantage cette matière importante, et apprenons, par les saintes Lettres, quelle est la science de cette vie. L'apôtre saint Pierre la compare à un flambeau allumé parmi les ténèbres : *Lucernæ ardenti in caliginoso loco* (2). Traduisons mot à mot ces belles paroles : « C'est une lampe « allumée dans un lieu obscur. » [Plus la nuit qui nous environne est obscure, plus il est nécessaire que la lumière qui nous éclaire soit vive pour en pénétrer les ténèbres ; mais plus les difficultés du chemin sont grandes, plus il faut de courage pour les surmonter, plus nous avons besoin d'être animés par l'éclat de la lumière qui nous dirige] : c'est pourquoi si ce flambeau a de la lumière, il doit avoir encore beaucoup plus d'ardeur, parce qu'elle doit attirer.

C'est pourquoi notre saint évêque a étudié, dans l'Evangile de Jésus-Christ, une science lumineuse,

_____
(1) Matth. V, 8. — (2) II. Petr. I. 19.

à la vérité, mais encore beaucoup plus ardente ; et aussi quoiqu'il sût convaincre, il savoit bien mieux convertir. Le grand cardinal du Perron en a rendu un beau témoignage. Ce rare et admirable génie, dont les ouvrages, presque divins, sont le plus ferme rempart de l'Eglise contre les hérétiques modernes, a dit plusieurs fois qu'il convaincroit bien les errants ; mais que, si l'on vouloit qu'ils se convertissent, il falloit les conduire à notre prélat. Et en effet il n'est pas croyable combien de brebis errantes il a ramenées au troupeau : c'est que sa science pleine d'onction ne brilloit que pour échauffer. Des traits de flammes sortoient de sa bouche, qui alloient pénétrer dans le fond des cœurs. Il savoit que la chaleur entre bien plus avant que la lumière : celle-ci ne fait qu'effleurer et dorer légèrement la surface ; la chaleur pénètre jusqu'aux entrailles, pour en tirer des fruits merveilleux, et y produire des richesses inestimables. C'est cette bénigne chaleur, qui donnoit une efficace si extraordinaire à ses divines prédications, que dans un pays fort peuplé de son diocèse, où il n'y avoit que cent catholiques quand il commença de prêcher, à peine y restoit-il autant d'hérétiques, quand il y eut répandu cette lumière ardente de l'Evangile.

Mais ne vous persuadez pas qu'il n'ait converti que les hérétiques ; cette science ardente et luisante agissoit encore bien plus fortement sur les domestiques de la foi. Je trouve, dans ces derniers siècles, deux hommes d'une sainteté extraordinaire, saint Charles Borromée et François de Sales. Leurs talents étoient différents, et leurs conduites diverses ; car chacun a reçu son don par la distribution de l'Esprit : mais tous deux ont travaillé avec même fruit à l'édification de l'Eglise, quoique par des voies différentes.

Saint Charles a réveillé dans le clergé cet esprit de
piété ecclésiastique. L'illustre François de Sales a
rétabli la dévotion parmi les peuples. Avant saint
Charles Borromée, il sembloit que l'ordre ecclésiastique avoit oublié sa vocation, tant il avoit corrompu ses voies ; et l'on peut dire, mes Sœurs,
qu'avant votre saint instituteur l'esprit de dévotion
n'étoit presque plus connu parmi les gens du siècle.
On reléguoit dans les cloîtres la vie intérieure et
spirituelle, et on la croyoit trop sauvage pour paroître dans la cour et dans le grand monde. François
de Sales a été choisi pour l'aller chercher dans sa
retraite, et pour désabuser les esprits de cette créance
pernicieuse. Il a ramené la dévotion au milieu du
monde ; mais ne croyez pas qu'il l'ait déguisée, pour
la rendre plus agréable aux yeux des mondains : il
l'amène dans son habit naturel, avec sa croix, avec
ses épines, avec son détachement et ses souffrances.
En l'état que l'a produite ce digne prélat, et dans
lequel elle nous paroît en son Introduction à la vie
dévote, le religieux le plus austère la peut reconnoître ; et le courtisan le plus dégoûté, s'il ne lui
donne pas son affection, ne peut lui refuser son
estime.

Et certainement, chrétiens, c'est une erreur in-
tolérable, qui a préoccupé les esprits, qu'on ne peut
être dévot dans le monde. Ceux qui se plaignent
sans cesse que l'on n'y peut faire son salut démen-
tent Jésus-Christ et son Évangile. Jésus-Christ s'est
déclaré le Sauveur de tous ; et par-là il nous fait
connoître qu'il n'y a aucune condition qu'il n'ait
consacrée, et à laquelle il n'ait ouvert le chemin du
ciel. Car, comme dit excellemment saint Jean Chrysostôme (1), la doctrine de l'Évangile est bien peu

(1) In Ep. ad Rom. Hom. XXVI, n. 4, tom. IX, pag. 717.

puissante, si elle ne peut policer les villes, régler les sociétés et le commerce des hommes. Si pour vivre chrétiennement il faut quitter sa famille et la société du genre humain, pour habiter les déserts et les lieux cachés et inaccessibles, les empires seront renversés et les villes abandonnées. Ce n'est pas le dessein du Fils de Dieu : au contraire il commande aux siens de luire devant les hommes (1). Il n'a pas dit dans les bois, dans les solitudes, dans les montagnes seules et inhabitées ; il a dit dans les villes et parmi les hommes : c'est là que leur lumière doit luire, afin que l'on glorifie leur Père céleste. Louons donc ceux qui se retirent ; mais ne décourageons pas ceux qui demeurent : s'ils ne suivent pas la vertu, qu'ils n'en accusent que leur lâcheté, et non leurs emplois, ni le monde, ni les attraits de la cour, ni les occupations de la vie civile.

Mais que dis-je ici, chrétiens ? les hommes abuseront de cette doctrine, et en prendront un prétexte pour s'engager dans l'amour du monde. Que dirons-nous donc, mes frères, et où nous tournerons-nous désormais, si on change en venin tous nos discours ! Prêchons qu'on ne peut se sauver dans le monde, nous désespérons nos auditeurs ; disons, comme il est vrai, qu'on s'y peut sauver, ils prennent occasion de s'y embarquer trop avant. O mondains, ne vous trompez pas, et entendez ce que nous prêchons. Nous disons qu'on peut se sauver dans le monde, mais pourvu qu'on y vive dans un esprit de détachement ; qu'on peut se sauver dans les grands emplois, mais pourvu qu'on les exerce avec justice ; qu'on se peut sauver parmi les richesses, mais pourvu qu'on les dispense avec charité ; enfin qu'on se peut sau-

---

(1) Matt. v. 16.

ver dans les dignités, mais pourvu qu'on en use avec cette modération dont notre saint prélat nous donnera un illustre exemple dans notre seconde partie.

SECOND POINT.

De toutes les passions humaines, la plus fière dans ses pensées et la plus emportée dans ses désirs, mais la plus souple dans sa conduite et la plus cachée dans ses desseins, c'est l'ambition. Saint Grégoire nous a représenté son vrai caractère, lorsqu'il a dit ces mots, dans son Pastoral, qui est un chef-d'œuvre de prudence, et le plus accompli de ses ouvrages : « L'ambition, dit ce grand pontife (1), est timide « quand elle cherche, superbe et audacieuse quand « elle a trouvé : » *Pavida cùm quærit, audax cùm pervenerit.* Il ne pouvoit pas mieux nous décrire le naturel étrange de l'ambition que par l'union monstrueuse de ces deux qualités opposées, la timidité et l'audace. Comme la dernière lui est naturelle et lui vient de son propre fonds ; aussi la fait-elle paroître dans toute sa force, quand elle a sa liberté tout entière : *Audax cùm pervenerit.* Mais en attendant, chrétiens, qu'elle soit arrivée au but, elle se resserre en elle-même, elle contraint ses inclinations : *Timida cùm quærit.* Et voici la raison qui l'y oblige : c'est, comme dit saint Jean Chrysostôme (2), que les hommes sont naturellement d'une humeur fâcheuse et contrariante : *Contentiosum hominum genus.* Soit que le venin de l'envie les empêche de voir les progrès des autres d'un œil équitable ; soit qu'en traversant leurs desseins, une imagination de puissance qu'ils exercent leur fasse ressentir un

(1) Pass. part. 1, cap. ix, tom. II, col. 9.
(2) In Epist. ad Philip. Hom. VII, n. 5, tom. XI, p. 252.

plaisir secret et malin ; soit que quelqu'autre inclination malfaisante les oblige à s'opposer les uns aux
autres, toujours est-il vrai de dire que l'ardeur d'une
poursuite trop ouverte nous attire infailliblement
des concurrents et des opposants. C'est pourquoi
l'ambition raffinée s'avance d'un pas timide ; et
tâchant de se cacher sous son contraire, pour être
mieux déguisée, elle se montre au public sous le
visage de la retenue.

Voyez cet ambitieux, voyez Simon le Magicien
devant les apôtres (1), comme il est rampant à leurs
pieds, comme il leur parle d'une voix tremblante.
Le même, quand il aura acquis du crédit, en impo-
sant aux peuples et aux empereurs par ses charmes
et par ses prestiges ; à quel excès d'arrogance ne se
laissera-t-il pas emporter, et combien travaillera-t-il
pour abattre ces mêmes apôtres devant lesquels il
paroissoit si bassement respectueux !

Mais je ne m'étonne pas, chrétiens, que l'ambition se cache aux autres, puisqu'elle ne se découvre
pas à elle-même. Ne voyons-nous pas tous les jours
que cet ambitieux ne se connoît pas, et qu'il ne sent
pas l'ardeur qui le presse et le brûle ? Dans les premières démarches de sa fortune naissante, il ne
songeoit qu'à se tirer de la boue ; après il a eu dessein de servir l'Eglise dans quelque emploi honorable ; là d'autres désirs se sont découverts, que son
cœur ne lui avoit pas encore expliqués : c'est que ce
feu, qui se prenoit par le bas, ne regardoit pas encore le sommet du toit ; il gagne de degré en degré
où sa matière l'attire, et ne remarque sa force qu'en
s'élevant. Tel est le naturel des ambitieux, qui
s'efforcent de persuader, et aux autres et à eux-

(1) Act. VIII, 19, 24.

mêmes, qu'ils n'ont que des sentiments modestes.
Mais quelque profonds que soient les abîmes où ils
tâchent de nous recéler leurs vastes prétentions,
quand ils seront établis dans leurs dignités, leur
gloire, trop long-temps cachée, se produira malgré
eux, par ces deux effets qui ne laissent pas de s'accorder, encore que d'abord ils semblent contraires :
l'un est de mépriser ce qu'ils sont ; l'autre, de le
faire valoir avec excès.

Oui, je dis qu'ils méprisent ce qu'ils sont, puisque
leur esprit n'en est pas content, qu'ils se plaignent
sans cesse de leur mauvaise fortune et qu'ils pensent
n'avoir rien fait. Leur vertu, à leur avis, mériteroit
un plus grand théâtre ; leur grand génie se trouve à
l'étroit dans un emploi si borné ; cette pourpre ne
leur paroît pas assez brillante, et il faudroit pour
les satisfaire qu'elle jetât plus de feu. Dans ces hautes
prétentions, ils comptent pour rien tout ce qu'ils
possèdent. Mais voyez l'égarement de leur ambition ;
pendant qu'ils méprisent eux-mêmes les honneurs
dont ils sont revêtus, ils veulent que tout le monde
les considère comme quelque chose d'auguste ; et si
peu qu'on ose entreprendre de toucher ce point
délicat, vous n'entendrez sortir de leur bouche que
des paroles d'autorité, pour marquer leur grandeur
et leur puissance. Ainsi ce superbe Aman, tant de
fois cité dans les chaires comme le modèle d'une ambition démesurée, quoiqu'il veuille que toute la terre
adore sa puissance prodigieuse, il la méprise lui-
même en son cœur ; et il s'imagine n'avoir rien gagné, quand il regarde l'accroissement qui lui manque
encore : *Hæc cum omnia habeam, nihil me habere
puto* (1). Tant l'ambition est injuste, ou de ne se
contenter pas de ce qu'elle veut que le monde ad-

(1) Esth. v. 13.

mire, ou d'exiger qu'on respecte tant ce qui n'est pas capable de la satisfaire.

Ceux qui s'abandonnent, mes Sœurs, à ces sentiments déréglés, peuvent bien luire et briller dans le monde par les dignités éminentes; mais ils ne luisent que pour le scandale, et ne sont pas capables d'enflammer les cœurs au mépris des vanités de la terre, et à l'amour de la modestie chrétienne. C'est, mes Sœurs, notre saint évêque qui a été véritablement une lumière ardente et luisante, lui qui, étant établi dans le premier ordre de la dignité ecclésiastique, s'est également éloigné de ces deux effets ordinaires de l'ambition : de vouloir s'élever plus haut, ou de maintenir avec faste l'autorité de son rang par un dédain fastueux. Pour l'élever à l'épiscopat, il avoit été nécessaire de forcer son humilité par un commandement absolu. Il remplit si dignement cette place qu'il n'y avoit aucun prélat dans l'Eglise que la réputation publique jugeât si digne des premiers siéges. Ce n'étoit pas seulement la renommée, dont le suffrage ordinairement n'est pas de grand poids. Le roi Henri-le-Grand le pressa souvent d'accepter les premières prélatures de ce royaume ; et sous le règne de son fils, un grand cardinal, qui étoit chef de ses conseils, le vouloit faire son coadjuteur dans l'évêché de Paris avec des avantages extraordinaires. Il étoit tellement respecté dans Rome, qu'il eût pu facilement s'élever jusqu'à la pourpre sacrée, si peu qu'il eût pris soin de s'attirer cet honneur. Parmi ces ouvertures favorables, il nous eût été impossible de comprendre quel étoit son détachement, si la Providence divine n'eût permis, pour notre instruction, qu'il s'en soit lui-même expliqué à une personne confidente, comme s'il eût été à l'article de la mort, où tout le monde ne paroît que fumée.

Que je vous demande ici, chrétiens : Baltasar, ce grand roi des Assyriens, à la veille de cette nuit fatale en laquelle Daniel lui prédit, de la part de Dieu, la fin de sa vie et la translation de son trône, étoit-il encore charmé de cette pompe royale, dans les approches de la dernière heure ? Au contraire, ne vous semble-t-il pas qu'il voyoit son sceptre lui tomber des mains, sa pourpre pâlir sur ses épaules, et l'éclat de sa couronne se ternir visiblement sur sa tête parmi les ombres de la mort qui commençoient à l'environner ? Pourroit-on encore se glorifier de la beauté d'un vaisseau étant tout près de l'écueil contre lequel on sauroit qu'il va se briser ? Ces aveugles adorateurs de la fortune estiment-ils beaucoup leur grandeur, quand ils voient que dans un moment toute leur gloire passera à leur nom, tous leurs titres à leur tombeau, et peut-être leurs dignités à leurs ennemis, du moins à des indifférents ? Alors, alors, mes frères, toutes leurs vanités seront confondues ; et s'il leur reste encore quelque lumière, ils seront contraints d'avouer que tout ce qui se passe est bien méprisable. Mais ces sentiments forcés leur apporteront peu d'utilité : au contraire ce sera peut-être leur condamnation, qu'il ait fallu appeler la mort au secours pour les contraindre, eux où il semble que rien ne vive que l'ambition, de reconnoître des vérités si constantes.

François de Sales, mes Sœurs, n'attend pas cette extrémité, pour éteindre en son cœur tout l'amour du monde : dans la plus grande vigueur de son âge, au milieu de l'applaudissement et de la faveur, il le considère des mêmes yeux qu'il feroit en ce dernier jour, où périssent toutes nos pensées ; et il ne songe non plus à s'avancer, que s'il étoit un homme mourant. Et certainement, chrétiens, il n'est pas seule-

ment un homme mourant ; mais il est en effet de
ces heureux morts, dont la vie est cachée en Dieu,
et qui s'ensevelissent tout vivants avec Jésus-Christ.
Que s'il est si sage et si tempéré à l'égard des dignités qu'il n'a pas, il use, dans le même esprit, de la
puissance qui lui est confiée. Il en donna un illustre
exemple, lorsque son Introduction à la vie dévote,
ce chef-d'œuvre de piété et de prudence, ce trésor
de sages conseils, ce livre qui conduit tant d'âmes à
Dieu, dans lequel tous les esprits purs viennent goûter avec joie les saintes douceurs de la dévotion, fut
déchiré publiquement, jusque dans les chaires évangéliques, avec toute l'amertume et l'emportement
que peut inspirer un zèle indiscret, pour ne pas dire
malin. Si notre saint évêque se fût élevé contre ces
prédicateurs téméraires, il auroit trouvé assez de
prétextes de couvrir son ressentiment de l'intérêt de
l'épiscopat qui étoit violé en sa personne, et dont
l'honneur, disoit un ancien (1), établit la paix de
l'Eglise. Mais il pensa, chrétiens, que si c'étoit une
plaie à l'Eglise de voir qu'un évêque fût outragé,
elle seroit bien plus grande encore de voir qu'un
évêque fût en colère, parût ému en sa propre cause,
et animé dans ses intérêts. Ce grand homme se per-
suada que l'injure que l'on faisoit à sa dignité, seroit
bien mieux réparée par l'exemple de sa modestie,
que par le châtiment de ses envieux : c'est pourquoi
on ne vit ni censures, ni apologie, ni réponse ; il
dissimula cet affront. Il en parle comme en passant
en un endroit de ses œuvres, en des termes si modérés, que nous ne pourrions jamais nous imaginer
l'atrocité de l'injure, si la mémoire n'en étoit encore
toute récente. [Mais si sa modération nous charme,

(1) Tertul. de Bapt. n. 17.

sa douceur dans la conduite des âmes ne sera pas moins touchante : c'est ma troisième partie.]

TROISIÈME POINT.

Qui que vous soyez, chrétiens, qui êtes appelés par le Saint-Esprit à la conduite des âmes que le Fils de Dieu a rachetées, ne vous proposez pas de suivre les règles de la politique du monde. Songez que votre modèle est au ciel, et que le premier directeur des âmes, celui dont vous devez imiter l'exemple, c'est ce Dieu même que nous adorons. Or ce directeur souverain des âmes ne se contente pas de répandre des lumières dans l'esprit, il en veut au cœur. Quand il veut faire sentir son pouvoir aux créatures inanimées, il ne consulte pas leurs dispositions ; mais il les contraint et les force. Il n'y a que le cœur humain, qu'il semble ne régir pas tant par puissance, qu'il le ménage par art, qu'il le conduit par industrie, et qu'il l'engage par douceur. Les directeurs des consciences doivent agir par la même voie, et cette douceur chrétienne est le principal instrument de la conduite des âmes ; parce qu'ils doivent amener à Dieu des victimes volontaires, et lui former des enfants et non des esclaves.

Pour avoir une belle idée de cette douceur évangélique, ce seroit assez, ce me semble, de contempler le visage de François de Sales. Toutefois, pour remonter jusqu'au principe, allons chercher jusque dans son cœur la source de cette douceur attirante qui n'est autre que la charité. Ceux qui ont le plus pratiqué et le mieux connu ce grand homme, nous assurent qu'il étoit enclin à la colère, c'est-à-dire qu'il étoit du tempérament qui est le plus opposé à la douceur ; mais il faut ici admirer ce que fait la charité dans les cœurs, et de quelle manière elle les change, et tout ensemble vous découvrir ce que c'est que la douceur chrétienne, qui semble être la vertu particulière de notre illustre prélat. Pour bien entendre ces choses, il faut remarquer, s'il vous plaît, que le plus grand changement que la nature fasse dans les hommes, c'est lorsqu'elle leur donne des enfants : c'est alors que les humeurs les plus aigres et les plus indifférentes conçoivent une nouvelle tendresse et ressentent des empressements qui leur étoient auparavant inconnus. Il n'y a personne qui n'ait observé les inclinations extraordinaires qui naissent tout à coup dans le cœur des mères et des nourrices qui sont comme de secondes mères. Or j'ai appris de S. Augustin que « la charité est une « mère, et que la charité est une nourrice : » *Charitas nutrix* (1), *charitas mater est* (2). En effet, nous lisons dans les Ecritures que la charité a des enfants ; elle a des entrailles où elle les porte ; elle a des mamelles qu'elle leur présente ; elle a un lait qu'elle leur donne. Il ne faut donc pas s'étonner si elle change ceux qu'elle possède, et surtout les conducteurs des âmes, ni si elle adoucit leur humeur en leur inspirant dans le cœur des sentiments maternels.

C'est, mes Sœurs, cette onction de la charité qui a changé votre bienheureux père ; c'est cette huile vraiment céleste, c'est ce baume spirituel qui a calmé ces esprits chauds et remuants qui excitoient en lui la colère : par où vous devez maintenant connoître ce que c'est que la douceur chrétienne. Ce n'est pas autre chose, mes sœurs, que la fleur de la charité, qui, ayant rempli le dedans, répand ensuite sur

(1) De catech. rud. cap. xv. n. 23, tom. VI, col. 279.
(2) Ad Marcel. Ep. CXXXIX, n. 3, tom. II, col. 421.

l'extérieur une grâce simple et sans fard, et un air de cordialité tempéré qui ne respire qu'une affection toute sainte : c'est par-là que François de Sales commençoit à gagner les cœurs.

Mais la douceur chrétienne n'agit pas seulement sur le visage; elle porte avec soi, dans l'intérieur, ces trois vertus principales qui la composent, la patience, la compassion, la condescendance : vertus absolument nécessaires à ceux qui dirigent les âmes : la patience, pour supporter les défauts; la compassion, pour les plaindre; la condescendance, pour les guérir. La conduite des âmes est une agriculture spirituelle; et j'apprends de l'apôtre saint Jacques, que la vertu des laboureurs, c'est la patience : « Voilà, « dit-il, que le laboureur attend le fruit de la terre, « supportant patiemment toutes choses » : *Ecce agricola expectat pretiosum fructum terræ, patienter ferens* (1).

Et en effet, chrétiens, pour dompter, si je puis parler de la sorte, la dureté de la terre, surmonter l'inégalité des saisons, et supporter sans relâche l'assiduité d'un si long travail, qu'y a-t-il de plus nécessaire que la patience? Mais vous en avez d'autant plus besoin, ô laboureurs spirituels, que le grain que vous semez est plus délicat et plus précieux; le champ que vous cultivez, plus stérile; les fruits que vous attendez, ordinairement plus tardifs; et les vicissitudes que vous craignez, sans comparaison plus dangereuses. Pour vaincre ces difficultés, il faut une patience invincible, telle qu'étoit celle de François de Sales. Bien loin de se dégoûter, ou de relâcher son application quand la terre qu'il cultivoit ne lui donnoit pas des fruits assez tôt, il augmentoit son ar-

(1) Jac. V, 7.

deur quand elle ne lui produisoit que des épines.
On a vu des hommes ingrats, auxquels il avoit donné
tant de veilles pour les conduire par la droite voie,
qui, au lieu de reconnoître ses soins, s'emportoient
jusqu'à cet excès de lui faire mille reproches outrageux. C'étoit un sourd qui n'entendoit pas, et un
muet qui ne parloit pas : *Ego autem tanquam surdus non audiebam, et sicut mutus non aperiens os
suum* (1). Il louoit Dieu dans son cœur de lui faire
naître cette occasion de fléchir par sa patience ceux
qui résistoient à ses bons conseils. Quelque étrange
que fût leur emportement, il ne lui est jamais arrivé
de se plaindre d'eux ; mais il n'a jamais cessé de les
plaindre eux-mêmes, et c'est le second sentiment
d'un bon directeur.

Vous le savez, ô pécheurs ! lépreux spirituels que
la Providence divine adressoit à cet Elisée ; vous particulièrement, pauvres dévoyés de ce grand diocèse
de Genève, et vous, pasteurs des troupeaux errants,
ministres d'iniquité, qui corrompez les fontaines de
Jacob et tâchez de détourner ses eaux vives sur une
terre étrangère : lorsque votre bonheur vous a fait
tomber entre les mains de ce pasteur charitable,
vous avez expérimenté quelles étoient ses com-
passions.

Et certainement, chrétiens, il n'est rien de plus
efficace pour toucher les cœurs que cette sincère dé-
monstration d'une charité compatissante. La compassion va bien plus au cœur lorsqu'elle montre le
désir de sauver, et les larmes du père affligé, qui
déplore les erreurs de son prodigue, lui font bien
mieux sentir son égarement que les discours subtils
et étudiés par lesquels il auroit pu le convaincre.

(1) Ps. XXXVII, 14.

C'est ce qui faisoit dire à S. Augustin (1) qu'il falloit rappeler les hérétiques plutôt par des témoignages de charité que par des contentions échauffées. La raison en est évidente ; c'est que l'ardeur de celui qui dispute peut naître du désir de vaincre : la compassion est plus agréable, qui montre le désir de sauver. Un homme peut s'aigrir contre vous quand vous choquez ses pensées ; mais il vous sera toujours obligé que vous désiriez son salut. Il craint de servir de trophée à votre orgueil ; mais il ne se fâche jamais d'être l'objet de votre charité. Entrez par cet abord favorable ; n'attaquez pas cette place du côté de cette éminence où la présomption se retranche ; ce ne sont que des hauteurs immenses et des précipices escarpés et ruineux : approchez par l'endroit le plus accessible ; et par ce cœur, qui s'ouvre à vous, tâchez de gagner l'esprit qui s'éloigne.

Jamais homme n'a mieux pratiqué cette ruse innocente et cette salutaire intelligence que le saint évêque dont nous parlons. Il ne lui étoit pas difficile de persuader aux pécheurs, et particulièrement aux hérétiques qui conversoient avec lui, combien il déploroit leur misère ; c'est pourquoi aussitôt ils étoient touchés, et il leur sembloit entendre une voix secrète qui leur disoit dans le fond du cœur ces paroles de S. Augustin : *Veni, columba te vocat, gemendo te vocat* (2) : pécheurs, courez à la pénitence ; hérétiques, venez à l'Eglise ; celui qui vous appelle, c'est la douceur même ; ce n'est pas un oiseau sauvage qui vous étourdisse par ses cris importuns ou qui vous déchire par ses ongles ; c'est une colombe qui gémit pour vous, et qui tâche de vous attirer en gémissant par l'effort d'une compas-

(1) In Joan. Tract. VI, n. 15, tom. III, part. II, col. 337.
(2) *Ibid.*

sion plus que paternelle : *Veni, columba te vocat, gemendo te vocat.* Un homme si tendre, mes sœurs, et si charitable, sans doute n'avoit pas de peine à se rabaisser par une miséricordieuse condescendance, qui est la troisième partie de la douceur chrétienne, et la qualité la plus nécessaire à un fidèle conducteur des âmes : condescendance, mes sœurs, que l'onction de la charité produit dans les cœurs, et voici en quelle manière.

Je vous parlois tout à l'heure de ces changements merveilleux que fait dans les cœurs l'amour des enfants, entre lesquels le plus remarquable est d'apprendre à se rabaisser; car voyez cette mère et cette nourrice, ou ce père même si vous voulez, comme il se rapetitse avec cet enfant, si je puis parler de la sorte. Il vient du palais, dit S. Augustin (1), où il a prononcé des arrêts, où il a fait retentir tout le barreau du bruit de son éloquence. Retourné dans son domestique, parmi ses enfants, il vous paroît un autre homme. Ce ton de voix magnifique a dégénéré et s'est changé en un bégaiement; ce visage, naguère si grave, a pris tout à coup un air enfantin; une troupe d'enfants l'environne, auxquels il est ravi de céder; et ils ont tant de pouvoir sur ses volontés qu'il ne peut leur rien refuser que ce qui leur nuit. Puisque l'amour des enfants produit ces effets, il faut bien que la charité chrétienne, qui donne des sentiments maternels particulièrement aux pasteurs des âmes, inspire en même temps la condescendance. Elle accorde tout, excepté ce qui est contraire au salut. Vous le savez, ô grand Paul! qui êtes descendu tant de fois du troisième ciel pour bégayer avec les enfants, qui paroissiez vous-même, parmi les fidèles, ainsi qu'un enfant : *Facti sumus parvuli in medio*

(1) In Joan. Tract. VII, n. 22, tom. III, part. II, col. 352.

vestrūm (1) : petit avec les petits, gentil avec les gentils, infirme avec les infirmes, tout à tous, afin de les sauver tous.

Que dirai-je maintenant de S. François de Sales ? (Ce sera, mes frères, vous représenter au naturel les saints artifices de sa charitable condescendance pour les âmes que de vous exposer ici les vrais caractères de la charité pastorale que S. Augustin nous a si tendrement exprimés.) « La charité, nous « dit-il, enfante les uns, s'affoiblit avec les autres ; « elle a soin d'édifier ceux-ci, elle craint de blesser « ceux-là ; elle s'abaisse vers les uns, elle s'élève vers « les autres ; douce pour certains, sévère à quelques- « uns, ennemie de personne, elle se montre la mère « de tous ; elle couvre de ses plumes molles ses ten- « dres poussins ; elle appelle d'une voix pressante « ceux qui se plaignent, et les superbes qui refusent « de se rendre sous ses ailes caressantes deviennent « la proie des oiseaux voraces : » *Ipsa charitas alios parturit, cum aliis infirmatur; alios curat ædificare, alios contremiscit offendere; ad alios se inclinat, ad alios se erigit; aliis blanda, aliis severa; nulli inimica, omnibus mater* (2);.... *languidulis plumis teneros fœtus operit, et susurrantes pullos contractâ voce advocat; cujus blandas alas refugientes superbi, præda fiunt alitibus* (3). Elle s'élève contre les uns sans s'emporter, et s'abaisse devant les autres sans se démettre ; sévère à ceux-là sans rigueur, et douce à ceux-ci sans flatterie ; elle se plaît avec les forts, mais elle les quitte pour courir aux besoins des foibles. (4)

(1) I. Thess. II, 7.
(2) S. Aug. de cat. rud. cap. xv, n. 23, tom. VI, col. 279.
(3) S. Aug. de cat. rud. cap. x, n. 15, tom. VI, col. 274.
(4) Bossuet renvoie, pour finir son sermon, au Panégyrique de saint Thomas de Villeneuve, que toutes nos recherches n'ont pu nous procurer. (*Édit. de Déforis.*)

PANÉGYRIQUE

DE SAINT FRANÇOIS DE SALES,

PAR LE P. BOURDALOUE. (1)

In fide et lenitate ipsius sanctum fecit illum.

Dieu l'a fait saint par l'efficace de sa foy et de sa
douceur.　(*Dans l'Ecclésiastique*, chap. 45.)

C'est la conclusion de l'éloge que l'Écriture sainte
a fait de Moyse : mais il semble qu'en faisant cet
éloge, elle ait eû au mesme temps en veûë le glorieux saint François de Sales, dont nous celebrons
la feste ; et je n'aurois qu'à suivre dans le texte sacré le parallele de ces deux grands hommes, pour
satisfaire pleinement à ce que vous attendez de moy,
et pour vous donner une haute estime de celuy que
vous honorez en cette Église. Car prenez garde, s'il
vous plaist : le saint Esprit entreprenant luy-mesme
de canoniser Moyse, dit que ce saint Législateur
eut une grace speciale, pour estre cheri de Dieu et
des hommes, *Dilectus Deo et hominibus* (2); que sa
memoire est en benediction, *Cujus memoria in be-
nedictione est ;* que Dieu l'a égalé dans sa gloire aux

(1) Bourdaloue (Louis), jésuite, né à Bourges le 20 août 1632,
mort à Paris le 13 mai 1704.

Ses OEuvres se composent de 16 vol. in-8°., publiées par le P. Bre-
tonneau, jésuite, en 1707 et années suivantes ; c'est la meilleure édition et la plus recherchée ; plusieurs fois réimprimées depuis quelques
années.

(2) Eccles. c. 45.

plus grands Saints , *Similem illum fecit in gloriâ sanctorum ;* que par la vertu de ses paroles , il a appaisé les monstres , *Et in verbis suis monstra placavit ;* que le Seigneur l'a glorifié en présence des Roys, *Glorificavit illum in conspectu Regum ;* qu'il luy a confié la conduite et le gouvernement de son peuple , *Et jussit illi coram populo suo ;* qu'il l'a establi pour enseigner à Israël et à Jacob une loy dont la pratique doit estre une source de vie , *Et dedit illi legem vitœ et disciplinœ :* mais surtout qu'il l'a fait saint en considération de sa foy et de sa douceur, *In fide et lenitate ipsius sanctum fecit illum.* Je vous demande, Chrestiens , si vous ne reconnoissez pas à tous ces traits , le grand Evesque de Geneve ; et si dans le dessein que j'ay de luy en faire l'application , vous ne m'avez pas déjà prévenu ? Un Saint chéri de Dieu et des hommes , un Saint dont la mémoire est par-tout en benediction, un Saint qui a dompté les monstres de l'heresie et du schisme , un Saint respecté et honoré des monarques de la terre , un Saint qui n'est entré dans le gouvernement de l'Eglise que par l'ordre exprés de Dieu, un Saint qui a instruit tout le monde chrestien des devoirs de la veritable pieté, un Saint instituteur et autheur de cette admirable regle qui a sanctifié tant d'épouses de Jesus-Christ; mais particulierement un Saint canonisé pour l'excellent mérite de sa douceur, *In lenitate ipsius sanctum fecit illum :* encore une fois, mes chers Auditeurs, n'est-ce pas l'incomparable François de Sales ? Arrestons-nous là : c'est la plus juste et la plus parfaite idée que nous puissions concevoir de cet homme de Dieu. Il a esté l'Apostre de la Savoye, l'oracle et le predicateur de la France, le modelle des Prelats, le protecteur des interests de Dieu dans les cours des Princes , le fleau de l'heresie, le defenseur de la vraye religion, le Pere d'un ordre florissant; en un mot, l'ornement de nostre siecle : mais nous comprendrons tout cela, en disant que ce fut, comme Moyse, un homme doux; et par sa douceur, capable aussi bien que Moyse, de faire des prodiges. Douceur évangelique, aimable caractere de nostre Saint, qui fera le sujet non seulement de son panegyrique, mais de vostre instruction et de la mienne. Car à Dieu ne plaise que je separe l'un de l'autre, ni que je prétende aujourd'huy loüer ce saint Evesque uniquement pour le loüer et pour l'élever. Son éloge doit estre nostre édification, et tout ensemble nostre confusion : l'édification de nostre foy, et la confusion de nostre lascheté. C'est icy un Saint de nos jours et par là mesme plus propre à faire impression sur nos cœurs : un Saint dont les exemples encore récents, ont je ne sçais quoy de vif, qui nous anime et qui nous touche. Il ne s'agit donc pas de luy rendre un simple culte; il s'agit de nous former sur luy, comme il s'est luy-mesme formé sur le Saint des saints, qui est Jesus-Christ : et voilà pourquoy nous avons besoin du secours du ciel. Demandons-le par l'intercession de la Reyne des vierges. *Ave Maria.*

Quand je parle de la douceur, et que je fonde toute la gloire du saint Evesque de Geneve sur le merite de cette vertu, ne croyez pas que je veüille parler d'une vertu commune, qui se trouve en de mediocres sujets et qui n'ait rien de grand et de relevé. La douceur, dit excellemment saint Ambroise, appelée dans l'homme humanité, est en Dieu l'un des plus spécifiques et des plus beaux attributs de la divinité. Car, adjouste ce saint Docteur, de voir un Dieu aussi puissant et aussi indépendant que le nostre, souffrir néanmoins ce qu'il souffre des impies ; et malgré leur impiété, conserver pour eux un cœur de pere, faire luire sur eux son Soleil, les prevenir de ses bienfaits et les combler de ses graces, n'est-ce pas ce qu'il y a dans ce souverain maistre de plus admirable ? Tout le reste, si je l'ose dire, ne m'étonne point. Qu'estant Dieu il soit éternel, c'est une consequence de son estre, qui ne surprend point ma raison. Mais qu'estant Dieu il soit patient jusqu'à l'excés, et comme insensible aux injures qu'il reçoit ; que mesmes il en aime les autheurs et qu'il les recherche, c'est ce que j'ay peine à comprendre. Demandez à saint Paul, ce que c'est que l'incarnation du Verbe., cet ineffable et auguste mystere ? rien autre chose que la benignité d'un Dieu Sauveur, qui a paru avec eclat, et qui s'est revelée au monde : *Cùm autem benignitas et humanitas apparuit Salvatoris nostri Dei* (1). Aussi que n'a pas fait le Fils de Dieu, pour exalter cette vertu dans le christianisme, puisqu'il l'a canonisée si hautement, *Beati mites* (2) ; puisqu'il l'a proposée comme l'abrégé de toute sa doctrine, *Discite à me, quia mitis sum* (3) ; puisqu'il en a fait l'appanage de sa Royauté, *Ecce Rex tuus venit tibi mansuetus* (4) ; puisque son precurseur s'en est servi comme d'une preuve sensible que cet Agneau de Dieu estoit le Messie, *Ecce Agnus Dei* (5) ; puisque l'Apostre exhortant les fidelles, et voulant les engager par ce que Jesus-Christ avoit eû de plus cher, à pratiquer leurs devoirs, les en conjuroit par la douceur de cet homme Dieu, *Obsecro vos per mansuetudinem Christi* (6) ; puisqu'au rapport du sixieme Concile,

---

(1) Epist. ad Tit. c. 3. — (2) Matth. c. 5. — (3) Matth. c. 11.
(4) Matth. c. 21. — (5) Joan. c. 1. — (6) II. Cor. c. 10.

on ne representoit Jesus–Christ dans les premiers
siecles de l'Eglise, que sous la figure de Pasteur, si
toutefois on peut appeler figure, ce qui estoit une
solide et incontestable verité. En voilà trop, Chrestiens, pour ne pas connoistre tout le prix et toute
l'excellence de la douceur; laquelle, après tout, n'est
pas tant une vertu particuliere, qu'un temperament
general de toutes les vertus. Car la grace a son temperament aussi-bien que la nature; et la douceur
chrestienne, au sentiment mesme de l'illustre François de Sales, n'est qu'une certaine constitution de
l'homme interieur, qui le rend soumis à Dieu, tranquille en luy–mesme, et bienfaisant à l'égard des
autres. Or elle ne peut avoir ces trois effets, qu'elle
ne se repande en quelque sorte sur toutes les vertus;
reglant les entreprises de la force, moderant l'ex-
tresme severité de la justice, inspirant du courage
à l'humilité, corrigeant les excés du zéle, dépoüil-
lant la charité de toute affection propre pour luy
en donner d'universelles. Un homme avec de telles
dispositions est sans doute un homme debonnaire et
doux. Vertu sublime, mais sur-tout vertu la plus
efficace et la plus puissante, comme je vais vous le
faire voir dans l'exemple de saint François de Sales.

Je trouve que ce saint Prelat a esté choisi de Dieu
pour deux fins importantes, qui ont également
partagé sa vie et ses glorieux travaux : premiere-
ment pour combattre et détruire l'heresie; secon-
dement, pour restablir la pieté chrestienne presque
entièrement ruinée. Il a fait pour l'un et pour l'autre
tout ce qu'on pouvoit attendre d'un homme Apostolique; et il a eû des succés que nous aurions peine
à croire, si les temoignages encore vivants, avec le
consentement public, n'en estoient une double conviction. Mais je prétends que c'est à sa douceur, que

ces benedictions du ciel doivent estre singulierement
attribuées. Voici donc le partage de ce discours.
François, par la force de sa douceur, a triomphé de
l'heresie ; c'est le premier poinct. François, par
l'onction de sa douceur, a restabli la pieté dans
l'Eglise ; c'est le second poinct. Tous deux feront
le sujet de vostre attention.

PREMIERE PARTIE.

De dire que la providence ait permis la propaga-
tion de l'heresie dans le Diocese de Geneve, pour
donner à François de Sales une matiere de triomphe, c'est une pensée, Chrestiens, qui n'est pas
hors de toute vray-semblance, et qui peut absolument s'accorder avec les secrets et adorables conseils
de la predestination divine. J'aime mieux dire nean-
moins, et ce sentiment est plus conforme à la conduite ordinaire du ciel, que supposé le désastre de
ces peuples voisins de la France, Dieu suscita cet
homme Apostolique, pour estre tout ensemble et
leur Prince et leur Pasteur : de mesmes qu'autrefois
il suscita David en faveur des Israëlites ; *Et suscitabo*
pastorem unum, servum meum David ; ipse erit
princeps in medio eorum (1). Vous sçavez en quel
estat se trouvoit réduit ce pays infortuné, quand
Dieu usa envers luy de cette misericorde. Geneve,
dont la seigneurie avoit esté contestée pendant plusieurs siecles, entre les Evesques et les Comtes de
Genevois, estoit à la fin devenuë sujette de l'heresie.
Depuis soixante ans elle avoit secoüé le joug des
puissances de la terre et du ciel, pour se soumettre
à celles de l'enfer. La religion nouvelle de Calvin
s'y estoit retranchée comme dans son fort ; et la
France avoit eû au moins le bonheur de pousser ce

---

(1) Ezech. c. 34.

poison hors de son sein, après l'y avoir malheureusement conceû : Dieu ne voulant pas que ce
Royaume trés chrestien fust le siege et le rempart
de l'erreur. C'estoit un triste spectacle de voir tous
les environs de Geneve, c'est-à-dire, des provinces
entieres, embrazées du mesme feu que cette ville
infidelle : plus de loy ni de prophete ; les pierres
du sanctuaire estoient dispersées, les temples détruits ou prophanez. Jerusalem ne fut jamais plus
digne de larmes : car elle n'avoit esté violée que par
ses ennemis, *Manum suam misit hostis ad omnia
desiderabilia ejus* (1); au lieu que Geneve, selon
l'expression d'Isaïe, estoit infectée de ses propres
habitants ; *Terra infecta est ab habitatoribus
suis* (2). Eux-mesmes avoient porté les mains sur
l'autel du Seigneur pour le renverser; eux-mesmes
avoient aboli les sacrifices, et rompu l'alliance que
Dieu avoit faite avec leurs Peres : *Quia transgressi
sunt leges, dissipaverunt fœdus simpiternum* (3).
Or qui reparera ces ruines ? Ne faut-il pas la force
d'un conquerant, pour purger cette terre de tant
de monstres ! Non, il ne faut que la douceur de
François de Sales.

Il me semble que j'entends les Anges tutelaires
de Geneve, qui en font à Dieu la demande et le
vœu public, en luy adressant ces belles paroles de
l'Ecriture : *Emitte agnum, Domine, dominatorem
terræ* (4). Seigneur, vous vous voyez icy desormais
comme dans une terre étrangere, depuis qu'elle
n'est plus de vostre obeïssance : envoyez au plustost
l'Agneau que vous avez choisi, pour la soumettre
et pour y restablir vostre empire. Dieu les exauce,
mes chers Auditeurs; François, quoyque l'aisné
d'une illustre famille dont il devoit estre l'appuy,

(1) Jerem. Thren. c. 1. — (2) Isa. c. 24. — (3) *Ibid.* — (4) Isa. c. 14.

éclairé des lumieres du ciel, abandonne tous les avantages de sa naissance, renonce mesme à son patrimoine, pour se consacrer et pour donner ses soins à l'Eglise de Geneve. Le duc de Savoye forme un dessein digne de sa pieté. Ce prince entreprend la conversion de ce grand Diocese, et François le seconde dans cette entreprise. Il en reçoit la mission de son Evesque, qui pût bien luy dire en cette rencontre ce que le Sauveur disoit à ses disciples : *Ecce ego mitto vos sicut agnos inter lupos* (1) ; je vous envoye comme un agneau au milieu des loups. Le saint Siege authorise ce choix ; et afin qu'il soit encore plus authentique, le nouvel Apostre est nommé successeur à l'Evesché de Geneve. Dignité qu'il ne cherche point, et qu'il ne refuse point : qu'il ne cherche point, parce que c'est un titre d'honneur ; mais aussi qu'il ne refuse point, parce qu'il l'envisage comme un moyen que la providence luy fournit, pour travailler plus efficacement à la destruction de l'heresie. Ainsi, Chrestiens, le voilà cet agneau choisi de Dieu, pour exercer sur ces peuples égarez une domination aussi puissante que sainte. Oui, Geneve luy obeïra. Il est son Prince, et elle releve de luy ; il est son Pasteur, et elle est son troupeau ; les droits qu'il a sur elle ne souffrent point de prescription : tant qu'elle portera le caractere du baptesme, elle n'effacera jamais les marques de sa dépendance. Si les armes de la Savoye n'ont rien pû sur elle, il faut qu'elle soit vaincuë par la douceur de François de Sales.

Il entre, mes chers Auditeurs, dans cette vigne desolée, qui refleurit à sa veüë pour porter bientost des fruicts de grace. Il y marche, mais comme un géant. Autant de pas qu'il fait, autant de conquestes.

(1) Luc. c. 10, v. 3.

Par-tout il arbore l'étendart de la vraye religion ;
par-tout on ne voit que des Eglises renaissantes ;
par-tout les saints, dégradez, pour ainsi dire, et
privez du culte qui leur est dû, sont restablis dans
leurs anciens titres et dans tous leurs honneurs.
Chaque jour ramene de nouveaux sujets à Jesus-
Christ, et chaque jour grossit la moisson que François prend soin de recüeillir. Ah ! Chrestiens, que
ne peut point un homme possédé de l'esprit de Dieu,
et libre des interests de la terre ! Vous sçavez combien la conversion d'une ame engagée dans l'erreur
est un ouvrage difficile. Ce retour du mensonge à
la verité, sur-tout dans un esprit opiniastre, est
mis au nombre des miracles, tant il est rare. Rappeller un homme du peché à la grace, c'est beaucoup, disoit Pierre de Blois. De l'idolastrie payenne
le convertir à la connoissance d'un Dieu, c'est
quelque chose de plus. Mais de l'heresie embrassée
volontairement et defenduë avec obstination., le
faire revenir à la creance orthodoxe et catholique,
c'est une espece de prodige. Nous avons bien veû des
peuples, dit un sçavant historien, quitter tout d'un
coup la superstition pour se soumettre à la foy
chrestienne. Un Xavier a de la sorte converti luy
seul des millions d'ames. L'heresie a eû ses déca-
dences, tantost par la succession des temps comme
la Pelagienne, tantost par le changement des Estats
comme l'Arienne, quelquefois par la force des armes comme plusieurs autres. Mais que des provinces
entieres, sans autre secours que celuy de la parole,
ayent esté réduites d'une creance heretique à l'obeïssance de la foy, c'est ce que nous ne lisons point
dans l'histoire de l'Eglise. Non, mes chers Auditeurs,
on ne le lisoit point avant que l'homme de Dieu,
François de Sales, eust operé cette merveille : elle

estoit reservée à nos jours, ou plustost à sa vertu.
Car il est vrai que jamais Apostre ne travailla avec
de plus prompts et de plus merveilleux succez. A
peine eût-il presché dans Thonon, ville du Chablais,
que plus de six cents personnes ouvrirent les yeux et
renoncerent à l'erreur qui les aveugloit. Le demon
de l'heresie fuit de toutes parts, et le zelé predicateur de la verité le poursuit jusques dans Geneve,
où ce fort-armé regnoit en paix. L'enfer est confondu, ses ministres mesmes sont ébranlez; François les gagne, et en fait des ministres de l'Evangile.

Dispensez-moy, Chrestiens, de vous dire en détail tous les avantages qu'eût ce saint Prelat, et
qu'il remporta sur l'heresie. Ce qui n'a pas épuisé
sa charité lasseroit peut-estre vostre patience. Tout
le Chablais fût étonné de se voir catholique, mais
d'un étonnement bien plus heureux que celuy dont
le monde, selon les termes de saint Jerosme, fut
autrefois surpris en se voyant Arien. Geneve est
forcée de payer le juste tribut d'un grand nombre
de ses citoyens, qui discernent enfin la voix de leur
pasteur. De tous les endroits de la France l'heresie
vient luy faire hommage, et presque tous ceux de
ce Royaume qui pensent à leur conversion vont
chercher l'Evesque de Geneve. Il y dispose par ses
soins l'un des plus grands hommes de nostre siecle,
le connestable de Lesdiguieres : et pour vous faire
voir que je ne dis rien qui ne soit establi sur les
preuves les plus certaines, je vous prie de remarquer
que ce n'est point icy un sujet dont la verité puisse
estre alterée, ou par l'éloignement des lieux, ou par
l'antiquité des faits. Je parle suivant la déposition
publique et juridique des temoins les plus irrepro-
chables : temoins oculaires, temoins illustres et pour
leur doctrine et pour leur pieté, qui nous appren-

nent que François de Sales, par l'ardeur de son zéle et ses glorieux travaux, gagna à l'Eglise et convertit plus de soixante et dix mille heretiques.

Mais dites-moy, Chrestiens, comment s'accomplit ce miracle; comment François trouva le secret de dompter ces esprits rebelles; quelles armes il opposa à l'esprit de tenebres, et de quel charme il usa pour adoucir la fierté de l'heresie et pour la rendre traitable. Ce fut un charme sans doute, mais un charme innocent que luy fournit la sagesse incréée : *Beati mites, quoniam ipsi possidebunt terram* (1). La douceur de son esprit le mit en possession de tant de cœurs; et si vous m'en demandez la raison, je la donne en deux mots : c'est que pour executer ce grand ouvrage, il fallut souffrir beaucoup et agir de mesme. Or ce fut la douceur chrestienne qui luy rendit tout supportable, et tout possible. Tout supportable; car ce fut une douceur patiente. Tout possible; car ce fut une douceur entreprenante et agissante. D'où je conclus que c'est par cette vertu qu'il a si glorieusement triomphé de l'erreur.

Douceur patiente et à l'épreuve de tout. Par combien de calomnies l'enfer s'efforce-t-il de décrier son ministere? Autant que sa reputation est entiere et saine en elle-mesme, autant est-elle dechirée par les ennemis de Dieu : mais ce sont les partisans du mensonge, disoit-il; permettons-leur cette vengeance. Il y a quelque espece de justice pour eux, et beaucoup de gloire pour nous : aimons-les et gagnons-les à Dieu, ils seront les premiers à nous justifier. De-là ses propres calomniateurs, en l'outrageant par interest, l'aimoient par inclination. Cette inclination, quoyque forcée, preparoit la voye à François de Sales, pour entrer dans ces cœurs en-

(1) Matth. c. 3.

durcis ; et je puis dire que c'estoit aussi comme la grace prevenante qui les disposoit à se reconnoistre, et à sortir de leur égarement. Combien d'insultes a-t-il reçûës ; et combien sa douceur en a-t-elle remporté de signalées victoires sur ceux mesmes qui l'insultoient ? Il veut restablir l'Eglise de Thonon : toute la ville se souleve contre luy ; on court aux armes ; les nouveaux convertis les prennent pour sa défense. Ah ! mes chers Enfants, s'écrie-t-il en s'adressant à ses defenseurs, vous ne sçavez pas encore sous quelle loy vous vivez, et de quel esprit vous devez estre animez. En pensant défendre le pasteur, vous allez dissiper le troupeau. L'Eglise est fondée sur la croix, et nous ne pouvons la rebastir sur un autre fondement. Prions pour nos persecuteurs ; c'est ainsi que nous devons les combattre, et nous garentir de leurs coups. Evenement merveilleux, Chrestiens ! Ces paroles calment l'orage de la sedition ; François fait avec solemnité l'ouverture de son Eglise ; trois bourgades entieres viennent par leur presence et par leur soumission la consacrer, et sa douceur opere ce qu'on n'eust pû esperer de la violence. Seigneur, disoit David, vous m'avez donné un bouclier de salut, *Clypeum salutis* (1) : c'estoit aprés avoir échappé à mille perils. Cet esprit debonnaire et doux que vous m'avez inspiré ne m'a pas seulement preservé de mes ennemis ; il a mesme multiplié le nombre de mes sujets : *Mansuetudo multiplicavit me* (2). N'est-ce pas François de Sales qui parle, mes chers Auditeurs, ou ne pouvoit-il pas parler de la sorte, lorsqu'un party luy ayant dressé des embusches sur le chemin des Alinges, il en dressa luy-mesme d'autres à ses

_____

(1) II. Reg. c. 22. — (2) *Ibid.*

assassins, mais bien differentes. Ils venoient pour
luy oster la vie, et ils la receûrent de luy; sa douceur les desarma, les entraisna, et sur l'heure mesme
les arracha à l'heresie et les éclaira. Je passe tant
d'autres exemples, où la douceur de nostre saint
Evesque fut toûjours victorieuse. Douceur non seulement patiente et souffrante, mais entreprenante
et agissante.

Il l'a bien fallu, Chrestiens, pour porter les affaires de la religion au poinct où il les a conduites.
Un sage prophane s'étonnoit autrefois que nos anciens prophetes se fussent trouvez si souvent dans
les Cours des Princes, traitant et conversant avec
eux. Pour des hommes du ciel, disoit-il, c'estoit
avoir beaucoup de commerce avec la terre. Ouy,
repond saint Jerosme, mais ils n'en avoient que
pour les affaires de Dieu; et s'ils les eussent abandonnées, qui en eust pris soin? l'Evesque de Geneve
a paru dans les palais des Grands, mais comment?
comme un Elie pour y soutenir les interests du Seigneur et de la vraye foy. Je puis mesme adjouster
qu'il y a plus fait par sa douceur, que ce prophete
avec son esprit de feu. On n'eust jamais pensé que
ce qu'il proposa au Conseil de Savoye pour l'extir-
pation de l'heresie, dust estre agréé. La prudence
humaine s'y opposoit, et le projet estoit trop conforme aux maximes de Dieu, pour s'accorder avec
la politique des hommes. Mais laissez agir François
de Sales. Tandis qu'on tient conseil en la présence du
Duc, il en tient un autre avec Dieu mesme, et c'est
assez. Le sentiment du saint Apostre l'emportera,
l'interdit de la nouvelle secte sera publié; les ministres seront bannis, les catholiques maintenus,
ceux de Geneve exclus de leurs demandes; tous ces
articles arrestez, ratifiez, executez. N'en soyous

point surpris. C'est que Dieu, qui tenoit en sa main le cœur du Prince, l'a remis en celle de François; et François par l'impression de sa douceur luy fait prendre tous les mouvements de son zéle.

Mais, ô Providence, que faites-vous? Pendant que la paix entre les couronnes de France et de Savoye favorise la guerre que cet Apostre a faite à l'heresie, vous laissez une autre guerre s'allumer entre ces deux Estats; et cette guerre, portée jusques dans le sein de son Eglise, va donner la paix aux rebelles. Avez-vous donc entrepris de troubler vos propres desseins? Non, Chrestiens; mais elle veut faire part à la France du bien que la Savoye possedoit: et parce que ce bienheureux Prelat est attaché aussi fortement à Geneve, qu'une intelligence à l'astre qu'elle remuë, il faut que les interests mesmes de ce Diocese l'en separent, afin qu'il puisse dire avec le Sauveur du monde en quittant son troupeau : Il est à propos pour vous que je vous quitte, *Expedit vobis, ut ego vadam* (1). Ce coup sans doute fut un des plus favorables pour la France. Nostre invincible Heros, Henry-le-Grand, fit bien des conquestes sur la Savoye; mais une des plus avantageuses fut d'attirer à sa Cour cet homme de Dieu. Il y est conduit par le mesme esprit qui conduisit Jesus-Christ au desert. L'opinion de sa sainteté, le bruit de ses merveilles, previennent les cœurs en sa faveur. Les peuples le comblent d'honneur; et Henry, c'est-à-dire, le plus grand Roy qui portast alors la couronne, n'épargne rien pour luy donner toutes les marques d'une singuliere estime. Cet auguste Monarque, qui ne prisoit que le merite, et dont le discernement estoit admirable pour le connoistre,

_____

(1) Joan. c. 16.

decouvrit d'abord dans le saint Prélat d'éminentes
qualitez ; et s'en expliquant un jour : Non, dit-il,
je ne connois point d'homme dans tout mon royaume
plus capable de soutenir les interests de la religion
et ceux de l'Estat. Comme la ressemblance forme les
liaisons, ce Prince également belliqueux et debonnaire aima François, en qui il voyoit tant de courage
à combattre les ennemis de l'Eglise, et au mesme
temps une douceur si engageante. Il l'aima, dis-je,
jusqu'à l'honorer de sa plus intime familiarité, n'es-
timant pas qu'il y eust de la disproportion, quand
la majesté se trouvoit d'une part et la sainteté de
l'autre. Les belles esperances de fortune ! dira peut-
estre icy quelque mondain. Si ce Prelat eust sçù
profiter de son credit, il pouvoit parvenir aux plus
hauts rangs. Ce n'estoient pas seulement des esperances, mes chers Auditeurs ; c'estoient de la part
de Henry des preuves effectives d'une bienveillance
et d'une magnificence toute Royale. Déja par son
Ambassadeur auprés du souverain Pontife, il demandoit pour François le chapeau de Cardinal ; déja il
luy asseûroit des Eveschez de son Royaume le premier vaquant ; déja pour l'attacher de plus prés à sa
personne, il lui offroit le siege de Paris sous le titre
de coadjuteur. La fortune ne luy a donc pas manqué ; mais cet homme Evangelique se crut obligé
pour l'interest de Dieu de manquer à une si éclatante
fortune ; et quelque jugement qu'en puisse faire la
sagesse du siécle, si François de Salés eust usé de
sa faveur suivant les veûës du monde, jamais il
n'eust eû dans l'estime de Henry la place qu'il y
occupoit, et nous ne ferions pas aujourd'huy son
éloge. C'eust esté un grand Cardinal, et non un
grand Saint : on eust parlé de luy tandis qu'il vivoit
encore sur la terre ; mais maintenant son nom se-

roit dans l'oubli, au lieu que par un renoncement
si genereux et si rare il l'a rendu immortel.

Ce fut aprés tout un langage bien nouveau à la
Cour que celuy de François de Sales. Que repondit-
il à nostre glorieux Monarque, et que luy repre-
senta-t-il ? qu'il estoit à la suite de la Cour, non
point pour ses propres affaires, mais pour celles de
son Diocese. Qu'il seroit bien condamnable, s'il ne-
gligeoit les unes pour avancer les autres. Que l'E-
glise de Geneve estoit son épouse ; et qu'il luy seroit
d'autant plus fidelle, que c'estoit une épouse affligée,
dont il devoit estre la consolation et le soutien. Que
Dieu l'avoit appellé à la conversion de sa patrie, et
qu'il mourroit dans la poursuite de ce dessein. Que
pour cela il avoit besoin de toutes les bontez de sa
Majesté, et qu'il n'en attendoit nulle autre grace.
Voilà, pour m'exprimer de la sorte, comment les
Saints font leur cour. Voilà comment les Athanase
l'ont faite auprés de Constantin, les Remys aupr-
de Clovis, les Thomas auprés de Henry Roy d'Angleterre, toûjours pour la gloire de Dieu et la cause
de l'Eglise. Grand Roy, ajousta François, Dieu vous
demande trois choses : le restablissement de la religion catholique dans le pays de Gex, main-levée
de tous les bénéfices usurpez par l'heresie, et sçureté
pour les Eglises qu'il luy a plû édifier par mes soins.
Tous ces chefs estoient importants, Chrestiens ; et
je me suis trompé, quand j'ay dit que François de
Sales n'avoit point usé de son credit : il en eust moins
fallu pour s'élever aux plus grandes dignitez. Mais
possedant le cœur de Henry, que ne pouvoit-il pas
se promettre et obtenir ? On luy dépesche toutes
les expeditions necessaires. De-là il se transporte à
Dijon. Il y annonce la parole de Dieu ; et pour toute
reconnoissance ; il souhaite que ses lettres soient

enregistrées au Parlement de Bourgogne. Elles le sont, il retourne en Savoye, il les fait exécuter avec une vigueur toute Apostholique. L'heresie est déconcertée de se voir enlever le patrimoine de l'Eglise, et il triomphe de voir tout le pays de Gex reconquis à Jesus Christ. Or encore une fois qui fit tout cela? la douceur agissante de nostre Apostre. Tel fut le moyen qu'il mit en œuvre pour se rendre maistre de tant d'esprits. Est-ce par sa doctrine qu'il persuadoit? il est vray, c'estoit un des plus sçavants Prelats de son siecle; sa profonde capacité fut admirée par les premiers hommes du monde, j'entends les cardinaux Baronius et Bellarmin; le saint Siege le consulta sur les poincts les plus difficiles de nostre religion; il a donné cent fois le defi aux ministres de l'heresie, et leur fuite n'estoit pas tant une marque de leur peu de capacité et d'érudition, puisqu'ils de\passoient pour les plus habiles qui fussent dans leur et \ete, qu'une preuve de la haute suffisance de Fran-çois. Mais vous sçavez la belle parole du grand cardinal du Perron : J'ay, disoit-il, assez de science pour convaincre les heretiques; mais l'Evesque de Geneve a la grace pour les convertir. Quoy donc? Estoit-ce une grace de miracles comme celle d'un saint Gregoire? il en a fait, Chrestiens, et de tels que les plus severes informations n'ont servi qu'à les authoriser. Quand il n'y en auroit point d'autre, celuy-cy seroit le plus authentique de tous, d'avoir converti tant d'heretiques sans miracles. Mais disons toujours, et reconnoissons que c'est sa douceur qui le rendit si habile dans l'art tout divin de gagner les ames. C'est elle qui luy concilia les esprits les plus indociles et les plus farouches pour les ramener à Dieu. C'est par elle que les heretiques mesmes, comme Theodore de Beze, ont esté si fortement combattus, que sans les interests humains qui les dominoient, elle les eust soumis. C'est elle qui tant de fois a engagé les plus obstinez heretiques à le choisir pour arbitre de leurs différents. En sorte qu'on peut dire de luy ce que l'Ecriture a dit de Moyse, que ce fust le plus affable, le plus prévenant, le plus condescendant de tous les hommes qui vivoient sur la terre : *Vir mitissimus super omnes homines qui morabantur in terrā* (1). A quoy nous pouvons adjouster que ce fut par là mesme le plus efficace et le plus heureux dans ses saintes entreprises : qu'il a dompté Pharaon, ou plustost qu'il a dompté l'heresie, plus intraitable encore que Pharaon; et qu'il a delivré le peuple de Dieu de la servitude, en le réduisant sous l'obéïssance de son legitime pasteur.

De-là, mes chers Auditeurs, double instruction pour nous. L'une par rapport à la vraye foy que François a preschée et restablie ; et l'autre par rapport à la maniere dont il l'a preschée, et au moyen dont il s'est servi pour la defendre et la restablir. Car apprenons d'abord à estimer notre foy, pour laquelle ce digne ministre du Dieu vivant a si glorieusement combattu. Cultivons-la dans nous-mesmes, comme il l'a cultivée dans les autres. Gardons sur-tout cette importante maxime, qu'il recommandoit si souvent, de faire paroistre nostre foy dans les moindres observances de nostre religion, et particulierement en celles dont l'heresie a temoigné plus de mépris et plus d'horreur. Car ces pratiques, disoit-il, supposé les principes de nostre créance, sont saintes et venerables : il faut donc, autant qu'il nous est possible, les maintenir, et d'autant plus

(1) Num. c. 12.

les respecter en les observant, que l'erreur s'est plus attachée à les décrier en les rejettant. Plus elles sont petites, plus elles servent d'exercice à nostre soumission et à nostre foy. C'est bien mal travailler à la conversion des heretiques, que d'entrer dans leurs sentiments sous pretexte de ne retenir que les choses essentielles. Enfin, adjoustoit-il, je n'ay jamais veû personne respecter et observer les poincts les plus legers de la discipline de l'Eglise, qui ne demeurast ferme dans la foy : mais j'en ay bien veû de ceux qui les negligeoient, se dementir peu à peu et tomber malheureusement dans l'incrédulité. Voilà pourquoy il faisoit estat de ces confreries saintement instituées dans l'Eglise, en ayant luy-mesme establi une sous le titre de la Croix. Plus les novateurs s'efforçoient de décréditer la pratique des vœux, plus il s'appliquoit à la relever ; s'estant luy-mesme engagé par vœu à reciter le chapelet tous les jours de sa vie. Plus ils railloient des jeusnes et des austeritez corporelles, plus il en exaltoit l'usage. Plus ils se déchaisnaient avec fureur contre les ordres religieux, plus il portoit leurs interests et s'en déclaroit le protecteur.

Mais d'ailleurs quelle autre leçon, que cette douceur dont il assaisonnoit toutes ses paroles, tous ses discours, et dont il ne se départit jamais dans toutes les occasions où il eût à traiter avec le prochain. En cela imitant Dieu mesme, qui, selon le beau mot du Sage, nous gouverne d'autant plus efficacement, qu'il nous conduit doucement : *Attingit à fine usque ad finem fortiter, et disponit omnia suaviter* (1). Car pour developper ce fonds de morale si étendu et si necessaire dans tous les estats, prenez garde,

(1) Sap. c. 8.

s'il vous plaist : ce n'est point par la souveraineté de son empire, que nostre Dieu gagne nos cœurs. Il nous fait par là dependre de luy; mais par là il ne nous attire pas à luy. Ce n'est point par la sagesse de son entendement divin ; il peut bien nous éclairer par là, mais non pas nous toucher. Si donc il s'insinuë dans nos ames et s'il s'en rend le maistre, c'est par la douceur de son esprit et de sa grace. Ainsi, Chrestiens, ce n'est point par la hauteur et par la domination, beaucoup moins par la fierté et l'arrogance, que nous nous concilierons les cœurs de ceux avec qui nous avons à vivre, ou dont la Providence nous a chargez. Ce n'est point par nos belles qualitez ni par tous les avantages de nostre esprit, mais par la douceur de nostre charité. Nous avons des monstres à combattre, aussi-bien que François de Sales, *Placavit monstra* (1) : les uns dans nous-mesmes, et les autres dans le prochain. Dans nous-mesmes ce sont nos vices qui nous corrompent, nos passions qui nous dominent, l'esprit du monde, l'amour du plaisir, le libertinage, l'impieté, l'avarice, l'orgüeil, l'ambition. Or ces monstres domestiques, j'en conviens, c'est par la severité que nous devons les exterminer de nostre cœur, et les détruire. Soyons severes alors, et ne nous épargnons point, ne nous flattons point; nostre douceur nous seroit pernicieuse, et bien loin d'étouffer nos passions, elle ne serviroit qu'à les nourrir et à les fortifier. Mais il y a d'autres monstres que nous devons attaquer dans le prochain, sur-tout dans ceux avec qui nous avons certains rapports de superiorité, de proximité, d'amitié : et ces monstres, par exemple, ce sont la colere de l'un, ses emportements et ses

(1) Eccles. c. 45.

violences ; la haine de l'autre , ses animositez et ses
ressentiments ; l'humeur de celuy-là , ses bizarreries,
et ses caprices ; les desordres de celuy-cy, ses habitudes criminelles et ses debauches. Voilà souvent
la matiere de nos combats. Or je prétends que
dans ces combats vous ne pouvez esperer de vaincre
que par la douceur. Vous aurez beau chercher
d'autres voyes ; il en faudra toûjours revenir à
celle que l'Évangile nous a enseignée : *Beati mites,*
quoniam ipsi possidebunt terram (1). Heureux ceux
qui sont doux et pacifiques , parce qu'ils possederont
la térre : c'est-à-dire , parce qu'ils se rendront maistres des cœurs , et qu'ils les tourneront où il leur
plaira. Non , tout autre moyen ne nous réüssira
pas ; authorité , rigueur du droit , raison , addresse
de l'esprit. Car les autres ne défereront pas à nos belles,
pensées , et ils croiront juger des choses aussi saine-
ment que nous. Nous dirons bien des raisons ; mais
on ne prendra pas toûjours pour regle notre raison.
Nous ferons valoir nostre authorité ; mais ce ne sera
souvent que pour causer de plus grandes revoltes.
D'y proceder par la rigueur du droit, c'est s'engager
dans des contestations éternelles , dans des examens
infinis , et susciter des guerres qui ne s'éteindront
jamais. Il ne reste donc que la douceur , qui gagne
peu à peu, qui persuade sans dispute et qui entraîsne
sans effort. Apprenez de moy , disoit le Sauveur du
monde, que je suis doux et humble de cœur : soyez-
le comme moy, et vous entretiendrez le bon ordre
et la paix ; *Discite à me quia mitis sum et humilis*
corde , et invenietis requiem animabus vestris (2).
Je sçais que pour cela il faudra prendre sur soy ,
compatir , excuser , dissimuler , ceder , condescen-

---

(1) Matth. c. 5. — (2) Matth. c. 11.

dre, se soumettre et s'humilier; et de plus, je sçais
que tout cela est difficile. Mais voilà pourquoy je
vous disois, il y a quelque temps, que la grande
severité du christianisme consistoit dans la pratique
de la charité, et que c'estoit une illusion de la vouloir chercher hors de-là, ou de prétendre la trouver
sans cela. Saint François de Sales s'est addonné à
un continuel exercice de la douceur pour l'interest
de la foy, et nous devons nous y attacher pour l'interest de la charité. Car la charité ne nous doit pas
estre moins precieuse que la foy, et nous ne devons pas moins faire pour l'une que pour l'autre.
C'est par la force de sa douceur que François a
triomphé de l'heresie ; et c'est par l'onction de sa
douceur qu'il a restabli la pieté dans l'Eglise. Re-
nouvellez, s'il vous plaist, votre attention pour cette
seconde partie.

SECONDE PARTIE.

Les Evesques, dit saint Denis, sont les Princes
de la hierarchie Ecclesiastique : il leur appartient
donc de perfectionner les fidelles, comme les Anges
dans la hierarchie celeste perfectionnent ceux qui
leur sont inférieurs. De-là vient, adjouste saint
Thomas, l'obligation indispensable qu'ont les Evesques d'estre parfaits, puisqu'il n'est pas possible, au
moins dans l'ordre naturel des choses, qu'ils communiquent aux autres par leur action ce qu'ils n'ont
pas eux-mesmes. Cette vérité dont les exemples particuliers ne nous convainquent pas toûjours, se
trouve pleinement justifiée dans notre illustre Prelat. Il a esté choisi de Dieu pour repandre l'esprit de
pieté dans tout le corps de l'Eglise, et il l'a fait par
trois excellents moyens : par la douceur de sa doctrine, par la douceur de sa conduite, par la dou-

ceur de ses exemples. C'est ce qui l'a élevé à un si
haut rang, et placé, comme l'Agneau de Dieu, sur
la sainte montagne : *Et vidi, et ecce Agnus stabat
supra montem Sion.* (1)

La pieté tire un merveilleux secours de la doctrine, mais toute doctrine n'est pas propre à la
pieté. Sans parler de la fausse doctrine qui séduit,
de la mauvaise doctrine qui corrompt, de la doctrine
prophane qui enfle, il y en a d'autres qui, toutes
bonnes et toutes saintes qu'elles sont, ou surpassent
l'esprit par leur élevation, ou l'épuisent par leur
subtilité, ou l'accablent par leur rigueur. Les unes
l'éclairent sans l'émouvoir ; d'autres le touchent sans
l'instruire ; celles-cy sont trop mystérieuses, et l'em-
barassent ; celles-là trop austeres, et le rebutent.
Pourquoy de tant d'éloquentes predications et de
tant de livres remplis de pieté, y en a-t-il si peu qui
nous l'inspirent ? c'est que la doctrine des hommes
partant et d'un esprit defectueux et d'un sens particulier, elle tient toûjours des qualitez de son principe ; et par consequent ne peut estre ni parfaite ni
universelle. Si elle entre dans un cœur, elle en trouve
un autre fermé ; pour un qui la reçoit, cent l'écoutent avec indifference : au lieu que celle qui vient de
Dieu se fait comprendre à tous et gouster de tous :
Et erunt omnes docibiles Dei (2). Or telle est la
merveille que je decouvre dans le grand et incomparable François de Sales. Sa doctrine est une
viande, non de la terre, mais du ciel, qui de la
mesme substance nourrit, aussi-bien que la manne,
toutes sortes de personnes. Et je puis dire sans
blesser le respect que je dois à tous les autres écrivains, qu'aprés les saintes Ecritures, il n'y a point

---

(1) Apoc. c. 14. — (2) Joan. c. 6.

d'ouvrages qui ayent plus entretenu la pieté parmi
les fidelles que ceux de ce saint Evesque. Ouy, Chrestiens, les Peres ont écrit pour la defense de nostre
religion, les theologiens pour l'explication de nos
mysteres, les historiens pour conserver la tradition
de l'Eglise; ils ont tous excellé dans leur genre, et
nous leur sommes à tous redevables : mais pour former les mœurs des fidelles, et pour establir dans les
ames une solide pieté, nul n'a eû le mesme don que
l'Evesque de Geneve. Son Introduction seule à la
vie devote combien a-t-elle converti de pecheurs ?
combien a-t-elle formé de religieux ? combien
d'hommes et de femmes a-t-elle sanctifiez dans le
mariage ? combien dans tous les estats a-t-elle fait de
changements admirables ? Je vous le demande,
Chrestiens. Car pourquoy citer icy les souverains
Pontifes, les Cardinaux, les Princes et les Roys qui
luy ont donné tant d'éloges ; et pourquoy rapporter
un nombre presque infini de miracles que la lecture
de ce livre a produits ? Vous l'avez entre les mains ;
et une des marques les plus évidentes de son excellence et de son prix, c'est que dans le christianisme
il soit devenu si commun. L'avez-vous jamais ouvert,
sans vous sentir excitez à la pratique de la vertu ; sans
concevoir de saints desirs d'estre à Dieu, sans que
l'esprit de grace vous ait parlé intérieurement, sans
que la conscience vous ait fait quelque reproche ?
Or ce que vous avez éprouvé, mes chers Auditeurs,
est une experience generale, et la meilleure preuve
de la proposition que j'ay avancée, sçavoir que
François par sa doctrine a repandu dans les cœurs
l'esprit de la vraye pieté.

Mais qu'y a-t-il donc dans cette doctrine qui la
rende si universelle et si efficace ? Qui fait que ni les
sçavants n'y trouvent rien au-dessous d'eux, ni les

foibles rien de trop relevé ; qu'elle convient à toutes
sortes de conditions ; qu'il n'y a point de temperament qui n'en ressente l'impression ? C'est, mes
Freres, cette douceur inestimable, qui faisoit dis-
tiller de la plume de nostre saint Évesque, comme
des levres de l'Epouse, le lait et le miel : *Favus
distillans labia tua, mel et lac sub linguâ tuâ* (1).
Voilà ce qui a donné tant de goust pour ses ouvrages
aux ames les plus mondaines et les moins sensibles à
la pieté. Prenez garde au reste : je ne dis pas que la
doctrine de François de Sales soit douce dans ses
maximes. Il n'y a rien de si difficile dans la loy chrestienne qu'elle n'embrasse ; mais en cela mesme elle
est plus conforme à celle de Jesus-Christ. Le Sauveur,
remarque saint Augustin, dit que son joug est doux ;
Jugum meum suave est (2) : pourquoy ? parce qu'il
nous impose une charge plus legere ? non sans doute :
trois additions à la loy écrite qu'il exprime en ces
termes, *Ego autem dico vobis* (3), sont d'une observance plus rigoureuse, que tous les anciens pre-
ceptes. Le joug du Seigneur est doux, adjouste ce
Pere, non point à raison de sa matiere, car c'est un
joug ; mais par la grace de l'Evangile, qui nous aide
à le porter. Ainsi la morale que François a enseignée
est en elle-mesme une morale sublime et de la plus
haute perfection. Mais suivant le dessein de son
maistre, il a par l'onction de ses écrits adouci l'amertume de la croix, que Jesus-Christ avoit renduë si
desirable et si precieuse en la détrempant dans son
sang. Ah ! Chrestiens, si la morale de ce saint predicateur, seulement tracée sur le papier, est encore
si puissante, que ne pouvoit-elle point quand elle
estoit vivante et animée ? et lorsqu'elle partoit imme-

(1) Cant. c. 4. — (2) Matth. c. 11. — (3) Matth. c. 5.

diatement de ce cœur embrasé du zéle le plus pur et le plus ardent, quel feu ne devoit-elle pas repandre par-tout? De vous dire que François de Sales a esté l'oracle de son temps, que Paris l'a admiré, que les Parlements de France par des députations honorables l'ont recherché pour entendre sa doctrine, qu'il fut l'Apostre de la Cour, ce seroit peu; et si vous sçavez peser les choses au poids du sanctuaire, vous l'estimerez plus sortant de ce grand monde d'admirateurs qui le suivoient en foule et se retirant dans le desert, c'est-à-dire, quittant la Cour et Paris, pour consacrer les caresmes entiers aux moindres villes de son Diocese, et aimant mieux, comme Jesus-Christ, prescher dans les bourgades que dans Jerusalem. De-là mesme aussi ces benedictions abondantes que Dieu donnoit à son ministere. De-là ces soupirs que poussoient vers le ciel ses auditeurs, et ces larmes qui couloient de leurs yeux. De-là ces fruits de pénitence qu'il recüeilloit aprés ses predications Evangeliques, comme le seul tribut qu'il prétendoit tirer de cet employ : recevant les pecheurs, écoutant leurs confessions, les encourageant et les consolant, leur prescrivant des regles de vie conformes à leur estat, et tout cela avec cette sage douceur qui les convainquoit et qui les attachoit inviolablement à leurs devoirs. Un des souhaits de saint Fulgence estoit de voir saint Paul preschant l'Evangile; et ne vous sentez-vous pas, Chrestiens, touchez du mesme desir à l'égard de François de Sales? Or il est aisé de vous satisfaire : l'Evesque de Geneve vit encore dans ses écrits, parce qu'il y a laissé tout son esprit : choisissez-le pour vostre predicateur; en tous temps et en tous lieux vous pouvez l'entendre. Je n'auray pas peu fait pour vostre salut si je puis vous engager à cette sainte pratique;

et cet homme de Dieu aura la gloire de continuer aprés sa mort ce qu'il a si heureusement commencé pendant sa vie, lorsqu'il a establi la piété et le culte de Dieu par la douceur de sa doctrine.

Ce sujet est trop vaste, mes chers Auditeurs, pour le renfermer dans un seul discours. A cette douceur de la doctrine François joignit la douceur de la conduite dans le gouvernement des ames, et quel nouveau champ s'ouvre devant moy? Que diray-je des effets merveilleux que produisit dans l'Eglise une telle direction? Je n'en veux qu'un exemple : il est memorable. Je parle de ce saint Ordre qu'il a institué sous le titre de la Visitation de Marie. Oui, Chrestiens, c'est à la conduite de son instituteur, à cette conduite également religieuse et douce qu'il doit sa naissance; c'est sur cette conduite qu'il est fondé, c'est par cette conduite qu'il subsiste. Vous le sçavez : Dieu choisit l'illustre et venerable Dame de Chantal pour l'exécution de ce grand ouvrage, et l'addressa à François de Sales, auquel il avoit inspiré le mesme dessein. Dés qu'elle a veû ce saint Prelat, qu'elle l'a entendu, la voilà d'abord gagnée par l'attrait de sa douceur. Cette femme forte que nous avons enfin trouvée dans notre France, *Mulierem fortem quis inveniet* (1)? connoist bientost que son saint directeur agit de concert avec Dieu dans cette affaire : *Gustavit et vidit quia bona est negotiatio ejus.* Cela suffit, et sans une plus longue deliberation elle se résout à tout entreprendre pour seconder son zéle : *Manum suam misit ad fortia.* Elle rompt les liens qui la tiennent attachée au monde, elle quitte sa patrie et va dans une autre terre planter une nouvelle vigne, qui devoit fruc-

(1) Proverb. c. 31.

tifier au centuple et se repandre de toutes parts : *De fructu manuum suarum plantavit vineam.* A peine a-t-elle mis la main à l'œuvre du Seigneur, qu'un nombre de saintes vierges se joignent à elle pour prendre part au travail, et pour s'enrichir de graces et de vertus : *Multæ filiæ congregaverunt divitias.* Tel fut l'origine de cet Ordre si florissant. Vous me demandez quelle est sa loy fondamentale ? la voicy dans les paroles du Sage au mesme endroit : *Et lex clementiæ in linguâ ejus ;* une autre version porte, *lex mansuetudinis ;* c'est la loy de douceur, cette loy extraite du cœur de François, pour estre gravée dans celuy de ses filles en Jesus-Christ. Car il ne falloit pas qu'une si belle vertu mourust dans sa personne ; et si le double esprit du Prophete dût estre transmis à un autre, il estoit encore plus important que l'esprit simple et doux de ce glorieux fondateur fust multiplié : *Mansuetudo multiplicavit me.* Il semble en effet que, dans ces excellentes lettres par où il forma ce troupeau dont il estoit le conducteur, il ne leur recommande rien autre chose que la douceur de l'esprit. Cette douceur d'esprit est le sujet ordinaire de ces admirables entretiens que nous lisons, et qu'il avoit avec ses ames predestinées. A cette douceur d'esprit il rapporte toutes les constitutions de son Ordre. Pourquoy de toutes les Congregations religieuses, celle-cy est-elle specialement favorisée du ciel ? Pourquoy par un avantage assez rare, lorsque le temps altére tout, croist-elle sans cesse dans la perfection de son institut, au lieu d'en degenerer ? Pourquoi se remplit-elle tous les jours de tant de sujets distinguez, et par la splendeur de leur naissance, et par le merite de leurs personnes ? c'est que l'esprit de François y regne, c'est qu'elle est gouvernée par sa douceur.

4

Je ne dis pas cecy, mes trés cheres Sœurs, pour vous donner la preference au dessus de tous les Ordres de l'Eglise : vous les devez honorer et ce sera toûjours beaucoup pour vous d'estre les plus humbles dans la maison de Dieu. Mais je vous le dis pour vous faire encore plus aimer cette douceur qui vous doit estre si precieuse, puisque c'est l'heritage de vostre Pere; et que vous ne la pratiquerez jamais selon ses regles, sans triompher de toutes les passions, sans acquerir toutes les vertus, et sans vous élever comme luy jusqu'au sommet de la montagne ou de la sainteté Evangelique : *Et vidi, et ecce Agnus stabat supra montem Sion, et cum eo centum quadraginta quatuor millia.* (1)

Quand le grand Evesque de Geneve, par la douceur de sa conduite et pour l'avancement de la pieté, n'auroit rien fait davantage que d'establir dans le christianisme un ordre où Dieu est si parfaitement et si constamment servi, ne seroit-ce pas assez, et ne trouverois-je pas en cela mesme l'ample matiere d'un des plus solides et des plus magnifiques éloges? Mais non, Chrestiens; Dieu a prétendu de luy, et attend aujourd'huy de moy quelque chose de plus. Dieu, dis-je, a prétendu de luy que par la douceur de ses exemples il fist renaistre en vous l'esprit de la pieté chrestienne; et Dieu attend encore de moy qu'en vous les proposant, je contribuë à une fin si importante. Oubliez, s'il est possible, tout ce que j'ay dit, et regardez seulement la vie de François de Sales : c'est un des plus excellents modelles que vous puissiez imiter. Helas! mes chers Auditeurs, où la pieté en est-elle maintenant réduite? François de Sales lui avoit donné du crédit; elle regnoit de

(1) Apoc. c. 14.

son temps jusques dans la Cour, où il l'avoit intro-
duite avec honneur : et presentement n'est-elle pas
en quelque sorte bannie de la société des hommes ?
Les libertins méprisent insolemment ses maximes,
et elle passe parmi ces prétendus esprits forts pour
simplicité et pour foiblesse, parce qu'elle nous
fait dépendre de Dieu, et qu'elle nous assujettit à
la loy de Dieu. Les Grands dont elle devroit estre
authorisée, l'abandonnent, parce qu'elle ne peut
compatir avec l'ambition et l'intérest qui les dominent. Tout le reste à peine la connoist-il, tant il
est aveugle et grossier. On se contente de vivre,
sans penser à vivre chrestiennement. Ce desordre
n'est-il pas tel que je le dis ; et si nous avons encore
quelque sentiment de religion, n'en devons-nous
pas estre touchés ? Mais quoy, mes Freres, ne le
corrigerons-nous point ce desordre si déplorable ?
et faisant profession de garder si exactement tous les
devoirs où la vie civile nous engage, n'aurons-nous
nul soin de cette belle vie qui fait toute la perfection d'un chrestien ? Ah ! du moins considerez icy
le modelle que je présente : il vous fera voir ce
que c'est que la pieté ; il vous la fera non seulement
estimer, mais aimer. La Providence qui vouloit nous
donner François pour exemple, l'a attaché à une
vie commune, afin qu'elle n'eust rien que d'imitable. Il n'a point passé les mers pour aller dans un
nouveau monde chercher de l'exercice à son zéle. Il
est demeuré dans sa patrie ; mais il y a esté prophete
et plus que prophete, puisqu'il en a esté le salut.
Voilà ce que vous pouvez faire par proportion dans
vos familles, et n'y estes-vous pas indispensablement
obligez ?

François n'a point refusé les benefices de l'Eglise :
il estoit plus nécessaire qu'il nous enseignast à les

bien recevoir. Voyez s'il y est entré par des considérations humaines, et déplorez les abus et les scandales de nostre siecle, où ce sont des veües interessées, des veües ambitieuses qui nous servent de vocation pour tous les estats, mesme les plus saints. De cet exemple vous tirerez deux regles de conduite : l'une particuliere, l'autre generale. Car d'abord vous apprendrez en particulier avec quel esprit vous devez approcher de l'Autel du Seigneur, et paroistre dans son sanctuaire ; que c'est le Seigneur mesme qui doit vous appeller à ce sacré ministere, et non point vous qui ayez droit de vous y porter. Et par une consequence plus generale, vous conclurez ensuite que Dieu estant le maistre de toutes les conditions, c'est à luy de les partager, à luy de vous les marquer, à luy de vous choisir, sans qu'il vous soit permis de prevenir ou d'interpreter son choix à vostre gré. Si ces regles estoient fidellement observées, nous ne verrions pas dans les benefices et les dignitez Ecclesiastiques tant de sujets qui ne s'y sont ingerez que par la faveur, que par l'intrigue, que par les voyes les plus sordides et les plus basses ; et nous n'aurions pas encore la douleur de voir dans le monde tant d'hommes sans merite, sans talent, sans nulle disposition, occuper les places les plus honorables et se charger des fonctions les plus importantes.

François, en acceptant la dignité Episcopale, ne nous a pas donné le mesme exemple de renoncement, que plusieurs autres qui ont pris la fuite et se sont cachez dans les deserts, pour éviter ou un fardeau ou un honneur qu'ils craignoient. Mais j'ose dire néanmoins, qu'en cela mesme il a fait quelque chose de plus rare et de plus instructif pour nous. Car se trouvant engagé à une Eglise pauvre et dé-

solée dont Dieu lui avoit confié le soin , jamais
rien ne l'en pût separer. C'estoit son épouse ; et
toute defigurée qu'elle paroissoit à ses yeux , il luy
fut toûjours fidelle : en sorte qu'il la préfera à tout
ce qu'on pût luy offrir de plus spécieux et de plus
brillant. Un tel exemple n'a-t-il pas je ne sçais quoy
qui gagne le cœur ? Vous me demandez , Chrestiens,
quelle application vous en pouvez faire à vos mœurs ?
rien de plus juste et de plus necessaire à une solide
pieté. C'est d'aimer la condition où Dieu vous a appellez , quelle qu'elle soit ; de vous y tenir , et de
ne chercher rien au delà : persuadez que si vous y
suivez les veüs de la Providence, si vous y demeurez
par l'ordre de Dieu , il n'y a point de condition où
vous n'ayez tous les moyens de vous sanctifier. C'est
de reprimer ces insatiables desirs, qu'inspirent aux
ames mondaines , ou l'envie d'avoir , ou l'envie de
paroistre ; formant toute vostre vie sur les grandes
maximes du véritable honneur, de la raison , de la
foy, et n'écoutant point ces faux principes qu'on se
fait dans le siecle et mesme dans l'Eglise, pour viser
sans cesse plus haut et pour ne mettre jamais de
bornes à ses prétentions. Dés que vous sçaurez ainsi
vous fixer , vous ne serez plus si entestez de vostre
fortune , si distraits et si dissipez : vous vous pre-
serverez de mille écüeils , où l'innocence échoüe ;
et plus attentifs sur vous-mesmes , vous serez plus
en estat de gouster Dieu , et de marcher tranquillement et avec asseûrance dans ses voyes.

François, revestu de l'Episcopat, a fait consister
sa perfection dans la pratique des devoirs propres
de son ministere, visitant son Eglise, tenant des
synodes, conferant les ordres sacrez, instruisant les
Prestres , dirigeant les consciences, preschant la
parole de Dieu , administrant les sacrements. En

tout cela rien d'extraordinaire, sinon qu'il le faisoit
d'une maniere non ordinaire, parce qu'il le faisoit
en saint : c'est-à-dire, parce qu'il le faisoit avec fidélité, descendant à tout, jusques à converser avec
les pauvres et à enseigner luy-mesme la doctrine
chrestienne aux enfants : parce qu'il le faisoit avec
assiduité, ayant ses heures, ses jours, tous ses
temps marquez, et donnant à chacun ce qui luy
estoit destiné : parce qu'il le faisoit avec perseve-
rance et sans relasche, s'élevant au dessus de tous
les degousts, de tous les ennuis, de toutes les humeurs, principes de ces vicissitudes et de ces changements perpétuels, qui, selon les differentes conjonctures, nous rendent si differents de nous-mesmes; parce qu'il le faisoit toûjours avec une ferveur
vive et animée, ne se dechargeant point sur les
autres de ce qu'il pouvoit luy-mesme porter; le
premier au travail, et le dernier à le quitter; ne
comptant pour rien les fatigues passées, et ne pensant qu'à en prendre de nouvelles et qu'à recom-
mencer : enfin, parce qu'il le faisoit avec une droiture et une pureté d'intention qui relevoit devant
Dieu le prix de toutes choses, mesme des plus légeres en apparence, et leur imprimoit un caractere
de sainteté; n'ayant en veüe que Dieu, que le bon
plaisir de Dieu, que l'honneur de Dieu. Ah! Chrestiens, on se fait tant de fausses idées de la pieté;
on la croit fort éloignée, lorsqu'elle est auprés de
nous; on se persuade qu'il faut sortir de son estat,
et abandonner tout pour la trouver, et voilà ce
qui rallentit toute nostre ardeur et ce qui nous
desespere. Mais étudiez bien François de Sales,
c'est assez pour vous détromper. Vous apprendrez
de luy que toute vostre pieté est renfermée dans
vostre condition et dans vos devoirs. Je dis dans vos

devoirs fidellement observez : ne manquez à rien de tout ce que demandent vostre employ, vostre charge, les diverses relations que vous avez plus directement, ou avec Dieu en qualité de ministres des autels, ou avec le public en qualité de juges, ou avec des domestiques en qualité de maistres, ou avec des enfants en qualité de peres et de meres, avec qui que ce puisse estre et dans quelque situation que ce puisse estre; embrassez tout cela, accomplissez tout cela, ne negligez pas un poinct de tout cela. Je dis dans vos devoirs assidûement pratiquez : ayez dans l'ordre de vostre vie certaines regles qui distribüent vos moments, qui partagent vos soins, qui arrangent vos exercices, selon la nature et l'étendüe de vos obligations ; tracez-les vous-mesmes ces regles, ou pour agir plus seûrement et plus chrestienne-ment, engagez un sage directeur à vous les pres-crire, et faites-vous une loy inviolable de vous y soumettre. Je dis dans vos devoirs constamment rem-plis : avancez toûjours dans la mesme route, sans vous détourner d'un pas ; et malgré l'ennuy que peut causer une longue et fatigante continuité, n'ayez pour mobiles que la raison et la foy, qui chaque jour sont les mesmes, et qui chaque jour, autant qu'il vous convient, vous appliqueront aux mesmes œuvres. Je dis dans vos devoirs gardez avec une sainte ardeur, non pas toûjours avec une ardeur sensible, mais avec une ardeur de l'esprit, indépendante des sentiments et au dessus de tous les obstacles. Enfin je dis dans vos devoirs sanctifiez par la droiture de vostre intention, tellement que dégagez de tout autre interest et de tout autre desir, vous ne soyez en peine que de plaire à Dieu, et ne vous proposiez que de faire la volonté de Dieu. Voilà, dis-je, mes chers Auditeurs, ce que vous enseignera le saint Direc-

teur dont vous venez d'entendre l'éloge , et dont
je voudrois que les leçons fùssent gravées dans
vostre souvenir avec des caracteres ineffaçables.
Voilà dans ses exemples le précis et l'abregé de sa
morale ; de cette morale également ennemie de tout
excés , soit de relaschement, soit de rigueur ; de
cette morale qui ne menage et ne flate personne,
mais aussi qui ne décourage et ne rebute personne ;
de cette morale qui joint si bien ensemble , et toute
la douceur , et toute la perfection de la loy Evangelique.

Vous me direz qu'on ne voit point là , ni de rigoureuses penitences à pratiquer , ni de grands efforts
à soutenir. J'en conviens ; mais j'adjoute et je re-
ponds, que c'est cela mesme qui en fait l'excellence
et qui nous en doit donner la plus haute estime. Car
c'est là que sans qu'il paroisse beaucoup de mortifications , on a sans cesse à se mortifier ; que sans
croix en apparence, on trouve sans cesse à se cru-
cifier ; que sans nulle violence au dehors , il faut
sans cesse se vaincre et se renoncer. Et je vous le
demande en effet , Chrestiens : pour s'assujettir
comme François de Sales , à une observation exacte
et fidelle , à une observation pleine et entiere , à
une observation constante et assiduë , à une observation sainte et fervente des devoirs de chaque estat,
quelle attention est necessaire ? quelle vigilance et
quels retours sur soy-mesme ? Et pour se maintenir
dans cette attention et cette vigilance continuelle,
de quelle fermeté a-t-on besoin , et en combien de
rencontres faut-il surmonter la nature, captiver les
sens, gesner l'esprit ? D'ailleurs, combien de devoirs
difficiles en eux-mesmes et très onereux ? combien
qui nous exposent à mille contradictions et à mille
combats ? combien dont on ne peut s'acquitter sans

se faire la victime du public, la victime du bon droit, la victime de l'innocence? combien qui demandent le plus parfait desinteressement, le sacrifice le plus genereux de toutes les inclinations, de toutes les liaisons du sang et de la chair? Et comme tout cela se fait selon les obligations ordinaires de la condition, et n'a pas un certain faste, ni un certain brillant, que la singularité donne à d'autres œuvres ; quelle doit estre la force et la pureté de nos sentiments, lorsque sans nul soutien exterieur, sans nul éclat et sans nulle vûë de paroistre, la seule religion nous anime, la seule équité nous sert d'appuy, le seul devoir nous tient lieu de tout. Ah, mes chers Auditeurs, entrons dans cette voye, et ne craignons point qu'elle nous égare. C'est la voye la plus droite et la plus courte. Elle est ouverte à tout le monde, et François a eû la consolation d'y attirer aprés lúy une multitude innombrable de fidelles. Si par une dangereuse illusion, elle ne nous semble pas encore assez étroite, c'est que nous n'y avons jamais bien marché et que nous ne la connoissons pas. Faisonsen l'épreuve, et quand aprés une épreuve solide nous la trouverons trop large, alors il nous sera permis de chercher nne autre route et d'aspirer à une plus sublime perfection.

Vous cependant sur qui Dieu repandit sa lumiere avec tant d'abondance, et qui nous l'avez communiquée avec tant de charité, fidelle et zelé Pasteur des ames, grand Saint, recevez les honneurs solemnels que vous rend aujourd'huy tout le peuple chrestien. Recevez les hommages que toute la France vous offre, comme autant de gages de sa reconnoissance. Elle sçait ce qu'elle doit à vos soins (1), et elle tasche

(1) Le Pere Bourdaloüe fit ce Sermon pour la ceremonie de la canonisation de saint François de Sales.

dans cette ceremonie à s'acquitter en quelque sorte
auprés de vous. C'est elle qui la premiere vous
avoit déja canonisé par la voix publique, et c'est elle
qui vient enfin de consommer l'ouvrage de vostre canonisation par la voix de l'Eglise. C'est à la requeste
de son Roy, à l'instance de ses prelats, à la sollicita-
tion de tout son Clergé, que vous avez esté proclamé
Saint. Il estoit juste qu'elle vous rendist, autant
qu'elle le pouvoit, devant les hommes, ce que vous
luy avez donné devant Dieu. Pendant votre vie vous
avez travaillé à la sanctifier : il estoit juste qu'aprés
vostre mort elle travaillast à faire déclarer authenti-
quement et hautement vostre sainteté. Recevez en
particulier les hommages que je vous présente comme
membre d'une Compagnie à qui l'éducation de vostre jeunesse fut confiée, dans les mains de qui vous
remistes le precieux dépost de vostre conscience, et
qui eût enfin la consolation de recüeillir vos derniers soupirs, et de conduire vostre bienheureuse
ame dans le sein de Dieu. Du reste, mes chers Auditeurs, entrons tous dans l'esprit de cette solemnité.
Qu'est-ce que la canonisation d'un Saint ? un engagement à acquerir nous-mesmes, avec la grace et le
secours de Dieu, toute la sainteté qui nous convient.
Car celebrer la canonisation d'un Saint, c'est professer que la veritable gloire consiste dans la sainteté ; qu'il n'y a rien de grand et de solide dans le
monde, que la sainteté ; que toute la félicité et tout
le bonheur de l'homme est attaché à la sainteté. Or
je ne puis professer tout cela, sans me sentir excité
fortement et sollicité à la poursuite de la sainteté ; et
je me condamne moi-mesme par ma propre confession, si, reconnoissant tout cela, je n'en ay pas plus
de zéle pour ma sanctification. Il n'est pas nécessaire
que nous soyons canonisez dans l'Eglise, comme

François de Sales ; mais il est d'une necessité absoluë que nous soyons saints par proportion comme luy. Nous trouverons dans sa doctrine de quoy nous éclaï-rer, dans sa conduite de quoy nous regler, dans ses exemples de quoy nous animer, et dans la gloire où il est parvenu, de quoy éternellement et pleinement nous recompenser. C'est ce que je vous souhaite, etc.

PANÉGYRIQUE

DE SAINT FRANÇOIS DE SALES,

PAR FLÉCHIER. (1)

In fide et lenitate ipsius Sanctum fecit illum.

C'est par sa foi et par sa douceur que le Seigneur l'a rendu Saint.

(Ces paroles sont tirées de l'*Ecclésiastique*, chap. 45.)

L'ESPRIT de Dieu, qui nous a tracé dans ses Écritures les caractères et les portraits en abrégé de ces hommes des premiers âges, riches en vertu et puissans en œuvres, qui ont formé l'Eglise des Saints et qui ont établi la piété et le culte du Seigneur sur la terre, a fait en ces termes celui de Moyse, conducteur et législateur de son peuple : *Moyse chéri de Dieu, aimé des hommes, dont la mémoire est en bénédiction éternelle. Dieu l'a fait semblable aux patriarches qui l'ont précédé, et a voulu ramasser en lui toute leur sagesse. Il l'a revêtu de sa propre gloire, et l'a rendu vénérable aux rois de la terre. Il l'a fait craindre à ses ennemis, et lui a donné le pouvoir d'adoucir les monstres les plus farouches*

(1) Fléchier (Esprit), évêque de Nismes, naquit à Pernes, petite ville du diocèse de Carpentras, le 10 juin 1632; mort à Montpellier, le 16 février 1710.

Ses OEuvres publiées par M. l'abbé Ducreux, forment 10 vol. in-8°. plusieurs fois réimprimées.

par la force de sa parole. Il lui a mis en main ses commandemens, et lui a confié la loi de vie et de discipline, afin qu'il enseignât à Jacob son Testament, et qu'il annonçât ses jugemens à Israël. Enfin il l'a choisi parmi les hommes, et l'a sanctifié par sa foi et par sa douceur.

Vierges de Jésus-Christ qui savez juger des vertus des saints, parce que vous les pratiquez, feriez-vous autrement l'éloge de votre bienheureux fondateur, béni de Dieu, honoré des rois, aimé des peuples et loué même des pécheurs? Sa mémoire est encore toute vivante dans nos esprits. La réputation de sa piété exhale encore sa bonne odeur dans toute l'Eglise. Dieu a réuni en sa personne les vertus des siècles passés, et semble en avoir créé pour lui de nouvelles. Il a rendu les vices soumis, et l'hérésie même docile à ses conseils, à ses remontrances, à ses raisons. Il lui donna sa loi de grâce et de douceur à publier en ces derniers temps, et l'embrasa de son amour, afin qu'il enseignât à son peuple la science de la charité, et l'art, pour ainsi dire, de la dévotion chrétienne.

Faisons justice, Messieurs, à ce dernier âge du christianisme; n'excusons pas ses défauts, mais aussi ne dissimulons pas ses avantages. S'il est fécond en vices, il n'est pas stérile en vertus; et si l'excès et la multitude des pécheurs excite l'indignation, l'excellence et la diversité des vertus d'un seul homme qu'il a porté peut attirer l'admiration des ames fidelles. Vous entendez que c'est de sàint François de Sales que je parle. Cette bonté d'ame qui est le fruit d'une heureuse naissance, ces bénédictions de douceur dont le Seigneur prévient ses élus, ces accroissemens de charité que la grâce produit dans les cœurs dociles, ses travaux soufferts pour l'Eglise, sa fidélité dans ses ministères, son courage dans ses entreprises, l'efficace de sa parole dans ses instructions, sa patience dans les injures, sa pureté dans la communication avec toute sorte de personnes, son humilité dans l'estime et dans la vénération publique, et son entier détachement du monde dans le monde même, ont formé en lui une sainteté non seulement solide, mais éclatante.

On l'a vu marcher dès son enfance dans les voies de Dieu sans se détourner, et vieillir dans les exercices d'une vie chrétienne, sainte, apostolique. On l'a vu, entre les déréglemens des mauvais chrétiens et l'aveuglement des hérétiques, ranimant dans les uns une foi morte, rallumant dans les autres une charité languissante, par la persuasion de ses discours et par la force de ses exemples. On l'a vu, dans la corruption et dans la licence de ces derniers siècles, conserver une innocence comparable à celle des premiers fidelles, honorer, défendre, rétablir la religion par ses vertus extraordinaires, et servir comme de spectacle à toute l'Eglise, quelque soin qu'il prît de couvrir sous le voile d'une piété commune ce qu'il y eut de plus pur et de plus élevé dans l'ancien christianisme. On l'a vu, usant diversement mais toujours fidellement des grâces qu'il avoit reçues, pratiquer dans chaque état de sa vie commune, une espèce particulière de sainteté qui y répondoit. Il y eut de quoi édifier tout le monde dans sa conduite, et de quoi faire plusieurs saints en un homme seul.... Mais pourquoi précipité-je ainsi son éloge ? Je m'arrête, et je sens que j'ai besoin, pour parler de lui, de cet esprit qui le fit agir et des intercessions de la Vierge, qu'il regarda lui-même comme sa protectrice. Disons-lui donc avec l'ange : AVE MARIA.

Quoique l'ancienneté soit sujette au relâchement, et que la nouveauté soit suspecte d'erreur en matière de religion, il est pourtant vrai qu'il y a dans tous les saints que Dieu suscite de siècle en siècle dans son Eglise quelque chose d'ancien et quelque chose de nouveau : un esprit éternel, immuable qui les sanctifie, et un caractère particulier qui les distingue des autres saints. On voit en eux la religion dans la pureté de son origine et dans la force de ses progrès; et pour former ces ames choisies, le père de famille, qui travaille à la perfection de ses enfans et à la gloire de sa maison, *tire de ses trésors les richesses anciennes et nouvelles* (1) : les anciennes pour marquer qu'il est la source de tous les biens et qu'il est le Dieu de nos pères, les nouvelles pour faire voir que ses miséricordes sont inépuisables, et que, comme il n'y a point d'acception de personnes, il n'y a point aussi de différence de temps auprès de lui.

C'est ce que la Providence divine a voulu découvrir de nos jours dans la personne de saint François de Sales. Il a vécu, comme vivoient les anciens chrétiens, dans la pratique des vertus sublimes; il a appris à ceux d'aujourd'hui à vivre dans la pratique des vertus communes. Comparable aux uns, imitable aux autres, il a su s'élever à la force des premiers et s'accommoder à la foiblesse des seconds; et par les secours de cet esprit qui opéroit au commencement et qui opère encore aujourd'hui, il nous a laissé une image de vie ancienne et nouvelle, ce qui me donne lieu de vous montrer :

(1) Qui profert de thesauro suo nova et vetera. Matth. 13. 52.

DIVISION.

1°. Ce que la foi a fait en lui de commun aux premiers saints ;

2°. Ce que la douceur a fait en lui de nouveau et
de singulier.

Ce sera tout l'objet de ce discours.

PREMIÈRE PARTIE.

*La foi est le fondement des choses que l'on espère
et une preuve certaine de ce qui ne se voit point.*
C'est par cette foi, dit S. Paul, *que les anciens
Pères ont reçu de Dieu un témoignage avantageux.*
C'est elle qui a produit dans les patriarches l'amour
de Dieu, la confiance en ses bontés, le zèle de sa
religion, l'espérance de ses promesses ; c'est elle qui
a mis au-dessus des craintes et des corruptions du
siècle ces hommes errans dans les déserts et dans les
cavernes de la terre, dont le monde n'étoit pas
digne ; c'est par elle enfin que les saints de l'ancienne
loi ont accompli tous les devoirs de la piété et de la
justice.

Dans la naissance de la religion et dans le premier
âge du christianisme, Dieu a choisi, dit S. Augustin, pour les ministères de son Eglise, des hommes
pleins de foi et capables d'instruire et d'édifier les
peuples. Il leur a non-seulement communiqué sa
puissance pour renverser l'ordre de la nature, il
leur a même communiqué sa sainteté pour établir
l'empire de Jésus-Christ par leurs miracles. Il a voulu
qu'une des preuves visibles de l'Evangile fût la foi
de ceux qu'il avoit destinés à l'annoncer, et qu'on
invitât les infidelles à le croire en leur faisant voir,
par des vertus extraordinaires, le mérite qu'il y avoit

à le pratiquer. Sa providence n'a pas eu moins de
soin, dans la suite des temps, de susciter à son
Eglise des hommes semblables à ces premiers, qui
pussent être les témoins et les défenseurs de la vérité lorsqu'elle a été ou attaquée dans sa foi par la
malice des hérétiques, ou blessée dans sa discipline
par le relâchement et par la corruption des mœurs
catholiques.

Ce fut dans ce dessein que cette même Providence
fit naître S. François de Sales en un temps où l'hérésie, dans ses progrès, jouissoit en repos de ses erreurs et du fruit même de ses crimes, près de ces
malheureuses contrées où elle avoit élevé ses temples superbes sur le débris de nos Autels, et où, par
ses usurpations et par sa révolte, elle avoit établi
non seulement son impiété, mais encore sa tyrannie. Ceux qui, dans un voisinage si contagieux,
avoient pu conserver leur foi, avoient perdu beaucoup de leurs bonnes mœurs. La licence s'étoit intro-
duite où l'infidélité n'avoit pu pénétrer. Le souffle
du serpent affoiblissoit ceux que son venin n'avoit
pu corrompre; et dans l'ignorance et la confusion
où tout se trouvoit, on croyoit pouvoir être mé-
chant impunément pourvu qu'on fût dans le bon
parti, et avoir beaucoup mérité de l'Eglise que d'être
demeuré dans sa communion.

François naquit parmi tant de troubles, et dès son
enfance on eût dit qu'il avoit déjà atteint la plénitude de l'âge de Jésus-Christ. La première parole
qu'il prononça fut un acte d'amour de Dieu, une
confession et une reconnoissance de ses bontés; le
premier soin qu'il prit fut de conserver la grâce de
son baptême; les premières prétentions qu'il eut
furent le ciel et son salut; les premières actions qu'il
fit furent des imitations ou des préludes de son sa-

cerdoce. L'esprit de Dieu, dans l'Écriture, loue les premiers fidelles de l'estime qu'ils faisoient de leur vocation, de leur persévérance dans la prière, de la distribution de leurs biens aux pauvres, de leur pureté d'esprit et de corps, et d'une sainte simplicité dans leur dévotion et dans la conduite de leur vie : vertus qui ont été comme naturelles à notre saint. Quoiqu'il pût se glorifier de sa naissance, il recueillit toute sa gloire à être enfant de Jésus-Christ. Il mit toute sa noblesse à l'imiter et à le servir. Il ne compta de grandeur dans son origine que du jour de sa génération spirituelle, et ce nom de chrétien que nous portons sans réflexion, et que nous déshonorons si souvent par nos œuvres, fut le seul titre dont il voulut se faire honneur.

Quelle fut la ferveur de ses oraisons lorsqu'au pied des autels, prosterné, recueilli, immobile, il répandoit devant Dieu les premières affections de son cœur, et le fortifioit contre les douceurs et les illusions du monde ! Quelle étoit sa charité et sa tendresse pour les pauvres lorsque, touché de tous leurs besoins dans un âge que le peu de réflexions qu'on fait et le peu d'expérience qu'on a rend d'ordinaire insensible aux misères humaines, il employoit en miséricorde ce qu'on lui donnoit pour ses nécessités ou pour ses plaisirs, et, se retranchant de sa propre nourriture, il partageoit son pain, et sacrifioit à Jésus-Christ les divertissemens de sa jeunesse et une portion même de sa vie ! Quelle fut sa constance quand, le démon jaloux de sa pudeur lui livrant de rudes combats, il devint, par ses résistances aux tentations les plus pressantes, l'exemple de la continence, et par ses austérités, qu'il redoubla, le martyr de la chasteté ! Quelle fut enfin cette heureuse simplicité qui le rendit attentif aux ordres de

Dieu, docile aux conseils de ceux qui furent char-
gés de sa conduite, ennemi du déguisement et du
mensonge et toujours zélé pour la vérité !

Ne vous paroît-il pas déjà un chrétien parfait? et
cependant ce n'est encore que l'image d'un chrétien
naissant que je vous ai représentée. Ces premières
vertus ne furent que des dispositions à de plus
grandes, et comme les fondemens de sa principale
vocation et de la sainteté de son sacerdoce. Quand
je parle ici de vocation et de sacerdoce, ne vous
figurez pas un jeune homme destiné à l'Eglise par
l'ambition de ses parens ou déterminé par la sienne
propre : les craintes ni les espérances du monde
n'eurent aucune part à la résolution qu'il prit de
se consacrer au Seigneur. Il se proposa non seulement d'être bon, mais encore d'être utile, et ne
crut pas qu'il fût permis de porter un talent sans
profit ou un ministère oisif dans l'Eglise de Jésus-
Christ. Ses premiers soins furent d'apprendre tous
les devoirs de son état, et ramenant toutes ses études
à la science du salut, il alla porter aux pieds de son
évêque, usé par son âge et par les fatigues de ses
travaux apostoliques, un esprit éclairé et une volonté soumise, et dit à cet Héli, comme le jeune
Samuël : *Me voici.* (1)

Figurez-vous plutôt un prêtre de l'ancienne Eglise,
nourri dans la méditation et dans la pratique des
vérités évangéliques, préparé par la retraite et par
la prière, poussé par l'esprit de Dieu dans les ministères ecclésiastiques, qui regarde son état comme
une obligation au travail, qui marche selon ses besoins, sous les ordres de son évêque, où l'intérêt de
la religion l'appelle, résolu de prêcher la croix de

(1) I. Reg. 3.

Jésus-Christ, et de la porter, et de sauver son ame en travaillant au salut de celles des autres. Tel fut, en ces derniers temps, S. François de Sales. Il se considéra comme un homme choisi et séparé du monde pour conduire, par ses exemples et par ses paroles, les peuples à Dieu ; et comme la charité d'un prêtre de Jésus-Christ ne doit jamais être oisive, il s'offrit avec joie pour l'emploi le plus rude, le plus difficile et le plus périlleux qui fût peut-être alors dans l'Eglise : ce fut de faire replanter la croix dans les vallées voisines de Genève, et d'aller briser à la pierre qui est Jésus-Christ les enfans de ces misérables filles de Babylone, qui, recevant de plus près les secours et les influences de leur mère, ne souffroient pas même qu'on leur parlât impunément de la religion qu'ils avoient abandonnée.

Dois-je vous remettre ici devant les yeux l'image affreuse des ravages que l'hérésie avoit faits dans cette malheureuse contrée : les églises abattues ou profanées ; les autels où Jésus-Christ résidoit renversés ; son sacrifice aboli, et ses prêtres devenus eux-mêmes les victimes ; les reliques de ses martyrs brisées sous la ruine de ses temples ; sa foi, si sainte et si vénérable, tournée en risée ; sa parole étouffée sous un amas de nouvelles doctrines et de traditions humaines, et son corps même, tout sacré et tout adorable qu'il est, foulé sans respect aux pieds des pécheurs sacriléges ? C'étoient les maux récens que l'Eglise pleuroit alors et dont elle ne prévoyoit pas les remèdes.

Quelle fut la douleur de François de Sales lorsque, étant entré dans le bailliage de Chablais, il vit *l'abomination* (1) dont il est parlé dans l'Evangile *établie*

_____

(1) Marc. 19.

dans ces terres, autrefois catholiques! Mais quelle
fut son inquiétude quand il trouva ces peuples
éblouis par la nouveauté, séduits par le mensonge,
qui joignoient la malice à l'erreur et l'opiniâtreté à
l'ignorance! Les difficultés presque insurmontables
qu'il rencontra dans sa mission ne firent qu'animer
son courage. On le menace, et il prépare un fonds
inépuisable de patience; on lui ferme tous les passages, et il s'en fait pour l'Evangile au travers des
neiges et des rochers inaccessibles; on lui refuse une
retraite, et il va de masure en masure, dans les débris des temples ruinés, recueillir les restes du christianisme; on défend de le nourrir, et sa nourriture
est de faire la volonté du Seigneur, qui l'a envoyé,
et d'annoncer sa sainte parole. A peine trouve-t-il
qui veuille l'entendre, et il ne laisse pas de jeter la
semence évangélique dans ce champ désert et négligé, se croyant assez récompensé de tous ses travaux par la conquête d'une ame seule.

Mais que ne peut-on pas espérer d'un homme
animé de l'esprit de Dieu! Il attire insensiblement
ces peuples par sa douceur et par sa constance, et
leur fait d'abord comme une controverse paisible et
muette d'action et d'exemple. Il leur montre en sa
personne un prêtre charitable, savant, humble,
désintéressé, et justifie les ministres de Jésus-Christ,
qu'on leur avoit tant décriés, par la pureté avec
laquelle il exerce son ministère. Il plante, il arrose,
et Dieu donne l'accroissement; on vient à lui, et
l'on est instruit; on l'écoute, et l'on est touché; il
dispute, et il convainc; il exhorte, et il convertit.
Ceux qu'il ne peut ramener par ses discours, il les
édifie par sa patience; il prouve sa religion par ses
vertus aussi bien que par ses raisons, et persuade
par son humilité ceux qu'il avoit éclairés par sa doc-

trine. Le service de Dieu se rétablit, les autels se redressent, l'ancienne religion refleurit, les bons pasteurs retrouvent des brebis fidelles, et trente mille conversions sont les fruits de la charité et des travaux de notre apôtre.

Ce fut par ces voies que Dieu le conduisit à l'épiscopat. On ne le vit pas, attaché à la fortune de quelque protecteur puissant, mendier son crédit par des complaisances affectées, et, pour s'agrandir, devenir le flatteur des grands. On ne l'ouït pas alléguer les services que sa famille avoit rendus, ni demander les dignités de l'Eglise, à titre de récompense, comme le prix de la gloire et de la vanité de ses pères. Il ne se fit pas un mérite d'une oisive et stérile piété, et d'un air extérieur de réforme, et ne s'avança pas dans les charges en faisant semblant de s'en éloigner. Il ne s'y ingéra pas sans préparation ni sans expérience, et ne voulut pas profiter des biens de l'Eglise avant que de la servir. Il entra dans l'épiscopat comme les anciens Pères y sont entrés, après l'avoir mérité et après l'avoir refusé. Il ne le regarda pas comme un honneur, mais comme un office, et la seule joie qu'il eut de son élection, ce fut d'être en état de travailler et de souffrir pour Jésus-Christ dans un diocèse ravagé et comme investi par l'hérésie, où il avoit peu de revenu, beaucoup de travail, et où il étoit tous les jours réduit à chercher quelque brebis égarée aux dépens même de la vie.

Je veux croire que ceux qui sont appelés à une dignité si éminente en connaissent l'importance, en ressentent le poids, en remplissent les devoirs ; mais après tout, ils jouissent dans ces heureux temps de toutes les douceurs de l'Eglise en paix. Ce n'est qu'éclat, que magnificence, que richesses ; on ne les voit que dans des palais ou dans les siéges élevés ;

tout fléchit les genoux partout où ils passent, et au lieu de les exhorter à la patience, comme S. Paul faisoit autrefois, il faut les avertir de conserver l'humanité dans cette élévation, et la modération dans cette abondance.

Il n'en étoit pas ainsi dans les premiers temps. Il falloit soutenir l'Eglise au prix de son sang, comme Jésus-Christ l'avoit acquise au prix du sien. Etre élu évêque et être destiné au supplice, c'étoit presque la même chose. Ce n'étoient pas des hommes qu'on élevoit au-dessus des autres pour dominer, c'étoient des hommes qu'on exposoit à la fureur des ennemis de Jésus-Christ pour être les premières victimes des infidelles. Leur exercice ordinaire étoit de gagner des ames et de donner les leurs pour le salut de leurs peuples. C'est presqu'à ces conditions que S. François de Sales devient évêque de Genève, ville riche des dépouilles qu'elle avoit arrachées aux prêtres et aux églises, jalouse d'une indépendance que sa rebellion lui avoit acquise, puissante par les alliances qu'une conformité de passions avoit formées ; ville où le vice étoit impuni, où rien n'étoit défendu que la véritable religion, et où se forgeoient les conspirations et les entreprises contre les souverains pontifes ; ville qui, par sa situation et par sa haine irréconciliable, sembloit menacer le royaume de Jésus-Christ et le premier trône de son Eglise ; ville dont les principaux citoyens étoient ou les ministres de l'erreur ou les déserteurs de la vérité, qui ne vouloit avoir de commerce avec les catholiques que pour en faire ou des apostats ou des martyrs, et qui étoit devenue le refuge de l'impiété et le siége de l'hérésie.

Ce fut là l'objet des vœux et le sujet des travaux de ce saint évêque. Combien de fois, considérant les ruines spirituelles de cette Jérusalem profane, tou-

ché de compassion et de zèle, pleura-t-il sur elle à
l'exemple de Jésus-Christ? Combien de fois alla-t-il,
dans l'étendue de son territoire, arracher à ces loups
ravissans des brebis qu'ils avoient détournées du bercail, et qu'ils étoient sur le point de dévorer? Combien de fois fut-il jusqu'aux portes de cette cité malheureuse adorer les croix qu'il y avoit lui-même
solennellement plantées, et réparer par sa piété les
outrages qu'on avoit faits à Jésus-Christ dans l'enceinte de ses murailles? Combien de fois fut-il sollicité par l'ardeur de sa charité et par la délicatesse
de sa conscience d'aller redemander, non pas les revenus qu'on lui avoit usurpés, mais les ames de son
peuple qu'on lui retenoit, et qu'on lui avoit comme
volées? Son zèle auroit-il pu se contraindre s'il se
fût estimé nécessaire, ou même utile au salut ou à
la conversion d'une ame? Avec quelle résolution
alla-t-il presser et convaincre Théodore de Bèze,
dont l'esprit, le savoir et l'éloquence auroient mérité des louanges immortelles s'il y eût joint les
bonnes mœurs et s'il s'en fût servi pour défendre
la bonne cause? Il l'ébranla, et il l'auroit sans doute
entraîné si l'intérêt, l'orgueil, la foiblesse de l'âge,
ne l'eussent retenu, ou pour mieux dire, si Dieu,
dont les jugemens sont terribles mais toujours adorables, n'eût permis qu'il fût mort dans l'abîme où
il étoit tombé depuis long-temps.

Avec quel courage voulut-il administrer, à un
catholique mourant, le sacrement de la pénitence,
contre toutes les lois et tous les conseils de la prudence de la chair! Mais avec quel zèle évangélique,
appelé par des nécessités de religion, et traversant,
sans dissimuler son nom ni sa qualité, cette ville qui
massacroit les prophètes, se livra-t-il pour Jésus-
Christ à ses ennemis! Ils en auroient fait, hélas! un

sacrifice agréable à tout le parti! Un sang si noble et si pur alloit être répandu par ces mains impures, et la plus sainte tête du christianisme alloit servir de but à leurs coups parricides si Jésus-Christ, qui a promis tant de fois sa protection à son Eglise, ne l'eût conduit par la main, et ne l'eût rendu invisible aux hérétiques (1), comme il le fut lui-même aux Juifs quand il voulut se dérober à leur cruauté et à leur envie, jusqu'à ce que son heure fût venue!

Que ne puis-je vous le représenter, tantôt visitant à pied des paroisses presque inconnues, dans les lieux les plus déserts et les plus sauvages des Alpes; tantôt catéchisant des hommes grossiers de la campagne, et les soulageant par sa charité après les avoir gagnés par sa patience; tantôt se dévouant pour son troupeau dans les maladies contagieuses, tantôt se renfermant dans Annecy, que Genève menaçoit d'un siége, pour être le défenseur de son peuple et le premier martyr de Jésus-Christ! On le vit dans les fonctions laborieuses de l'épiscopat, dans les agitations de son diocèse, toujours appliqué, vigilant, intrépide et infatigable. Mais quelques difficultés et quelque péril qu'il trouvât dans la conduite de son Eglise, on ne put jamais lui persuader de la quitter pour une plus riche et plus tranquille. On lui offrit inutilement les premiers siéges du royaume; il dit, comme les anciens Pères, que les hommes ne pouvoient rompre ce que Dieu avoit lié; que s'ennuyer de son épouse, c'étoit une inquiétude; que de l'abandonner, c'étoit une infidélité; que d'en prendre une autre, c'étoit une incontinence; que le premier engagement venoit de la Providence divine, et le second étoit presque toujours l'effet des cupidités hu-

(1) Joan. 10.

maines, et que, quelque bonne intention qu'on crût avoir dans ces changemens, on y étoit presque toujours plus porté pour le bien qu'on en recevoit que pour le bien qu'on y pouvoit faire. Ne reconnoissez-vous pas, dans ces nobles et pieux sentimens, la pureté de l'ancien christianisme? Il me reste à vous faire voir ce que la douceur fait en S. François de Sales de nouveau et de singulier.

SECONDE PARTIE.

Dieu, qui est le souverain bien et la source de tous les biens, se communique diversement à ses saints, pour faire voir les richesses de sa grâce dans la variété de ses dons, pour proportionner la sanctification de chacun à l'esprit et aux talens qu'il lui a donnés ou aux fins qu'il s'est proposées, et pour édifier les états différens de son Eglise par cette multiplicité d'exemples ou de conduites. Ainsi, quoique la voie du ciel pour tous les élus soit la même, il leur trace pourtant des sentiers nouveaux, dit l'Ecriture; et comme il y a un point de sainteté commune dans lequel nécessairement ils se ressemblent, il y a de même un point de singularité dans lequel ils diffèrent les uns des autres, et peuvent dire chacun, comme le roi prophète : *Je suis unique et particulier dans mon état.* (1)

C'est cette variété et cette ancienneté, toujours nouvelle pour ainsi dire, qui fait la beauté de l'Eglise et la plénitude des saints. Les uns, loin du tumulte et de la corruption du monde, se sont comme ensevelis vivans dans des solitudes; les autres ont porté la mortification de Jésus-Christ visiblement dans

(1) Singulariter sum ego Psal. 140.

leurs corps, et se sont distingués par les rigueurs de
la pénitence. Plusieurs, par la sainteté des vœux,
par la sévérité d'une règle, par l'austérité des jeûnes,
sont arrivés au plus haut point de la perfection évangélique ; mais notre saint s'est établi dans la piété
par sa douceur, vertu que Jésus-Christ nous a si
souvent recommandée, à laquelle il a réduit la doctrine de ses exemples, et promis les récompenses du
ciel et l'héritage même de la terre. C'est cette douceur qui l'a rendu saint dans une vie, commune,
égale, tranquille et charitable. Le Seigneur ne lui
dit pas, comme à Abraham : *Sors de ton pays,*
éloigne-toi de tes parens et de tes amis (1). Il n'entend pas, comme Arsène, une voix céleste : *Va*
dans le désert, demeure dans la solitude et dans
le silence. Une inspiration secrète le retient dans les
usages ordinaires du monde, et Dieu, par un privilége particulier, le met à couvert de ses corruptions.

Dans la maison de son père, dans les études, dans
les académies, dans le commerce ordinaire des hommes, il trouve le moyen de se sanctifier comme un
religieux, comme un pénitent, comme un anachorète : extraordinaire dans l'ordre commun des chrétiens, particulièrement parfait en ce qu'il n'affecta
jamais de perfection particulière, singulier en ce
qu'il n'a point eu de singularité, et que, dans une
condition commune et conforme aux coutumes de
notre siècle, il s'est élevé aux vertus les plus nobles
des siècles passés. Plusieurs l'ont égalé dans la bonté
des mœurs, quoiqu'il ait conservé jusqu'à la mort
l'innocence de son baptême ; dans l'ardeur de son
zèle, quoiqu'on compte qu'il ait gagné soixante
mille ames à Dieu ; dans sa patience, quoiqu'il fit

(1) Genes. 12.

ses délices des persécutions et des injures ; dans son humilité, quoiqu'il ait joint la docilité d'un enfant à la capacité d'un homme parfait ; dans le détachement de toutes choses, quoiqu'il ait vu sans s'émouvoir ses bons desseins souvent traversés, et sa congrégation même, qui fut l'ouvrage de son esprit, l'espérance de la sainte postérité, la joie de son cœur, sur le point d'être ruinée par des accidens imprévus.

Qui est-ce qui a su concilier comme lui les devoirs de la vie civile avec ceux de la conscience ? Il a sanctifié le commerce et les bienséances du monde par le bon usage qu'il en a fait, s'accommodant au temps et aux coutumes, toujours par raison et avec prudence ; sensible aux amitiés raisonnables, et les réduisant toujours à la charité, qui en étoit le principe, et à l'utilité spirituelle de ceux qu'il aimoit, qui en étoit la fin. S'il attiroit les cœurs, ne croyez pas que ce fût pour les retenir ; il savoit les conduire à Jésus-Christ comme un bien qu'il n'avoit acquis que pour lui. S'il s'insinuoit dans les esprits, il cherchoit à y établir la foi et la religion. C'étoit un préjugé, qu'on alloit être bien avec Dieu lorsqu'on étoit bien avec lui ; en un mot, aimer S. François de Sales et aimer la piété, c'étoit presque la même chose.

On ne le vit jamais donner dans aucun excès, non pas même de dévotion. Il rendit à Dieu un culte intérieur et parfait, mais prudent et raisonnable, selon le conseil de l'apôtre (1). Quelque humble sentiment qu'il eût de lui-même, il ne refusa pas à sa dignité certains dehors que l'usage semble exiger quand il n'y a rien de contraire à l'ordre. Il porta dans les compagnies une vertu gaie et modeste qui

_____

(1) Rationabile obsequium vestrum. Rom. 12.

ravissoit les gens de bien et qui édifioit les pécheurs, et dans toute sa conduite on admiroit une simplicité sans affectation, une prudence sans déguisement, un intérieur sans scrupule, un extérieur sans fard, une science sans vanité, une dévotion sans faste et une conversation où paroissoit la douceur de son esprit, la force de sa raison et la pureté de sa vie.

Mais qui est-ce qui l'a jamais égalé dans la pratique réglée et uniforme de la piété, quoiqu'il fût dans les occasions continuelles d'en être ou distrait ou détourné? N'a-t-il pas usé du monde comme n'en usant pas, avec cette sobriété que l'apôtre recommande à tous les fidelles? Il ne s'est pas caché; mais il s'est tenu recueilli. Il s'est trouvé dans les conversations et dans les compagnies; mais il a su se faire, au milieu du bruit du siècle, un silence intérieur et une solitude spirituelle au-dedans de lui. Il faisoit les mêmes choses que les autres; mais il les faisoit autrement qu'eux. L'écorce étoit pareille; mais la racine étoit différente; et, la charité conduisant jusqu'aux moindres actions de sa vie, il ne faisoit rien d'extraordinaire, et c'étoit cela même qui étoit extraordinaire en lui.

Aussi ne chercha-t-il jamais à se distinguer. Il eut toujours une affection tendre et particulière pour certaines petites vertus qu'on néglige parce qu'elles ne se font pas voir de loin, qu'elles croissent au pied et à l'ombre de la croix, et qu'encore qu'elles fassent quelque peine, elles ne font presque point d'honneur aux personnes qui les pratiquent. C'est l'illusion ordinaire de ceux qui croient avoir de grands talens, et qui regardent la dévotion comme un art où ils voudroient exceller. Pour peu qu'on ait bonne opinion de soi dans la piété, on voudroit exercer des vertus de force, de constance, de magnanimité,

de magnificence ; mais comme elles ont de l'éclat et
qu'elles se font admirer, il est dangereux que ce ne
soit la vanité qui les produise, ou qu'elles ne produisent la vanité. D'ailleurs les occasions en sont rares,
et souvent, dans l'attente incertaine et imaginaire
de se signaler en quelque grande action, on perd le
fruit d'une infinité de petites qui sont d'usage pour
tous les jours.

De plus, c'est présumer de sa vertu que de compter sur sa fidélité dans les rencontres importantes,
quand on n'a pas accoutumé son cœur à ces petites
régularités auxquelles le respect et l'amour que nous
devons à Dieu nous obligent. Mais les simples et
humbles vertus sans art, sans étude, sans ostentation, furent l'amour de S. François de Sales. Il cher-
cha le mérite et non pas la réputation de la sainteté.
Quoiqu'il eût amassé des trésors infinis de grâces,
il ne négligea pas ces petits gains de dévotion qui
surviennent à tous momens, et qui étant bien mé-
nagés, font avec le temps un grand amas de richesses
spirituelles dans une ame. Supporter certaines petites humeurs fâcheuses du prochain, dissimuler
sans ressentiment de petites injustices, endurer de
légères importunités sans se plaindre, recevoir avec
docilité certaines petites corrections ou trouver le
temps de les faire soi-même avec douceur et avec
profit, souffrir un petit refus avec patience, traiter
ses domestiques avec humanité, s'humilier quand il
le faut au-dessous même de sa condition, c'étoient
ses exercices ordinaires. Ces vertus, petites par leur
matière, devenoient grandes par leur principe. Dans
les occasions éclatantes, l'ame se recueille tout entière, la raison se mêle avec la foi, on est observé
et l'on s'observe, on se soutient par sa vertu et par
sa réputation tout ensemble, et l'on trouve souvent

dans le bien même que l'on veut faire la récompense de l'avoir fait ; mais de se régler dans ces occasions où l'on ne sert de spectacle qu'à soi-même, où l'on n'a pour témoin et pour juge de ce qu'on fait que Dieu et sa conscience, c'est une marque d'un bon cœur et d'une fidélité confirmée.

C'est par ces pratiques continuelles qu'il s'élevoit à Dieu presque sans obstacle. Telle est la corruption de la nature qu'elle ne peut s'accorder avec la vertu, ni se soumettre à la raison qu'avec peine, je ne dis pas dans les agitations de l'ame ou dans le transport de nos passions, mais dans la tranquillité même de nos cœurs et dans le calme de nos désirs. Il faut que Dieu, par sa puissance, assujettisse et lie pour ainsi dire cette convoitise indocile pour arrêter ses contrariétés et ses répugnances. Mais François étoit en paix avec lui-même ; il n'y avoit rien en lui qui s'élevât contre la grâce de Jésus-Christ. Son ame étoit entre ses mains ; il ne sentoit nulle répugnance à suivre la loi. Sa piété croissoit tous les jours par les docilités de la nature et par les progrès de la grâce ; et ses passions tranquilles sous la garde de la vertu lui servoient de secours et non pas d'obstacle à faire le bien.

De là vint cette égalité de vie dans toutes ses actions. Il y a je ne sais quelle instabilité dans nos esprits et dans nos cœurs qui change l'ordre de nos mœurs et de notre vie. Nous sommes tantôt fermes, tantôt irrésolus, quelquefois fervens et quelquefois relâchés. Le caprice a souvent autant de part que la raison à nos résolutions et à nos entreprises. Mais toute la conduite de François fut régulière et uniforme. C'étoit un homme sans humeur. Ces intervalles de vices et de vertus, ces interruptions d'une bonne vie, ces inégalités enfin qui nous sont si na-

turelles, jamais il ne les éprouva. Sa vie ne fut
sujette ni aux irrégularités ni aux changemens ; ses
jours ne furent qu'un tissu de sagesse et de charité.
Il ne fit qu'un seul personnage durant sa vie : c'est
le personnage d'un saint.

Qui est-ce qui n'est pas quelquefois troublé par
les divers accidens qui arrivent ? Il faut se faire un
cœur capable de résister aux adversités , et pour les
soutenir, il est nécessaire de les prévoir. François
prévenoit les ordres de Dieu par une résignation générale. Il n'aimoit pas à pénétrer les secrets de sa
Providence ; c'étoit assez pour lui de les connoître
par les événemens ou par les inspirations. Sa volonté étoit perdue dans celle de Dieu , et révérant
l'ordre du ciel dans toutes les révolutions humaines,
il en étoit touché , mais il n'en étoit pas surpris , et
recevoit les afflictions sans avoir besoin de s'y préparer. La calomnie ose attaquer sa piété , mais elle
ne peut vaincre sa patience. On jette des défiances
de sa fidélité dans l'esprit de son prince ; il s'enve-
loppe dans sa vertu , et content du témoignage de sa
conscience , il laisse à Dieu le soin de le justifier devant les hommes.

Il s'est par-là dépouillé de toute affection humaine,
et s'est trouvé le maître des passions qui nous dominent. Les uns les ont attaquées par les pénitences ,
les autres les ont vaincues par la raison , plusieurs
les ont détournées par le changement : François les
a calmées par la charité. Son ame n'étoit plus sujette
aux orages qu'excite la colère ; son zèle même n'eut
point de fiel ; il souffroit sans impatience et corri-
geoit avec miséricorde ; il cédoit et faisoit tout céder
à l'amour divin dont il étoit enflammé. *Si je savois,*
disoit-il , *qu'il y eût en moi la moindre étincelle
d'amour qui ne fût en Dieu et selon Dieu , je vou-*

drois que mon cœur se fendît pour faire sortir ce profane amour. L'amour divin avoit fait en lui ce que les mortifications du corps ont accoutumé de faire aux autres. Je sais que ces peines extérieures ont été saintement instituées pour accomplir les œuvres de la pénitence, pour arrêter les mouvemens de la cupidité, pour empêcher les progrès de l'amour-propre; mais si la prudence ne les règle, et si la charité ne les adoucit, on se sait bon gré de ce qu'on souffre, on nourrit sa volonté propre dans ses jeûnes et dans ses abstinences, on méprise ceux qui ne font pas les mêmes austérités, on prend un air de critique et de sévérité insupportable. N'éprouve-t-on pas tous les jours l'humeur chagrine de ces dévots qui n'ont ni pour eux ni pour autrui aucune condescendance raisonnable; qui, sous prétexte de justice, renoncent à la charité; et qui, par leurs censures et par leurs plaintes perpétuelles, se déchargent d'une partie de leur croix sur les personnes qui les approchent, et font porter la peine aux autres de la pénitence qu'ils se sont imposée à eux-mêmes?

On ne vit point de ces chagrins dans notre saint évêque. Sa dévotion ne fut à charge à personne; il eut le secret de se faire aimer de ceux qu'il fut obligé de reprendre; sa croix fut toute dans son cœur et toute pour lui. Il ne commandoit pas la vertu, il la persuadoit; et sans rebuter les pécheurs par ses réprimandes, il les ramenoit par sa bonté. S'il prêche, il ne fait pas des invectives inutiles; il va au fond de la religion, sans s'arrêter à de vaines réformes ou à des défauts extérieurs; il attaque la cupidité dans sa source, et met à sa place la charité. S'il traite avec les hérétiques, ce n'est pas par ces disputes et ces controverses tumultueuses où l'on est moins en peine

6

de la vérité que de la victoire, où l'on a plus de soin de justifier son raisonnement que de persuader sa créance, où l'un persiste dans le mal qu'il fait, l'autre gâte le bien qu'il pourrait faire ; où l'un veut soutenir son erreur par opiniâtreté, et l'autre soutient sa vanité aux dépens de l'humilité et de la charité chrétienne. Il montre la justice de sa cause par son instruction ; il la persuade par sa douceur. Dans des entretiens pleins d'onction et d'efficace, il cherche plus à gagner leur cœur à Dieu qu'à convaincre leur esprit.

S'il confesse, il est juge et il est père tout ensemble ; il punit le péché et il console le pécheur. Quelles remontrances ne fait-il pas à ces confesseurs qui rendent leur tribunal redoutable par leurs rudesses indiscrètes, qui éloignent les fidelles de l'usage des sacremens, et qui par une humeur austère, leur faisant plus sentir la rigueur de leurs corrections que le repentir de leurs fautes, doivent faire pénitence eux-mêmes de la peine qu'ils ont faite à leurs pénitens ! S'il écrit, il travaille à inspirer la dévotion qu'il a pratiquée ou l'amour de Dieu dont il est pénétré, semblable, dans l'un, à cet ange qui conduit les petits Tobies dans les voyages de cette vie ; dans l'autre, à cet ange qui porte dans les airs les prophètes par des routes lumineuses.

Mais avec quelle sagesse a-t-il, dans la méthode de sa piété, applani les voies de Dieu sans les élargir ! Rien n'a été si sujet à l'illusion que la dévotion. Chacun se la figuroit conformément à son humeur ou à ses désirs. Les uns la resserroient dans les solitudes et dans les cloîtres, l'enveloppoient dans des imaginations vaines et dans des expressions mystiques, la chargeoient de devoirs superstitieux et peu praticables, et pour vouloir la rendre sublime, la rendoient impossible et par conséquent inutile ; les autres la représentoient, au contraire, avec des adoucissemens pernicieux, la réduisoient à des cérémonies et à des bienséances, en faisoient un mélange du monde et de l'Evangile, et la rendoient mondaine pour vouloir la rendre familière. Notre saint a fait voir qu'elle n'étoit ni susceptible des relâchemens du siècle ni incompatible avec les offices de la vie civile. Il a appris à vivre dans le monde sans participer à l'esprit du monde, à s'élever au-dessus de la nature sans détruire la nature, à voler peu à peu vers le ciel comme des colombes quand on ne peut pas s'y élever comme des aigles, et à suivre les lois d'une condition commune quand on n'est pas appelé à une charité plus parfaite.

S'il établit des vierges chrétiennes, il ne veut pas qu'elles gémissent sous l'excessive austérité d'une règle pénible et laborieuse, mais qu'elles vivent dans une obéissance fidelle et dans une humble virginité ; qu'elles fassent un sacrifice libre et volontaire d'elles-mêmes ; qu'elles portent au-dedans les croix qu'il leur a épargnées au-dehors, et qu'elles récompensent par la charité dans leurs cœurs les égards qu'il a eus pour la délicatesse de leurs corps. Y eût-il jamais un caractère d'esprit plus propre à gagner les hommes que celui de ce grand évêque ?

Aussi Dieu l'a comblé de bénédictions presque inouïes dans l'Eglise. Les gens de bien, dans le monde, sont sujets à être ou corrompus ou méprisés par les méchans ; François de Sales a été à l'épreuve de leur corruption et à couvert de leur malice. Ses propres ennemis n'ont pu s'empêcher d'être ses admirateurs, et les hérétiques mêmes ont voulu déposer pour sa canonisation, et rendre à la sainteté de sa vie un témoignage d'autant plus assuré et moins suspect que l'erreur qui les aveugloit les obligeoit à le condamner; mais ce qu'il y a de singulier, c'est que ses vertus sont admirables et peuvent pourtant être imitées, ce qui paroissoit presque incompatible avant lui.

Oui, Messieurs, nous pouvons dire que Dieu l'a fait naître pour nous donner un exemple à suivre, et pour nous ôter tout prétexte de nous excuser. Ce n'est pas un saint tiré des fastes de l'ancienne Église ou du sein des persécutions, et dont les actions soient ou peu reconnues ou peu proportionnées à votre vie; c'est un saint de la connoissance de nos pères, né de nos temps et presque sous nos yeux, dont la mémoire est récente. Ce n'est pas un anachorète, nourri dans les solitudes d'Egypte, qui ait mené une vie triste et sauvage; c'est un saint à peu près de nos climats, qui a mené une vie commune, mais sainte. Il a vécu comme nous; mais, hélas! nous ne vivons pas comme lui. Il a été environné de mauvais exemples comme nous; mais il les a condamnés par sa piété. Pourquoi ne saurions-nous, comme lui, louer Dieu dans nos prospérités, le chercher dans nos adversités et le glorifier dans nos actions? Pourquoi n'aurons-nous pas, comme lui, de la douceur pour le prochain, de l'amour pour Dieu, de la vigilance pour nous-mêmes? Pourquoi n'aimerons-nous pas, comme lui, à honorer Dieu dans les actions de religion, dans les actions mêmes faciles et indifférentes? Pourquoi ne souffrirons-nous pas patiemment, comme lui, les peines qu'on nous fait, celles que Dieu nous envoie, celles que nous trouvons dans le monde ou que nous nous causons nous-mêmes? Suivons des exemples si saints, si faciles, si raisonnables, afin que nous obtenions de Dieu la grâce en ce monde et la gloire en l'autre, que je vous souhaite, *au nom du Père*, etc.

PANÉGYRIQUE

DE SAINT FRANÇOIS DE SALES,

PAR LE P. DELARUE. (1)

In omni ore quàsi mel indulcorabitur ejus memoria. Ipse est directus divinitùs in pœnitentiam gentis, et tulit abominationes impietatis, et in diebus peccatorum corroboravit pietatem.

Sa mémoire sera douce comme le miel dans la bouche de tout le monde. Il fut destiné de Dieu pour la conversion de sa Nation : il extermina les abominations de l'impieté, et confirma la pieté dans les jours des pécheurs.

(*Ecclésiastique*, ch. 49.)

La mémoire du Roi Josias, dont le saint Esprit a fait ce brillant Eloge, fut si chere à ses Sujets, que plusieurs siécles après sa mort ils l'honoroient encore par leurs pleurs, et par des lamentations funebres. C'est autrement, Chrestiens, que la mémoire de François de Sales est prétieuse aux gens de bien. Elle attendrit les cœurs en les ouvrant à la joye, et le souvenir de sa mort est un triomphe public à l'Eglise de Jesus-Christ. Tous deux, Josias et François, furent destinez à rétablir dans le siécle des pécheurs l'honneur du culte divin ; mais les travaux de Josias furent stériles, et périrent avec lui ; ceux de François ont

(1) Rue (Charles de La), jésuite, né à Paris en 1643, mort à Paris, au collége Louis-le-Grand, âgé de quatre-vingt-deux ans, le 27 mai 1725.

.porté leurs fruits jusqu'à nous, et plaise au Ciel d'é-
carter tout ce qui pourroit les flétrir.

Une partie de sa vie s'est passée dans les tempestes,
qui troublerent le siécle dernier (1); et l'autre dans
le calme, qui commença le siécle présent (2). François partagea ses travaux entre ces deux siécles, et
mérita en quelque maniere l'Eloge du saint Précur-
seur, d'avoir servi de borne entre les deux loix,
l'ancienne et la nouvelle : *Limes Testamentorum
duorum, veteris et novi* (3). C'est ce que Tertullien,
et depuis lui saint Augustin, ont dit de Jean-Baptiste;
et ce que j'ose, dans un sens, appliquer à l'homme
incomparable dont nous célébrons la feste.

Pour bien entrer dans ce vaste dessein, repré-
sentons-nous le propre caractére de ces deux Siécles.
Le Siécle passé sera fameux à jamais par les sanglants
combats que l'Eglise Catholique y soûtint contre
l'Héresie, pour défendre la vraye Religion. Le Siécle
présent ne sera pas moins renommé par le soin qu'on
prit d'abord d'extirper le vice, et de rétablir la vraye
pieté. Car comme le vice et ses scandales publics
avoient servi de prétexte à la révolte de l'Héresie, à
peine la Religion fut-elle échappée du naufrage, que,
pour l'en préserver à l'avenir, on s'appliqua au re-
nouvellement des mœurs, et au rétablissement des
bonnes œuvres. Or, entre tous les grands Hommes qui
eurent part à ce double ouvrage, on peut dire que
François tint un des premiers rangs, par l'avantage si
singulier qu'il eut, de se consacrer à la conversion des
peuples et à leur sanctification (4). Ses premieres expeditions furent contre le Schisme et l'Héresie, et le
succès fut le rétablissement de la Religion, *Tulit abominationes impietatis;* ce sera la matiere du premier

(1) 1500. — (2) 600. — (3) August. serm. 293. — (4) Eccl. 49.

Point. Ses derniers efforts furent contre le vice et les mauvaises mœurs, et le succès fut le rétablissement de la pieté (1), *Corroboravit pietatem;* ce sera la matiere du second Point.

Ce que nous admirerons sur-tout dans cette course également laborieuse et glorieuse, c'est que la force de son zéle fut l'effet de sa rare et infatigable douceur. Autrefois Samson se vantoit d'avoir vû la douceur sortir de la force; ayant trouvé par hazard un rayon de miel dans la gueule d'un lion mort (2) : *De forti egressa est dulcedo.* Nous verrons dans la vie de François un évenement tout contraire. Il parlera, il agira contre l'héresie et le vice, avec une douceur pareille à celle du miel : mais la douceur et l'onction de ce miel sacré deviendra dans sa bouche un tonnerre, qui ébranlera les esprits les plus opiniâtres, et brisera les cœurs les plus endurcis. Demandons au saint Esprit la grace de cette céleste onction par l'intercession de la Vierge. *Ave.*

PREMIERE PARTIE.

Entre ces hautes montagnes que le Créateur a données pour limites à l'Allemagne, à la France et à l'Italie, de grands lacs, d'étroites vallées, de profondes cavernes, offrent un asile favorable à des peuplades d'étrangers fugitifs, ou chassez de leur patrie. On y voit encore subsister les restes des Héretiques proscrits depuis quatre et cinq cents ans. L'impieté sans témoins et sans vengeurs, y garde jusqu'à présent son obstination toute entiere; et toûjours appuyez par la protection des Puissances interessées à troubler l'unité de la Religion, toûjours accrus par le

(1) Eccl. 49. — (2) Judic. c. 14.

concours des méchants qui viennent chercher la
liberté de mal faire; ils se sont arrogé comme un
droit de prescription, d'être ménagez, redoutez, et
mesme respectez des Princes dont ils sont naturellement les sujets.

Vous reconnoissez là Geneve, Thonon, Gex, le
Chablais, le Fossigny : lieux célebres par tant de
guerres, d'assauts, d'exploits militaires, tant de traitez et tant de ruptures. Ce fut comme la Terre promise, où saint François de Sales étoit appellé : Terre
pour lui, non pas arrosée de ruisseaux de lait et de
miel; mais fertile en travaux et en mérites. Dieu le
fit naître dans un chasteau de son nom, au Diocèse
de Geneve, d'une noblesse ancienne et distinguée
par ses exploits. Distinction qui, toute frivole qu'elle
est en elle-mesme, servit à la Providence pour lui
abreger le chemin des dignitez nécessaires au salut
de son pays. Le Ciel y joignit une ame encore plus
noble, parce qu'il lui vouloit confier de grands desseins; un esprit facile et clairvoyant, parce qu'il
prétendoit l'opposer à des aveugles; un bon cœur,
tendre et compatissant à tous les besoins des malheureux; un corps peu robuste, mais soûtenu d'une
fermeté de courage à l'épreuve des plus longues et
des plus rudes fatigues.

L'éducation qu'il reçut, devroit être celle de tous
les enfants parmi la noblesse chrestienne. Au lieu
que des peres, ou trop négligents, ou trop indul-
gents et trop foibles, abandonnent de jeunes gens
sur le choix de leur état aux caprices du hazard ou
de leurs passions dereglées, François de bonne heure
fut appliqué à tous les exercices des divers états qui
pouvoient convenir à sa condition, afin que son
choix fust le fruit de sa raison et de son experience.
L'étude des Belles-Lettres, celle des Armes et du

Droit, celle des Sciences sublimes et de la Théologie,
l'occuperent jusqu'à vingt ans. Paris et Padoüe furent
témoins de l'étenduë de son genie; et le pere, persuadé
que rien n'est plus avantageux à l'éducation des enfants que leur éloignement des tendresses domestiques, eut peu de peine à se priver du plaisir de
voir son fils croistre à ses costez, par l'esperance de
le revoir un jour surpasser ses plus hautes esperances :
c'est l'expression de saint Jerôme sur un sujet tout
semblable : *Absentiam filii spe sustinent futuro-*
rum. (1)

Dirai-je la part qu'eut notre compagnie à cette
heureuse éducation, et la grace que Dieu nous fit
d'envoyer un tel disciple puiser dans nos sources les
principes de la doctrine et de la pieté? Inutiles instru-
ments, nous n'en avons été que trop récompensez
par la reconnoissance que le Saint en conserva toute
sa vie, et par la protection qu'il nous continuë dans
le séjour de la gloire. Que dis-je? il eut bien un autre
Maistre que nous. Vous, ô mon Dieu, vous lui ap-
pristes ce que l'homme ne peut enseigner. Vous lui
inspirastes ce désir ardent d'être à vous, ce penchant à la priere, ce goust des choses divines, cette
charité envers les pauvres, cette horreur infinie du
péché, cet air grave et cette pudeur qui retenoit dans
les régles du devoir l'immodestie mesme et la licence
la plus declarée. C'étoit vous, Seigneur, qui l'attiriez
dans le secret de votre tabernacle par l'odeur de vos
parfums. C'étoit vous qui le nourrissiez de la manne
de votre parole; vous qui lui mettiez dans la bouche
cette génereuse réponse, si quelquefois, ou par le-
gereté, ou par une malice affectée, on entreprenoit
de tenter sa vertu : *Que m'a fait Dieu pour l'of-*

(1) Hieron. ad Rust.

fenser; et que vous a-t-il fait pour vouloir que je l'offense ?

Ainsi François avançoit en âge et en perfection, comme le jeune Samuel également agréable à Dieu et aux hommes : *Proficiebat atque crescebat, et placebat tam Domine, quàm hominibus* (1). Quoi de plus agréable en effet aux yeux du monde qu'un mérite naissant, orné des graces du corps et des qualités de l'esprit les plus engageantes ? Mais quoi de plus agréable aux yeux de Dieu, que ces qualitez humiliées sous l'esprit de l'Evangile, et ces graces flétries par les pratiques d'une dure mortification ? Quoi de plus doux à une illustre Maison, chargée de plusieurs enfants, que de voir un aisné en état de devenir l'appui de ses freres ? Mais quelle gloire pour Dieu, de voir cet aisné si cher et si prétieux, renoncer dès l'âge de douze ans par un vœu de chasteté à toutes ses prétentions, et les sacrifier au soin capital de son salut !

La joye étoit donc moins pour la terre que pour le Ciel ; et si l'Evangile nous apprend que les Anges se réjoüissent à la conversion d'un pécheur : *Super uno peccatore pœnitentiam agente* (2); de quels sentiments devoient-ils être remplis, lorsque pénétrant dans l'avenir, ils voyoient attachée à l'Apostolat de François, non la conversion d'un seul pécheur, mais, selon le dénombrement que l'Histoire a tasché d'en faire, la conversion de soixante et dix mille ames plongées dans les ténebres de l'erreur ? Ah ! montagnes et vallées, stériles jusqu'alors, vous ne serez plus ces montagnes de Gelboé, sur qui la pluye et la rosée ne devoient jamais tomber, selon les malédictions de David. Vous allez être comblées de béne-

(1) I. Reg. 2. — (2) Luc. 15.

dictions, inondées des torrents de la grace divine, et François de Sales sera le Ministre de ce changement.

Jusqu'ici nous n'avons vû que des dispositions et des préparatifs. Ce n'a été que le fondement de ce discours ; mais entrons en matière, et voyons désormais le saint Apôtre, aux prises avec l'héresie, soûtenir contre elle tout à la fois et la verité de la Religion, et la gloire de la Religion.

Figurons-nous, Chrestiens Auditeurs, une Province où le Souverain n'est connu que par son nom ; n'est obéï que dans un seul petit fort, qui tient les peuples d'alentour dans une crainte sans respect, ou dans un respect sans affection. Imaginons-nous des gens à qui leurs Ministres tiennent lieu de Magistrats ; des gens qui n'ont pour loix que leur prétenduë liberté, pour jeux que le massacre des Prestres et des Religieux, pour actions héroïques que l'incendie des Monastéres et des Eglises. Voilà quels étoient ces mesmes Protestants, qui reclament aujourd'hui si haut contre les Princes zélez, la douceur évangélique.

C'est dans ce pays desolé, et dans Thonon la capitale, enhardie à la rébellion par le voisinage de Geneve, que François commence à prescher. Avec l'assistance divine, il n'a du reste que le secours de sa voix ; point de maison, ni de retraite ; un très-petit nombre de Catholiques tremblants qui n'osent s'offrir à lui, ni le recevoir. Il paroist dans les places de la Ville : avec quelle surprise, disons mieux, avec quelle horreur une populace insolente, prévenuë contre l'habit mesme et le nom de Prestre Romain ! Saint Paul paroissoit au milieu des Payens d'Athenes ; on le souffroit, on l'écoutoit, on le conduisoit jusque dans l'Aréopage, on lui faisoit expliquer sa foi : *Volumus scire* (1), lui disoient-ils, nous voulons sça-

_____

(1) Act. 17.

voir ; nous voulons vous entendre et nous instruire.
On trouvoit alors dans des cœurs corrompus par
l'idolâtrie, une docilité que l'héresie a depuis arra-
chée du cœur des Chrestiens. Les uns fuyoient François comme un monstre, les autres comme un magicien, d'autres comme un séducteur, d'autres comme
un idolâtre. On l'accabloit d'injures, on lui insultoit,
on le railloit ; quelques-uns usoient de menaces, et
taschoient de l'intimider.

Le Saint en fut-il ému ? Abandonna-t-il l'œuvre
du Seigneur ; et les obstacles ne servirent-ils pas à
redoubler l'ardeur de son zéle, bien loin de le re-
froidir ? Ce qu'il ne pouvoit annoncer dans les places
ni dans les ruës, il l'insinuoit dans les visites et dans
les conversations. Ce qu'il ne pouvoit persuader aux
chefs de la Synagogue, aux Scribes et aux Pharisiens, il l'expliquoit aux simples, suivant l'exemple
du Fils de Dieu. Comme ce divin Sauveur, après avoir
passé le jour à prescher la pénitence, à pleurer sur
ces murs et sur ces habitants ingrats, il retournoit
le soir à Béthanie ; c'est-à-dire, que par des chemins
traversez de forests et de montagnes, il alloit chercher dans un chasteau éloigné de plus de deux lieuës,
le repos et la seureté qu'il ne trouvoit pas dans Thonon. Combien de fois s'égara-t-il dans l'obscurité de
la nuit ? combien de fois les neiges et le froid mirent-ils
sa vie en péril ? combien de fois fut-il attaqué par des
assassins apostez ? Leur fureur en vint à un tel point,
et l'attentat fut si public, que ceux qui comman-
doient dans le pays, lui voulurent donner une escorte.
Mais non, disoit l'homme de Dieu, après saint Cy-
prien, quand on est avec Jesus-Christ, on n'a pas
besoin de défense, on n'est pas seul : *Solus non est,*
cui Christus comes est (1). La crainte de ses amis,

(1) Cypria. Ep. ad Thibarit.

bien loin de l'étonner, lui relevoit le courage ; et pour se dérober à leurs précautions et leurs inquiétudes, il résolut enfin de s'exposer avec une pleine confiance à la discrétion de ses ennemis, je veux dire à leur haine et à leur rage.

L'expression est forte, mais elle n'est point outrée. Quand je dis rage, sçachez, mes Freres, que je ne dis rien de trop. L'esprit des Protestants avoit encore en ce temps-là toute sa férocité. Ils ignoroient ce que c'est que dissimuler la vengeance, et ne haïr qu'au fond du cœur. C'est un art que cent ans d'humiliations ont eu peine à leur apprendre ; mais alors fiers de leurs succès, ils s'emportoient sans ménagement, parce qu'ils esperoient sans mesure.

Au milieu donc de ces esprits séditieux et envenimez, François choisit sa demeure. Il va s'établir à Thonon. Quelle entreprise ! mais quel succès ! Une seule prédication sur le saint Sacrement en convertit jusqu'à six cens. Neuf cens suivent bien-tost après : les plus notables habitants, les plus apparents de la noblesse, quelques magistrats, les familles, et les bourgades entieres. Quelle confusion dans le troupeau, sur-tout parmi les Ministres ! Appellez à la dispute, après avoir pris jour, ils perdent l'espérance d'y réüssir, et l'audace mesme de paroistre. Un d'entre eux plus sincere que les autres, reconnoist la vérité, mais ses freres au désespoir l'accablent de calomnies. Il est condamné à la mort, et laisse aux vrais convertis un exemple mémorable de constance catholique. Enfin Geneve allarmée des progrès du Missionnaire, y veut opposer ses plus redoutables docteurs : mais ils n'ont point contre lui d'autres armes que les outrages ; et les défis acceptez restent toujours de leur part sans effet.

Tout cela n'est rien encore pour le zéle de Fran-çois. Il va jusques dans le Siége capital de l'héresie, je ne dirai pas affronter, ce mot conviendroit mal à la modestie du Saint; mais inviter au salut le Chef mesme du parti, ce Beze si connu par la beauté de son génie. Comme il étoit né catholique, il étoit temps à soixante et dix ans qu'il s'attendrist ou s'en-durcist absolument à la grace qui lui parloit. Fran-çois entreprend de réveiller ses remords. Il fait deux voyages à Geneve; il a trois conferences avec lui : la premiere est vive et animée, la seconde plus tran-quille, la troisiéme tendre et touchante; mais toutes trois inutiles. D'abord François parvint à se faire supporter : c'étoit beaucoup à l'égard d'un vieillard impatient, et fier de son autorité. Bien plus, il se fit écouter : si mesme il en faut croire la renommée, la mort prochaine ayant réduit l'héretique aux derniers cris de sa conscience, François dans ce moment fatal se fit souhaiter. Ce fut trop tard. La grace que le mourant avoit rebutée, fut transportée ailleurs par le mesme François de Sales. Il n'avoit pû toucher le coeur d'un Apostat; il toucha le coeur d'un grand Capitaine. Il gagna Lesdiguieres à la religion; cet homme si fameux par sa valeur entre nos plus grands Guerriers.

Ce Connestable, Gouverneur du Dauphiné, se fit un plaisir de l'entendre : il en rechercha les occa-sions; il le demanda au Duc de Savoye, pour pres-cher le Caresme dans Grenoble aux yeux de tout le parti. Il apprit de lui la verité, la vertu mesme; et quoiqu'alors, par des interests politiques et des rai-sonnements humains, il ne consommast pas l'ou-vrage de sa conversion, quand ce fruit de grace fut parvenu à sa pleine maturité, ce grand homme avoüa que la main de François l'avoit planté dans son ame, et qu'après Dieu, c'étoit à lui, plus qu'à pas un autre, qu'il en étoit redevable.

Aussi le sçavant Cardinal du Perron, recommandable par tant d'écrits et tant de combats contre l'héresie, reconnoissoit que s'il avoit reçu de Dieu la clef des esprits, la clef des cœurs avoit été réservée à François de Sales : Je puis convaincre, disoit-il, mais c'est à lui de convertir.

Voilà pourquoi on l'appelloit de toutes parts; et dès qu'il se montroit, l'erreur sembloit fuir devant lui. Que manqua-t'il que sa présence, à la conversion d'un puissant Prince, que sa science et son esprit élevoient encore plus entre les Rois, que les trois couronnes qu'il avoit réünies sur sa teste ? Le Saint fut sollicité de passer en Angleterre, pour travailler à cette œuvre si importante : des conjonctures favorables donnoient lieu d'en esperer l'accomplissement; mais Dieu ne le permit pas.

Adorable profondeur de sagesse et de providence ! vous destiniez, Seigneur, au petit-Fils de ce Monarque la grace que vous refusiez à l'ayeul. L'ayeul balançant entre la couronne du salut, et les couronnes de ses Peres, qu'il craignoit de risquer, perdit enfin par sa lenteur toutes celles qu'il tenoit d'eux, et celle que la main de Dieu préparoit à sa foi. Le petit-Fils plus généreux, négligeant les couronnes de ce monde, venge aujourd'hui votre grace, ô mon Dieu, du mépris que fit son ayeul de la couronne éternelle, et renouvelle aux yeux de l'univers la grandeur d'ame de Moïse à fouler aux pieds, comme dit saint Paul, les trésors de l'Egypte et le diadême de Pharaon, pour se couronner des opprobres de Jésus-Christ : *Majores divitias œstimans thesaura*

Ægyptiorum improperium Christi (1). Le droit de ce prince est votre cause, Seigneur : soûtenez-la, pour la gloire de votre nom, et pour le bien de votre Eglise. Et si les péchez de ses sujets les rendent encore indignes de les posseder, faites dès à présent, par miséricorde pour eux, ce que vous ferez un jour pour sa posterité par justice. Revenons.

Le progrès de la Religion fut tel dans les Etats de Savoye, que le zéle du Souverain se joignant à celui de l'homme de Dieu, les Eglises occupées par les protestants furent restituées aux catholiques, les nouveaux temples démolis, les Ministres exilez, l'héresie dépoüillée d'honneur et défenduë par les Edits. Elle étoit sans ressource, si la guerre survenuë entre le Duc et la France, n'eust attiré les armes de Henry le Grand, et suspendu pour quelque temps le triomphe complet de la vraye foi. François vit le danger, mais il ne se découragea point : ses travaux redoublerent, mais il en fut bien dedommagé par l'affection du Monarque victorieux, qui donna plus de matiere et plus d'étenduë à son zéle. Henry l'engagea à venir en France, et jusqu'à la Cour, où il soutint encore avec plus d'éclat, non-seulement la verité de la Religion, mais la gloire de la Religion.

L'héresie a toujours manqué de raisons pour se maintenir, mais jamais elle n'a manqué de prétextes. Les plus spécieux ont été les prétendus désordres de l'Eglise, et les scandales, vrais ou faux, de ceux qui se trouvoient chargez de la gouverner. S. Augustin le reprochoit aux hérétiques de son temps : *Quia ipsam veritatem criminari et obscurare non possunt homines per quos prædicatur adducunt in odium* (2);

---

(1) Heb. 11. — (2) August.

parce qu'ils ne peuvent pas étouffer la verité, ils tas-
chent, disoit-il, de rendre odieux ceux qui l'ensei-
gnent; et des foiblesses d'un seul homme, ils forment
des crimes communs à tout l'ordre Sacerdotal : *Ut
quisquis Episcopus vel Clericus ceciderit, omnes
tales esse contendant* (1). En quoi l'injustice n'est
pas de crier contre le vice en géneral : S. Bernard
crioit aussi haut qu'eux; mais respectant toûjours
la pureté incorruptible de l'Eglise au milieu de la
corruption de quelques-uns de ses enfants, il ne se
faisoit point de leurs excès des titres pour la détruire.
Et c'est là que s'en tiendroient les héretiques, si leur
zéle étoit pur et sans passion : mais parce que c'est
l'esprit de mensonge qui les guide et qui les fait
parler, doit-on s'étonner de leurs invectives et de
leurs exaggérations? Jamais au moins, n'eûrent-ils
lieu d'en appuyer la verité sur la conduite du Saint
Evêque. Elle fut toûjours telle aux yeux les plus
malins, que bien loin d'en prendre occasion d'im-
puter à l'Epouse de Jesus-Christ les scandales de ses
Pasteurs, ils furent contraints de la reconnoistre dans
la personne de celui-ci, sans tache, sans défaut, toute
sainte et immaculée. *Non habentem maculam, aut
rugam, aut aliquid hujusmodi, ut sit sancta et
immaculata.* (2)

Vous sçavez, Chrestiens, quelles taches ils lui im-
putent, dans ses Prestres et dans ses Prélats: l'oisiveté, la vie molle, l'interest, l'arrogance et la fierté.
François entreprit d'effacer ces injustes impressions,
et il n'eut pour cela qu'à suivre sa maniere ordinaire
de vie. Il ne lui fallut point d'autre effort pour imposer silence, selon que s'exprime S. Pierre, à l'imprudence des ignorants, et à l'insolence des mal-

(1) August. — (2) Ephes. c. 5.

7

veillants, *Ut obmutescere faciatis imprudentium hominum ignorantiam.* (1)

Comment eussent-ils accusé le saint homme d'oisiveté, quand ils le voyoient, à mesure qu'il croissoit en dignité, croistre en zéle et en travail, parcourir les villes et les bourgs; s'ouvrir à travers les neiges des passages inconnus; traverser les torrents, se traîner sur le bord des précipices, comme autrefois Jonathas s'attachoit des pieds et des mains à la pointe des rochers pour aller aux Philistins : *Ascendit pedibus et manibus reptans* (2)? Quand il passoit les jours en prédications, en conférences, en confessions, les nuits en étude et en priere. Quand il s'exposoit durant la peste au service des mourants; qu'il s'enfermoit durant la guerre dans les villes assiégées; que quelque part qu'il fust, il mettoit tout en mouvement pour le bien public. Quand en toute rencontre et en tout temps il étoit prest de voler en Italie, en France, à Rome, à Paris, pour le salut de son troupeau.

Lui pouvoit-on reprocher l'interest et la convoitise des biens? Il étoit trop convaincu de ce que dit S. Bernard : que si les devoirs du ministere épiscopal ne permettent pas à l'Evêque d'être pauvre, ils l'obligent du moins à devenir le pere et le protecteur des pauvres : *Ut quem ministerium prohibet esse pauperem, administratio probet pauperum amatorem* (3). La modicité de ses revenus étoit connuë de tout le monde; et quels fonds néanmoins ne trouvoit-il pas dans la charité des fidelles et dans sa propre œconomie, pour soulager les malades, les prisonniers; pour fournir à l'éducation de la noblesse indigente, à la sûreté des filles dont la misere exposoit la pudeur; pour épargner à des familles entieres la

(1) I. Petr. c. 2. — (2) I. Reg. c. 14. — (3) Bern. Epist. 100.

honte de la mendicité ; pour recueillir les prestres
vagabonds, et les empescher d'avilir leur caractere ?
Sa maison étoit un asile ouvert à l'hospitalité ; ses
habits, au défaut d'argent, servoient de matiere à
ses largesses ; elles s'étendoient dans le besoin jusques
sur ses ennemis ; il empruntoit, il s'engageoit, il se
dépoüilloit. Les pensions, les fondations, rien n'é-
toit au-dessus de son courage et de sa liberalité : digne
de l'éloge que S. Jerôme donnoit au pape S. Anas-
tase en l'appellant homme d'une vigilance Apostolique et d'une très-riche pauvreté. *Vir ditissimæ
paupertatis et Apostolicæ sollicitudinis.* (1)

Lui pouvoit-on reprocher la vie molle et voluptueuse, quand on le voyoit, content de la plus pure
necessité, retrancher de ses repas, de ses meubles,
de son train, non-seulement les superfluités, mais
les commodités les plus communes ? Rien que de
simple dans ses vestements ; nul discernement dans
le choix des viandes. Il ne fut pas possible à ses domestiques de remarquer celles qui étoient ou qui
n'étoient pas de son goust. Son attention à mesurer
ses paroles, ses actions, ses gestes mesmes et ses pas,
selon les regles de la modestie, ne se rallentit jamais.
Le respect humain y eut si peu de part, qu'en secret,
comme en public, il étoit toûjours le mesme. Un
Evêque de ses amis le surprend dans sa chambre où
il se croit seul, et l'y trouve aussi composé, que s'il
eust eu tout le monde pour témoin. Ce n'étoit pas
là servir à l'œil, comme parle l'Apôtre, *Non ad
oculum servientes* (2) : mais c'étoit marcher devant
Dieu, comme Dieu mesme l'ordonnoit à Abraham,
Ambula coram me et esto perfectus (3). Quel avantage tira-t-il de cette circonspection continuelle ? Il

---

(1) Hier. Epist. ad Demetr. ad. — (2) Ephes. c. 6. — (3) Genes. c. 17.

n'eut point de plus fort rempart contre les assauts
de l'enfer. Combien de fois l'impureté, l'impudence
mesme osa-t-elle l'attaquer? La vertu de Joseph ne
fut peut-être point plus fortement ni si souvent sol-
licitée; et toûjours l'œil de Dieu présidant à sa conduite, il repoussa l'ennemi et en triompha.

Quel reproche donc pouvoit-on lui faire? Est-ce
sur l'orgueil, la fierté, l'arrogance? Ah! c'est un
mal, dit S. Jerôme, dont les premiers Ministres des
Autels ont plus de peine à se préserver, que de
l'amour des richesses. *Difficilius arrogantiâ, quàm
auro caremus et gemmis* (1). Où François mettoit-il
l'autorité du Sacerdoce? Étoit-ce à s'en attribuer
rigoureusement tous les droits; à pointiller sur les
moindres titres; à soûtenir son rang par une gravité
farouche, ou par un froid de glace; à reprendre
aigrement, à corriger violemment, à refuser dure-
ment, à donner de mauvaise grace, et à désobliger
en accordant? Toutes ces manieres hautaines et re-
butantes rendent souvent le joug du gouvernement
spirituel plus pesant que celui de la domination tem-
porelle.

Qu'on l'insulte, qu'on l'outrage, il ne répond que
par des honnêtetez et par des bienfaits. Un scelerat
le charge publiquement d'injures, et quelle est la
réponse de François? Il lui répond de sang froid :
quand vous m'auriez arraché un œil, je vous regar-
derois toûjours de l'autre avec affection. Le malheureux, loin d'être sensible à ces paroles, ose tirer sur
lui; le coup porte sur un de ses domestiques; la justice en connoist; la sentence va à la mort. Quel
champ pour la charité de François! il s'entremet, il
conjure, il presse, il obtient la grace du criminel,

---

(1) Hieron.

et court lui-mesme la lui annoncer. Mais qui se le persuaderoit? Ce monstre outré plustost que confus de voir le Prélat à ses pieds, non-seulement lui pardonner, mais le prier de recevoir son pardon, ne paye cet excès d'humilité et de clémence que par de nouveaux mépris : et François, sans amollir ce cœur de fer, ne remporte de tant de vertus, que l'honneur et le mérite éternel de s'être surmonté lui-mesme.

Après cela, Chrestiens, est-il surprenant qu'une conduite si opposée à celle de nôtre siécle, et si ressemblante à la conduite des premiers siécles de l'Eglise, eust donné aux hérétiques une considération pour François, qu'ils n'avoient, ni pour bien d'autres Prélats, ni pour bien d'autres Docteurs? Doutez-vous que l'estime qu'ils concevoient du Saint Evêque ne les conduisist aisément à l'estime de la religion mesme? Quoi qu'il en soit, nous sçavons qu'au procès de sa béatification, des protestants encore vivants alors, et témoins autrefois de ses actions, se presenterent pour déposer juridiquement, que jamais ils n'avoient rien apperçu en lui qui ne fust digne d'un Apôtre.

Jusqu'ici nous l'avons vû exercer son Apostolat contre l'héresie à l'avantage de la foi et de l'ancienne religion. Voyons-le à présent consacrer le reste de sa vie au rétablissement de l'ancienne pieté, contre le vice et les mauvaises mœurs : c'est la seconde partie.

SECONDE PARTIE.

Comme il n'est point de vraye pieté sans la religion, aussi sans une vraye pieté la religion ne peut suffire. Ce n'est pas seulement la foi qui nous sauve, mais la foi et les œuvres; et voilà pourquoi la Providence ayant suscité François de Sales pour travailler à rétablir l'ancienne religion, lui inspira en

I

mesme temps de s'employer au rétablissement de
l'ancienne pieté. Il en donna le modelle dans sa
personne, il en traça les préceptes dans ses écrits,
et il en perpetua la pratique dans l'institution d'un
Ordre nouveau : trois effets de son zéle qui méritent
encore une attention favorable.

Il en donna le modelle dans sa personne. Qu'est-ce
que la pieté, ou ce que nous appellons dévotion?
ce n'est autre chose que la ferveur de la charité,
c'est-à-dire, de l'amour de Dieu et du prochain.
S. Paul en marque les divers caracteres, et j'en choi-
sis cinq à quoi je m'attache. Car la vraye pieté est
patiente; elle supporte tout, elle souffre tout : *Pa-
tiens est, omnia suffert, omnia sustinet* (1). La vraye
pieté est affectueuse et compatissante : elle tourne
tout à bien, et ne pense point de mal, *Benigna est,
non cogitat malum* (2). La vraye pieté n'est point
ambitieuse : elle n'aspire point à de vaines préémi-
nences, ni ne recherche point de faux honneurs,
Non est ambitiosa (3). La vraye pieté n'est point
jalouse ni envieuse : loin de s'affliger des avantages
d'autrui, elle y applaudit et s'en réjouit; *Non æmu-
latur* (4). Enfin la vraye pieté n'est point capricieuse,
bizarre, singuliere, mais simple, unie, renfermée
dans son état, *Non agit perperam* (5). Or ne sont-ce
pas là les traits du pieux Évêque dont je poursuis
l'éloge? N'est-ce pas à ces caracteres que sa pieté se
fit connoistre?

Pieté patiente, et non de ces pietés vives sur une
parole, sur un geste, sur la plus légere offense qui
les blesse. On croit beaucoup faire de reprimer l'éclat
du ressentiment et de la vengeance : mais le cœur
n'en est pas moins rempli de fiel et d'amertume. On

(1) I. Cor. c. 13. — (2) *Ibid.* — (3) *Ibid.* — (4) *Ibid.* — (5) *Ibid.*

va mesme quelquefois jusqu'à se persuader, parce qu'on vit avec plus de regularité que le commun des hommes, qu'on est aussi plus obligé de soûtenir sa réputation par tous les moyens qui se présentent, et de ne se laisser pas attaquer impunément. Il semble que ce soit la cause de Dieu dès que c'est la nôtre. Allez à François, dévots délicats, et rougissez de ses exemples. On attente à sa vie; on employe pour la lui ôter, le fer, le poison, la sédition, l'assassinat, jusques dans sa propre maison : en poursuit-il les auteurs? les défere-t'on au Prince, au Sénat? n'est-il pas le premier à céler leurs noms et à faciliter leur fuite? On l'attaque par des cabales et des intrigues de Cour; on le rend suspect à son Souverain d'intelligence avec la France; et suspect au Roy de France, d'intelligence avec un Seigneur François convaincu de trahison : sa seule défense est dans sa franchise et sa candeur ordinaire. Il ne se justifie auprès de ces Princes qu'en se produisant à leurs yeux; et il les convainc de son innocence en négligeant mesme de la prouver. On invente contre sa vertu les plus honteuses et les plus atroces calomnies, jusqu'à lui supposer de fausses lettres, remplies de termes infames et de sentiments sans religion. La Providence durant trois ans tint la verité cachée, sans qu'il en parust allarmé. *Dieu sçait bien*, disoit-il, *ce qu'il me faut d'estime et de crédit pour son service; ce n'est pas à moi de m'en inquieter.* Enfin l'imposture éclate; le calomniateur est frappé d'une maladie mortelle; contrit et repentant, il découvre par un aveu volontaire tout le mystére d'iniquité; et François pour avoir possedé son ame en patience, en recueille le fruit par un surcroît de gloire devant les hommes et de mérite devant Dieu : *In patientia vestra possidebitis animas vestras.*

Pieté affectueuse et compatissante, toujours affable, toujours secourable, sur-tout envers les pécheurs; et non de ces pietez aigres, chagrines, critiques, qui ne sçavent rien tolerer, ni rien excuser. On empoisonne tout, on se scandalise de tout; on en juge souvent sur le pied des excès où l'on se portoit soi-mesme, avant qu'on eust pris une certaine réforme sévere sans discernement; on ne connoist point d'autre moyen d'ouvrir les cœurs à la grace, que d'y frapper rudement, par la crainte et la terreur. O! mes Freres, je ne sçais ce que les rigueurs outrées ont produit jusqu'à présent sur les pécheurs endurcis. Ce que je sçais, c'est que jamais François ne put se résoudre à en user. Jamais il ne se repentit d'avoir tenu la porte de la miséricorde et de l'esperance ouverte aux plus obstinez; et si peut-être on lui représentoit que c'étoit perdre le temps : *Je conviens*, repliquoit-il, *que d'être trop doux, et d'être trop sévere, ce sont deux extrémitez à éviter; mais si vous me condamnez, mon Dieu, que ce soit plustost pour trop de douceur, que pour une séverité hors de mesure.* (1)

Pieté humble et degagée de toute vuë d'ambition. Ce n'est pas seulement dans le monde prophane que les honneurs charment les yeux, et que le désir de s'avancer ronge les cœurs. Ce ver piquant ne se glisse que trop jusques dans le Sanctuaire de Jesus-Christ, et dans les plus saintes prélatures. Mais quel est le prodige, d'autant plus merveilleux qu'il est plus rare! c'est celui dont je vous rappelle ici la mémoire. C'est, dis-je, un Evêque si peu touché de ses droits temporels, qu'il obtient du Souverain Pontife un bref exprès, pour renoncer à d'anciennes possessions qui

---

(1) Luc. c. 21.

lui paroissent onéreuses au peuple, ou peu séantes à la gravité de l'Episcopat.

Un Evêque qui bien loin de briguer les dignitez; bien loin de tenter, selon la coûtume, toutes les voyes pour y parvenir, se les ferme lui-mesme, lorsqu'il ne tient qu'à lui, et qu'on le presse d'y entrer. De tous costez on lui offre dès Abbayes, en Savoye, en France, en Italie. On entreprend de l'é-lever au Cardinalat. Henry IV appuye ce dessein. Le Pape Leon XI est résolu de l'honorer de la pour-pre; le Cardinal de Gondy, premier Archevêque de Paris, le demande instamment pour Coadjuteur; et afin qu'il en puisse soûtenir les fonctions laborieu-ses, on lui assigne une riche pension. Mais le Saint refuse tout, et trouve toûjours des raisons pour faire agréer ses refus. La pauvreté de sa premiere épouse est un lien plus fort pour l'attacher, que l'opulence et l'éclat des plus grands Siéges n'ont de pouvoir pour l'engager à lui devenir infidelle.

Pieté sociable, sans acception de personne, ni en-vie contre personne; et quand mettrez-vous, Sei-gneur, entre vos enfants cet esprit d'union? quand en bannirez-vous les partialitez, les cabales; sur-tout entre ceux que vous appellez au service de vos Autels? Quel obstacle au cours de vos graces, et à la conversion des ames, que ces frivoles distinctions de nation, de condition, de profession, d'habits! comme si ces diversitez, qui ne sont qu'exterieures et la pluspart imaginaires, ne devoient pas être effa-cées par le principe intérieur qui nous lie en qualité de membres d'une mesme Eglise, animée de l'esprit et du sang de Jesus-Christ. Malheur digne de pitié, s'écrioit saint Augustin! voir des familles unies en tout, et divisées par la seule Religion. Voir des fem-mes et des maris, des peres et des enfants, des freres et des sœurs d'accord entre eux sur l'habitation, sur les biens, sur tous les autres interests, sans pouvoir s'accorder par rapport à l'Autel, et sur le culte de Dieu. Tel est l'effet du schisme et de l'héresie : *De domo, de mensâ consentiunt, de Deo non consentiunt* (1). Mais malheur encore bien plus déplorable, et tout différent ! Voir des gens sages, zélez, à qui chacun a recours pour son salut, convenir ensemble du service et du culte du mesme Dieu ; et par l'éloignement des cœurs ne pouvoir se rendre mutuellement les devoirs de l'honnesteté civile ; encore moins ceux de la charité chrestienne et mesme de l'humanité : se censurer, se condamner, se décrediter les uns les autres, et s'applaudir de leur animosité : l'Ecclesiastique opposé au Religieux, et le Religieux à l'Ecclesiastique ; le Séculier au Solitaire, et le Solitaire au Séculier, le Prestre au Prestre, le Docteur au Docteur : *De Deo consentiunt ; de mensâ, de domo, non consentiunt.*

Confondez-nous, grand Saint ; et tournez-vous contre nous au Tribunal de Dieu, si par nos divisions et nos jalousies nous prétendons mieux remplir que vous le sacré ministére, en regardant d'un œil malin ceux qui l'exercent avec nous. Reprochez-nous ce que l'Apôtre reprochoit aux Corinthiens : Ah ! vous avez le cœur étroit : *Angustiamini in visceribus vestris* (2). Il n'y a place que pour telle et telle espece de gens. Il faut, mes Freres, que vos entrailles soient ouvertes à tous ceux qui partagent avec vous l'honneur d'appartenir au mesme Maistre. Quels exemples donnoit François de cette amplitude de cœur ! Il pouvoit dire avec S. Paul : c'est dans mon cœur que vous n'êtes point serrez, *Non angus-*

---

(1) August. — (2) II. Cor. c. 6.

tiamini in nobis (1). Prestres et Religieux, Communautez et particuliers fidelles à la Religion, tous y étoient compris. L'affection singuliere qu'il portoit aux uns n'excluoit point les autres de ses bienfaits selon les besoins et les occasions. Sur les questions mesmes de Doctrine agitées alors avec tant d'ardeur touchant la Grace entre deux Ordres célebres, consulté par Paul cinquième, il lui en dissuada fortement la décision, comme dangereuse à la paix et à l'édification du troupeau, et conserva toûjours son estime et sa confiance aux deux partis. Hélas! mes chers Auditeurs, combien peu de temps cette pieté liante et impartiale a-t-elle duré dans le monde! En reste-t'il une étincelle, et ne semble-t'il pas qu'on prenne à tasche de l'étouffer?

Enfin, pieté solide, sans bizarrerie ni singularité, mais réglée selon l'état. Remarquez ce grand principe et ne l'oubliez jamais. Il faut que la dévotion soit la perfection de l'état, et non qu'elle en soit la ruine et la destruction. Un désordre éclatant, c'est de confondre les conditions, et de ne pas vivre chacun selon la nôtre. Il est vrai: comme pécheurs nous avons tous besoin de pénitence, mais d'une pénitence qui convienne à notre emploi. Comme serviteurs de Dieu, nous devons tous l'honorer; mais par des exercices qui s'accommodent à notre situation, et à notre caractere.

Or fut-il un plus grand maistre en cet art que François de Sales? Comme il étoit destiné par la Providence à la sanctification du prochain, et que l'on se sanctifie selon les divers engagements et les differentes professions, Dieu l'avoit pourvû d'un talent rare pour les connoistre et les discerner. L'expe-

(1) II. Cor. c. 6.

rience mesme personnelle qu'il avoit euë dès sa jeunesse, ne contribuoit pas peu à l'éclairer et à le conduire. Les lettres humaines et divines, les armes,
la jurisprudence, étoient également de son ressort. Il
les avoit toutes cultivées avec application ; et du reste
les périls du monde corrompu ne lui étoient pas inconnus : il en avoit fait malgré lui l'épreuve, et instruit par lui-mesme il sçavoit en tirer, ou en préserver les autres.

Aussi n'exigeoit-il d'eux que les devoirs et les vertus de leur condition. Chargé de la réformation de
plusieurs communautez par des commissions expres-
ses du Saint Siége, il se gardoit bien de leur imposer des loix nouvelles et selon son sens. Il les rappro-
choit des fondements posez par les premiers Institu-
teurs, et il relevoit les débris de l'édifice, en reparant
les bréches qui s'étoient multipliées par l'injure des
temps. Ce qui pouvoit subsister, il le cimentoit par
des réglements capables d'en faire revivre l'ancien
lustre, et d'y rendre reconnoissables les enfants de
Benoist et de Bernard.

Le succès d'une si sage conduite dans la réforme
des Monasteres, n'est-ce pas ce qui porta les gens du
siécle et les Grands mesme de la Cour, à souhaiter
que la mesme main leur ouvrist les portes du salut?
C'est ce qu'il fit par les leçons qu'il nous a laissées :
en nous donnant le modelle de la vraye pieté dans sa
personne, il nous en a tracé les préceptes dans ses
Escrits. Nous les avons sous les yeux : consultez-les,
lisez-les ; lisez, dis-je, ses Lettres, ses traitez, et en
particulier l'Instruction adressée sous le nom de Phi-
lotée, à toute ame qui veut mener dans le monde
une vie pieuse et dévote.

Ce fut Henry le Grand qui lui proposa cet important sujet. Ce Prince nouvellement sorti de l'hé-

resie, mais engagé dans de fâcheuses habitudes, et dominé par ses passions, n'avoit point d'autre replique aux exhortations continuelles de François, que la difficulté des pratiques chrestiennes au milieu des pompes du siécle, et dans le tumulte des affaires. Il invita donc le Prélat à travailler sur cette matiere ; et quels fruits de bénediction ne produisit pas, et ne produit pas encore tous les jours l'excellent Ouvrage qu'il publia ?

Le peuple et la Cour, tous furent touchez de sa solidité et de sa simplicité, Rois, Reines, Protestants, Catholiques. De toutes parts, on se l'envoyoit par présent. Le Roy d'Angleterre, qui le reçut de Marie de Médicis, le portoit toujours sur lui, et confessoit que ses ministres n'écrivoient point avec une mesme onction. Chaque nation en sa langue le traduisit, et François devint par là comme l'Apostre des nations. Si le siécle où nous vivons paroist moins sensible à ses beautez naturelles et spirituelles, ce n'est pas que nous soyons plus habiles sur la dévotion : c'est que nous sommes plus critiques et plus hypocrites.

Dans cet applaudissement général, croiriez-vous, Chrestiens, qu'au sein de l'Eglise il s'élevast un prédicateur assez entesté pour déclamer hautement contre un livre si utile, et pour le brûler en pleine chaire ? Avec quel scandale ! je vous le laisse à penser. Mais sans qu'une telle temerité diminuast la vogue et le prix de l'ouvrage, la Providence permit cet éclat, pour augmenter le mérite et la gloire de l'Auteur, et pour lui fournir cette occasion d'exercer son humilité, de signaler sa patience, de faire admirer son inaltérable douceur. Au lieu de se plaindre à ceux qui pouvoient, et mesme qui devoient lui rendre justice, il sembla qu'il approuvast leur

silence par le sien ; et si l'on blâma son indifference,
et l'on s'étonna de sa tranquillité, il se contenta de
dire : *qu'il étoit plus surpris de n'avoir eu qu'un
censeur, que de n'en avoir pas eu un plus grand
nombre.* Ô Ciel ! à combien de gens cette modération reproche-t'elle la haine implacable qu'ils cou-
vrent sous le masque d'une feinte modestie ? Abre-
geons et finissons.

Que lui restoit-il ? ce que Dieu lui inspira pour
perpetuer cette vraye pieté, dont on avoit dans ses
exemples un modelle si parfait, et dans ses écrits
des régles si sûres ? Ce fut l'institution d'un Ordre
nouveau, d'un ordre où l'on pust former les ames
à ce genre de dévotion praticable mesme aux plus
foibles. Il voyoit par-tout des asiles ouverts à toutes les vertus selon la varieté des vocations. Il en
voyoit pour les pécheurs pénitents ; il en voyoit
pour les amateurs de la solitude ; il en voyoit pour
les ouvriers évangeliques ; il en voyoit pour ceux
que le zéle applique à l'instruction des ignorants ; il
en voyoit pour ceux que l'humilité et l'esprit de mortification réduisent à une mendicité volontaire et de
choix. Il n'en voyoit point pour les personnes du
sexe, qui dans la maturité de l'âge, dans l'état de
viduité, dans l'infirmité, veulent se voüer à Dieu, et
vivre sous l'obéïssance. Telle donc a été l'origine du
saint Institut qu'il établit ; et parce que la rigueur
des austeritez convenoit peu à des infirmes, son soin
fut d'y suppléer par les exercices assidus de la vie
intérieure, et par des observances toûjours accom-
pagnées de charité, d'affabilité, de condescendance,
d'une politesse mesme rarement connuë ailleurs.

Ce nouvel établissement n'ayant rien ni de trop
austére, ni de trop doux à la nature, et de trop
commode, attira bien-tost tous les yeux ; et par une

suite naturelle, ce qui, dans les premieres veuës du Fondateur, n'étoit que pour certaines ames revenuës du monde et de ses vanitez, s'étendit à toutes les autres, et leur devint commun. On vit la jeunesse du plus haut rang, les Princesses destinées aux plus brillantes couronnes, rechercher cette retraite avec ardeur, et benir Dieu d'en avoir obtenu l'entrée, ou regretter de n'en avoir pû y être admises.

Miracle de la miséricorde du Ciel sur ce dernier siécle, où les vices par un déluge presque universel s'étoient répandus! Il falloit à la pieté une arche qui s'élevast au-dessus des flots, et où elle fust en assurance. C'est-là, mes cheres Sœurs, c'est dans cette arche de salut, que vous êtes rassemblées; et c'est-là mesme que vous conservez ce germe de sainteté dont les progrès parmi vous ont été déjà si abondants, et qui doit fructifier jusques dans les siécles futurs.

Il étoit à souhaiter pour les Filles de François de Sales, que Dieu prolongeast les jours d'un si digne pere; mais, Seigneur, vôtre providence l'avoit autrement ordonné. Le temps de la récompense étoit venu pour lui, et après de si longs travaux vous lui prépariez le repos éternel. Le Duc de Savoye l'appelle : il obéit, il part. Ce n'est pas sans avoir une connoissance anticipée de sa fin. Ce n'est pas mesme sans l'annoncer à ses Auditeurs dans la chaire de verité, en leur déclarant, comme saint Paul aux Chrestiens de Milet, qu'il leur parloit pour la derniere fois, et qu'ils ne le verroient plus. *Amplius non videbitis faciem meam* (1). Que de larmes furent versées sur le saint Pasteur ! *Magnus autem fletus factus est omnium.* Quelles troupes le suivi-

_____

(1) Act. c. 20.

rent jusques sur les bords du Rhône! Là prest à
s'embarquer il se prosterne contre terre ; il fait sa
priere ; il benit ses chers enfants, il les quitte, emportant avec lui leurs cœurs et leurs soupirs.

François cependant approche du terme, où la
mort l'attend, Arrésté dans Lyon par la solemnité
de la naissance du Sauveur, il y célebre les divins
Mystéres. Avec quel redoublement de ferveur ? Dieu
le sçait : mais au sortir de l'autel un coup subit le
frappe, et lui donne bien lieu d'exercer pendant
trois jours tout ce que la patience peut montrer de
fermeté contre les cruelles opérations, usitées en de
pareils accidents ; et tout ce que le plus pur amour
de Dieu peut exciter de sentiments de soumission et
de confiance dans un cœur toûjours fidelle.

Accourez, Anges de Dieu, venez au secours, ou
plustost venez au-devant d'un predestiné, qui va
joüir de la beatitude céleste. Et vous, saints Innocents, vous, dont les Prestres prosternez autour de
son lit implorent l'assistance : vous, dis-je, en ce
jour où l'Eglise renouvelle la mémoire de vôtre
triomphe, secondez-le dans ce dernier combat, et
l'aidez de vôtre intercession : *Sancti Innocentes, orate
pro eo*. C'est en effet à ces paroles de la recomman-
dation des mourants, et au moment précis qu'on les
prononce, que son ame dégagée des liens du corps
quitte la terre, et prend la route du Ciel. Il y regne ;
il y prie pour nous, mes Freres ; et si vous doutez
de son pouvoir, les prodiges énoncez dans la Bulle
de sa canonisation, deux morts ressuscitez, un
aveugle né, trois paralytiques guéris, doivent vous
en convaincre.

Levons donc la voix, Chrestiens Auditeurs, et
supplions ce Dieu tout-puissant qui se plaist à être
glorifié dans ses Saints, d'opérer en nous les miracles

qu'il fit alors par l'entremise de son Serviteur. Nous avons encore au milieu de nous des morts à ressusciter, des aveugles à éclairer, des paralytiques à faire marcher. Ce sont tant de pécheurs en qui la foi est, ou absolument éteinte, ou liée par les passions, endormie, et sans action ; c'est le monde entier plongé et enseveli dans le vice. Là, Seigneur, là vos yeux et votre pitié ! là, grand Saint, votre médiation : je dis sur cette foule de misérables qui, sans être sensibles à leur perte, vont se précipiter dans l'abysme !

Ne semble-t-il pas, mes Freres, que cet heureux temps arrive, où Dieu veut remplir nos vœux ? Nous gémissions depuis huit ans des divisions qui séparoient la Savoye et la France. Des Etats que tant de nœuds auroient dû rendre inséparables, étoient mortellement ennemis. Ces montagnes et ces vallées autrefois arrosées des larmes de notre Saint, après avoir porté tant de fruits de bénediction, étoient encore menacées de sterilité, et en péril de retomber sous le joug de l'héresie. Ouvrons les yeux aux rayons qui commencent à briller ; respirons à la veuë de la paix que Dieu nous renvoye ; elle va passer des Alpes aux Pyrenées. Une jeune Princesse (1) de ce beau Sang, tant de fois uni à celui de France, va renoüer les anciennes alliances, et de tant de vastes pays ne faire, pour ainsi parler, qu'une seule et mesme famille.

A quoi pouvons-nous attribuer cet évenement inesperé, qui tient en suspens l'Europe entiere, qu'au zéle immortel du saint Protecteur qui ne cesse point d'interceder au pied du Trône de Dieu, pour

(1) Marie-Adélaïde, mariée à M. le duc de Bourgongne, et amenée en France en 1696.

ceux dont le salut lui fut si cher, lorsqu'il étoit avec
nous. Unissons-nous à lui par reconnoissance et par
interest. Mais en attendant le succès de ces heureuses
dispositions, craignons d'en interrompre le cours, et
d'en arrester les salutaires effets. Souvenons-nous
au milieu de tant de prosperitez du terrible avis que
le Sage nous donne : sçavóir, que la miséricorde et
la colere de Dieu s'entresuivent de près, et se succe-
dent souvent l'une à l'autre : *Misericordia et ira ab
illo cità proximant.* Ce qui fait ce changement de la
part de Dieu, c'est le changement de notre conduite.
Agissons, vivons en chrestiens ; nous en recevrons
le centuple, et dès ce monde et en l'autre : ce que je
vous souhaite, etc.

PANÉGYRIQUE

DE SAINT FRANÇOIS DE SALES (1),

PAR LE P. AVRILLON. (2)

Attingit à fine usque ad finem fortiter, et disponit omnia suaviter.

Elle atteint d'une extrémité à l'autre avec force, et elle dispose tout avec douceur. (*Sap.* 8.)

Qu'on vante et qu'on fasse valoir la force, la valeur des héros du siecle ; qu'on releve par des éloges pompeux et flatteurs leur intrepidité et leur courage : je soutiendray toujours que ce n'est qu'un vain fantôme de la véritable force, si elle n'est tempérée par cette douceur chretienne que la grace seule a droit de donner.

Qu'on loüe et qu'on estime la douceur de certaines ames tranquilles et debonnaires, qui souffrent les injures les plus atroces sans s'émouvoir, et les affronts les plus sanglants, sans s'irriter. Je soutiendray encore que si cette douceur est destituée de force, et l'ouvrage du temperament, et non de la grace, elle n'est digne d'aucune loüange, et qu'elle n'a aucun merite pour le ciel.

(1) Ce Panégyrique paroît ici pour la prémière fois.
(2) Avrillon (Jean-Baptiste Élie), religieux minime, né à Paris en 1652, mort dans la même ville en 1729.

Mais trouvons un sujet qui possede et cette force et cette douceur, et que ces deux vertus soient unies dans son cœur par les liens sacrés de l'amour et de la charité, je soutiendray qu'on aura trouvé le véritable heros chretien, et qu'il n'est point d'éloge assés brillant pour illustrer son merite.

Comme Dieu est la veritable sagesse, l'amour accompagné de force et de douceur reside dans son cœur, comme dans sa source; il sçait atteindre, dit le plus sage de tous les Rois, d'un terme à l'autre, par sa force invincible, et cette force, il la sçait faire aimer, parce qu'il dispose tout avec une douceur divine; il sçait dompter les ennemis les plus feroces, parcequ'il est fort : et il sçait gagner leurs cœurs, parcequ'il est doux; *Attingit ergò à fine usque ad finem fortiter, et disponit omnia suaviter.*

C'est, MM., sur ce divin original qu'il semble que François de Sales aît esté formé, et vous allés voir que si l'amour le plus ardent pour Dieu et pour le prochain fait la glorieuse distinction de ce séraphin du siecle passé, la force et la douceur font aussy le caractère de son amour.

Venés donc, chrétiens, apprendre de cet homme tout celeste, comme il faut aimer et faire aimer Dieu de toute la force et de toute la tendresse de votre cœur : venés, predicateurs apostoliques, apprendre à convaincre l'esprit des heretiques les plus opiniâtres par la force et à gagner leurs cœurs et à les attendrir par la douceur et par l'onction de la parole. Venés apprendre à mettre sous la cendre les testes les plus orgüeilleuses par l'ardeur du zele, et à faire couler des larmes abondantes des yeux les plus secs par cette douce onction de l'eloquence chretienne. Venés, directeurs, apprendre cette méthode douce et efficace tout ensemble pour conduire sûrement les ames à Dieu : venés enfin, solitaires ; venés, épouses consacrées à Jesus-Christ, apprendre les routes assurées qui conduisent à la perfection la plus eminente, à l'oraison la plus sublime, à l'amour le plus pur et le plus ardent, et à l'union la plus intime avec Dieu ; mais sans courir aucun risque de tomber dans l'illusion des faux mystiques.

Vous qui aimés la force dans un ministre de l'Evangile, vous trouverés dans S. François de Sales, toute l'énergie et toute l'erudition d'un Esdras, toute la force et toute l'authorité d'un Samuel, toute l'eloquence et tout le feu d'un Isaye, et tout le zele et toute l'intrepidité d'un Elie. Vous qui aimés la douceur et l'onction, vous y trouverés toute la douceur d'un Moyse, toute la bonté d'un David, et un parfait imitateur de la miséricorde et de la tendresse de Jesus-Christ.

Le divin amour accompagné de toute sa force et de toute sa douceur s'empare du cœur de François de Sales, et il atteint d'un terme à l'autre de sa vie, *attingit à fine usque ad finem fortiter.* Charmé d'abord de cette douceur, et soumis à cette force, il s'y livre tout entier, et cet amour sacré l'instruit ; il le purifie, il l'embraze, et il le consacre ; embrazé de cet amour, il en devient l'organe, l'apôtre, le héros, et il le fait triompher dans les autres.

Aimer et faire aimer Dieu avec force et avec douceur : brûler de ce feu céleste et en embrazer les autres, voilà, chretiens, tout le fruit et tout le succés que j'espere tirer de cet éloge que je consacre en l'honneur de saint François de Sales, et dont je fais le partage de ce discours ; demandons des lumieres au Saint Esprit par l'intercession de sa divine epouse. *Ave Maria.*

PREMIERE PARTIE.

Si c'est le droit du divin amour de declarer et d'exposer les hommes apostoliques, de les faire briller dans l'Eglise et de les rendre les maistres des cœurs pour les eclairer, pour les toucher et pour les convertir à Dieu, il n'appartient aussy qu'à cet amour sacré de les former, de les instruire et de les embrazer de ses divines ardeurs, pour les préparer à ce grand ouvrage et pour les rendre plus propres à embrazer les autres. Mais il faut que leur amour soit accompagné de force et de douceur, qu'il soit fort comme la mort, selon l'expression de l'époux des sacrés Cantiques, pour le rendre victorieux de tous les charmes de la volupté, *fortis est, ut mors, dilectio* (1), et qu'il soit accompagné de douceur et d'onction, pour le rendre plus propre à insinuer et à faire goûter les verités les plus austeres de la religion. La force sans la douceur ne produiroit qu'un zele amer qui degenereroit en dureté, et qui effaroucheroit et effrayeroit les cœurs sans les convertir : et la douceur, sans la force, ne seroit qu'une molle et lâche condescendance qui ne deracineroit pas le vice et qui ne gueriroit pas la corruption.

François de Sales devoit estre un de ces genereux heros de la religion, il devoit porter partout l'empire du divin amour : il falloit donc que cet amour le formât lui-même avec tout le soin que demandoit une si glorieuse destination, et que le Seigneur, qui est lui-même un feu consumant, lui envoyât ce feu celeste, qui penetra jusque dans la moelle de ses os, pour l'instruire, le purifier, et pour l'embrazer

(1) Cant. 8.

comme un autre Jeremie, *de excelso misit ignem in ossibus meis, et erudivit me.*

L'amour de Dieu s'est emparé de bonne heure du cœur de François de Sales, et jamais il n'a esté souillé ny prophané par l'amour de la créature. Graces au Seigneur, je n'ay point de foiblesses à cacher ny à deguiser dans le heros que je presche. Je n'ay pas besoin de mettre en usage les souplesses ingenieuses ny les detours artificieux d'une eloquence adroite et imposante, pour passer legerement sur des egarements d'une jeunesse libertine et dèreglée, ny pour les faire servir à sa gloire, en les faisant entrer dans son eloge, puisqu'il n'en eut jamais.

Tout est égal, tout est pur dans mon Saint; son cœur a esté le sanctuaire du divin amour, dès qu'il s'y est introduit, et qu'il en a fait la consecration; et nous n'avons pas besoin ny d'un Machabée, pour le reparer, comme celui de Jerusalem, puisque l'amour profane n'y fit jamais la moindre brèche, ni d'un Nehemie pour rallumer le feu sacré de son amour, puisqu'il ne s'est jamais eteint, et qu'il n'a jamais langui.

Il n'est pas du nombre de ceux qui ne commencent à consacrer leur cœur à Dieu, que lorsqu'il est usé de sentiments imparfaits ou de tendresses criminelles pour les creatures; qui ne lui donnent l'arrière-saison de leur jeunesse que quand la volupté en a moissonné ou du moins fletri toute la fleur, qui ne deviennent les maistres de leurs passions, qu'apres qu'ils sont las d'en avoir esté les esclaves : qui n'ont pris enfin leur essor pour voler vers le sanctuaire, qu'apres avoir rampé pendant plusieurs années parmy les ordures et la corruption du siecle, et qui n'ont enfin consenti de répandre des larmes de penitence parmy les Saints, qu'apres s'estre livrés aux plaisirs des sens parmy les prophanes.

L'homme de Dieu s'est montré d'abord dans François de Sales, lorsque l'amour divin s'est emparé de son cœur ; il a trouvé un sanctuaire tout neuf, il en a eü toute la fleur, et ce feu sacré y a brûlé avec d'autant plus d'ardeur, que la moindre flamme etrangere n'en avoit jamais approché : il a fait voir ce qu'il devoit estre un jour, par ce qu'il estoit dans sa plus tendre jeunesse, qui marquoit si heureusement, qu'on le prenoit deja pour un jeune séraphin, pour un heros naissant, ou pour une de ces grandes ames prematurées. Semblable à ces arbres du temps de la creation du monde, plantés de la main de Dieu dans le paradis terrestre, qui portoient des feüilles, des fleurs et des fruits dés leur naissance.

Mettrons-nous ici au nombre des graces singulières dont le divin amour le prevint, celle de l'avoir fait naistre d'une des plus illustres maisons de Savoye? Non, Messieurs, les apôtres devoient estre les conquerans et les maistres du monde et ils n'estoient que des enfants de pescheurs : je sçais le respect qui est dû aux grandes naissances, je sçais qu'elles transmettent quelquefois avec le sang des sentiments nobles et genereux, mais je sçais aussy qu'elles donnent souvent un fonds inepuisable d'orgüeil et de fausse gloire.

Hélas! on ne se laisse que trop souvent entêter et infatuer de ce pretendu genre de merite, et pendant qu'on est trop attentif à se parer et à se faire present de celuy de ses ancestres, qui n'est qu'un merite emprunté, on renonce à la veritable noblesse, qui est toujours personnelle, et qui ne consiste que dans la grandeur d'ame et dans la vertu.

Qu'heureux est le Saint dont je fais l'éloge, d'avoir su reprimer les dangereuses saillies de cette folle passion, et d'avoir fait consister toute sa noblesse et toute sa gloire à aimer Dieu de tout son cœur! Je le vois, en effet, commencer sa carriere par où les plus parfaits la finissent; aussi estoit-il l'eleve du divin amour, avant que sa raison fût parfaitement développée et dégagée des tenebres de l'enfance. Il commence à sentir que Dieu l'aime, et que par conséquent il mérite d'estre aimé; les premieres paroles que sa langue enfantine et begayante prononce, c'est de dire, Mon Dieu et ma mere m'aiment bien.

Sentir à cet âge les effets du divin amour, c'est un prodige surprenant, qui renferme un heureux préjugé pour la suite; les sentir et les sçavoir exprimer, c'est un des miracles des plus extraordinaires; mais sçavoir deja mettre de l'ordre dans son amour, donner à Dieu la premiere place dans son cœur, dans un âge où les enfants, incapables de s'elever au-dessus du sensible, rendent tout le culte dont ils sont capables à ceux qui leur ont donné la vie, c'est estre deja parvenu à la perfection d'amour de l'epouse des sacrés Cantiques, quand elle disoit que son epoux avoit réglé l'amour dans son cœur, *ordinavit in me charitatem*. (1)

Qu'on loue dans les enfants certaines etincelles de piété, certaines dispositions heureuses, lesquelles n'estant encore ny développées, ny suivies, ny soutenues, sont bien plus souvent de petites échapées de tempérament, ou des imitations de ce qu'ils entendent, comme de petits echos qui ne comprennent pas ce qu'ils disent, que des effets et des productions de la grace : c'est icy un veritable amour, c'est un

_____

(1) Cant. 10.

feu sacré qui commence à se fixer et à jetter ses premieres etincelles, et un heureux pronostic, que l'é-
vénement justifiera à la face du ciel et de la terre.

Il sçait deja, tout jeune qu'il est, se soustraire avec
prudence de la compagnie des enfants de son âge,
parcequ'il ne veut ny souiller, ny partager son cœur,
qu'il veut donner à Dieu seul. Il se fait un plaisir de
l'étude la plus serieuse, sa gloire, de l'abjection et
de la vie cachée : les delices, de la priere et de l'oraison, et son capital, du plus ardent et du plus pur
amour de Dieu. Sage et modéré, sans faste et sans
ostentation, officieux envers tous, par pure charité :
doux et affable, sans foiblesse : soumis à ses parents
et à ses maistres, sans chagrin et sans repugnance,
et à ses egaux et même à ses inférieurs, sans bas-
sesse : prompt et ardent à remplir tous ses devoirs
sans en tirer vanité.

Tant il est vray que dans les âmes du premier ordre, le vrai merite supplée au nombre des années,
et qu'aussy tost que l'amour divin a établi sa demeure dans une ame choisie, il n'attend pas l'âge
parfait pour la faire marcher à pas de geant dans les
routes de la perfection, et qu'il lui donne tout le
poids d'une vieillesse prudente et consommée, sans
luy en donner les foiblesses, *ætas senectutis, vita
immaculata.* Cette piété si ardente, si solide, et si
bien soutenue; cette sagesse et cette superiorité de
merite, cette sublimité de genie, cette gravité et
cette modestie aisée et sans hauteur : cette humilité
si sincere et si profonde, accompagnée d'une douceur qui gagnoit tous les cœurs, marquoient assez
que le divin amour s'estoit deja emparé de son cœur.

Ce fut avec ces heureuses dispositions que François de Sales vint etudier la theologie dans cette capitale du royaume, à laquelle il devoit rendre un

jour avec usure, par ses prédications, le bienfait de
la science dont il alloit lui estre redevable : mais
c'est à condition que la science des saints et du divin
amour fera son etude la plus serieuse. Il pratique
les jeusnes et les macérations sans s'epargner, il
passe une partie des jours et des nuits en prieres et
en oraison, il commence surtout à développer et à
contenter l'ardeur qu'il avoit pour la frequentation
des sacrements et surtout de la divine Eucharistie : il
pratique avec ferveur ce qu'il devoit enseigner avec
un admirable succès; il sentit les favorables effets
de la divine nourriture qui soutient les forts et qui
fortifie les foibles, et si son ame est devenue le sanctuaire du divin amour, c'est parceque son corps a
esté celui de l'humanité sainte de Jesus-Christ, et qu'il
s'en est rendu digne par son ardente et incomparable
pureté.

Cet amour sacré estoit tranquille dans le cœur du
jeune François de Sales, mais il falloit le mettre aux
plus rigoureuses epreuves du divin amour pour luy
donner de nouvelles ardeurs et pour le rendre inebranlable dans la suite : jusqu'alors il n'avoit esté
prevenu que par des benedictions de douceur, *in
benedictionibus dulcedinis* (1), et il falloit l'exposer
aux plus rudes combats pour luy donner de nouvelles ardeurs et pour le préparer à briller avec plus
d'éclat.

Il se trouve exposé avec des compagnons d'étude,
qui vivoient dans une epouvantable dissolution et
qui mettoient tout en usage pour le luy inspirer,
pour le delivrer d'une modestie importune à leur libertinage et d'un censeur qui les incommodoit. A
quelle épreuve, grand Dieu! mettez-vous ici l'amour

(1) Psalm. 20.

et la pureté de saint François de Sales! Si le mauvais exemple est une leçon dangereuse qui instruit, qui s'insinue, qui attire, qui seduit, et qui ne met que trop les passions en mouvement : c'est une charmante tyrannie qui enchante et qui assujettit, c'est un torrent impétueux, mais agreable, qui entraisne surtout dans la jeunesse, qui n'a que trop de penchant à la volupté et aux plaisirs sensuels : une vertu timide et naissante ne tient pas long-temps contre un scandale continuel qui flatte les passions les plus vives, la hardiesse l'emporte bientost sur la timidité quand le plaisir s'en mesle et le plaisir authorisé de mauvais exemple, et l'on ne s'enhardit que trop à faire le mal qu'on voit faire à ses yeux.

Rien cependant n'est capable d'ebranler la constance de François de Sales; la place est prise, son cœur est plein, un amour fort et doux pour Dieu seul s'en est emparé; ce fort armé le garde, il repoussera en jeune héros toutes les attaques d'une passion violente, et il trouvera la paix selon les paroles de Jesus-Christ même, *omnia sunt in pace quæ possidet* (1). Ce même amour remplit tout son cœur d'une douceur divine, et il dira comme le figuier mystérieux du livre des Juges, *numquid possum deserere dulcedinem meam* (2)? Puis-je abandonner la douceur chaste et délicieuse d'un amour pur et sacré pour me livrer à des douceurs fades, criminelles et empoisonnées d'un amour prophane qui ne produisent que de veritables amertumes et qui ne causent que des remords cuisants.

L'incomparable pureté de saint François de Sales ne souffrira pas la moindre atteinte, quoiqu'elle soit exposée tous les jours au souffle empoisonneur de ces

(1) Luc. 11. — (2) Judic. 10.

jeunes libertins; il résiste à tout, il se cache, il prie, il gémit, il repousse, il menace, et son amour toujours victorieux luy fait trouver une sauvegarde à sa chasteté parmy tant d'écueils où elle ne fait que trop souvent de tristes naufrages.

Ces libertins, irrités d'une pudeur invincible qui auroit dû les edifier, pretendent se venger de sa modestie en luy dressant un piege plus delicat et plus dangereux : ils gagnent une courtisanne pour le corrompre; elle se produit avec tous les attraits séduisants que ce sexe adroit sçait mettre en usage quand il a renoncé à la pudeur et qu'il a entrepris d'y faire renoncer les autres : mais celui que Dieu avoit destiné pour estre un jour l'invincible defenseur de la pureté, et le père, selon l'esprit, de tant d'illustres vierges et* d'epouses de Jesus-Christ, n'eut garde de s'y laisser surprendre : un air de mepris, un genereux dedain, un zele ardent, une sainte colere, une parole foudroyante, le soutiennent; il luy crache au visage, il lui jette un tison de feu à la teste, pour repousser un feu par un autre feu; il la met en fuite, et la chasteté soutenue de son amour sortit triomphante de ce combat insoutenable à quiconque n'aime pas Dieu de toute sa force et de toute la tendresse de son cœur.

Cependant, Messieurs, quelque vigoureuse que fût cette épreuve, elle n'estoit qu'extérieure; et pour mieux éprouver son amour, il luy en falloit une qui l'attaquât vivement dans le fond de son cœur, et vous allés voir que sans donner dans l'hyperbole, indigne d'un prédicateur de l'Evangile, jamais saint n'a donné des preuves plus authentiques, plus éclatantes et plus héroïques de son amour.

Quelquefois des veües purement interessées entrent dans le commerce de notre amour pour Dieu, c'est-à-dire ou dans la crainte mercenaire qu'il ne punisse notre froideur et notre indifférence, ou dans l'espérance qu'il couronnera notre amour dans le ciel : on ne le regarde ainsy que comme un Dieu remunerateur, ou comme un Dieu vangeur, et sa bonté, qui seule le rend plus aimable que toutes ses autres perfections, y est oubliée : je n'ay garde de condamner cet amour, puisque la crainte et l'esperance sont des vertus de précepte.

Mais il y a une voye plus parfaite, et le cœur de François de Sales est deja trop épuré dans la fournaise du divin amour, pour ne pas voler, comme un séraphin, jusqu'au degré le plus sublime et le plus parfait : en effet quand, il n'y auroit ny paradis pour recompenser son amour, ny enfer pour le punir s'il refusoit d'aimer Dieu, son cœur ne diminueroit rien de ses ardeurs, parcequ'il aime Dieu de la maniere et la plus pure et la plus parfaite, c'est-à-dire pour luy seul.

Disons plus, quand il auroit deja entendu la terrible sentence qui le condamneroit aux flammes eternelles, il ne laisseroit pas pour cela d'aimer de tout son cœur cet adorable objet, parcequ'il luy paroist toujours infiniment aimable, soit qu'il ait les foudres ou les couronnes à la main, et toute la peine qu'il ressentiroit dans une situation si triste et si accablante, ce seroit moins de brûler dans les flammes de l'enfer, que de ne pas brûler de celles de son amour, et d'estre éternellement privé de la présence et de l'amour de Dieu.

Jugés-en, Messieurs, par la plus effroyable de toutes les tentations où il est exposé, par le combat terrible qu'il soutint l'espace d'un mois entier, et par la glorieuse victoire qu'il remporta. Dieu, qu'il aimoit et dont il estoit aimé, le livre comme un

autre Job à la fureur du Demon, avec cette glorieuse
distinction pour mon Saint, que celuy-là ne fut attaqué que dans les biens temporels et dans sa chair,
mais celuy-cy dans son imagination, dans son esprit, dans son cœur et dans toute son ame : celui-
là trouvoit dans son espérance une agréable ressource à sa disgrace, celuy-cy est attaqué du costé
de son amour, et loin de trouver quelque ressource
à la perte dans l'espérance des biens éternels, c'est
en cela même qu'il est plus rigoureusement attaqué.

Que fera le cœur de François de Sales dans un si
rude combat? Comment pourra-t-il se résoudre à
estre privé pendant une éternité toute entière de
la jouissance d'un Dieu dont l'amour fait tout le
bonheur de la vie? Cependant la tentation augmente, son imagination est troublée, non par foiblesse, mais par l'impression de la plus juste de
toutes les craintes; il ne vit qu'au milieu des allar-
mes : son esprit est abattu, son ame est languissante, son cœur souffre un cruel supplice, il entre
dans une agonie beaucoup plus terrible et plus rude
à soutenir que celle qui ne précede que la sépara-
tion du corps et de l'ame, puisqu'il s'agit ici de la
mort éternelle, qui sépare pour toujours l'ame
d'avec son Dieu, et qu'il croit y estre déjà condamné.
Son corps s'affoiblit, il tombe malade, il est bientôt
aux portes de la mort, parcequ'il croit estre à
celles de l'enfer, et perdre bientôt le trésor precieux
qu'il possede ; et ce tresor est son amour et son Dieu.

Mais enfin, ce Dieu de bonté, qui s'estoit fait des
combats de François de Sales un spectacle digne de
ses attentions et de ses complaisances, le regarde
d'un œil de tendresse; ce tendre regard dissipe l'o-
rage, et il tire de son cœur et de sa bouche la plus
pure, la plus genereuse et la plus heroïque protes-

tation d'amour que peut-estre jamais Saint ait pro-
noncée. Seigneur, dit ce généreux amant, si j'estois
assez malheureux pour estre condamné à ne vous
point aimer dans l'éternité, je voudrois vous aimer
dans le temps, et employer fidelement tous les moments de celui qui me resteroit dans cette vie mortelle à ce delicieux exercice, et puisque la vraye
felicité ne consiste qu'à vous aimer, je ferois mon
paradis sur la terre ne pouvant plus esperer celui
que vous ne donnés qu'à vos elus dans le ciel.

A peine François de Sales eut-il prononcé ces
paroles, que l'ardeur extrême de son amour lui
avoit inspirées, que son ame reprit sa paix et sa
tranquillité, et que Dieu lui fit ressentir les douceurs sensibles de la confiance la plus tendre et de
l'espérance la plus ferme et la plus inebranlable qui
fut jamais.

Que pensés-vous, Messieurs, d'une protestation si
genereuse ? gardés-vous bien surtout de l'attribuer à
ces imaginations foibles et extravagantes du fanatisme
que l'église a si justement foudroyées de nos jours :
ce n'estoit point un renoncement à son salut, sous
le faux pretexte d'un amour plus pur et plus desin-
teressé, mais bien plutôt une juste allarme causée
par la generosité, par la force et par la delicatesse
de son amour et une épreuve dont Dieu seul estoit
l'autheur pour perfectionner son amour : il sçavoit
trop bien que pousser le desinteressement de son
amour jusqu'à l'indifference sur son salut eternel,
que l'abandonner entre les mains de Dieu même
sans s'en mettre en peine, et sans mettre tout en
usage de se l'assurer, selon le conseil du grand apôtre, c'est-à-dire avec crainte et tremblement, c'est
la plus dangereuse de toutes les illusions, qu'on
doit tout sacrifier pour le ciel, et qu'on ne doit

jamais sacrifier le ciel pour un amour imaginaire et mal entendu, c'est ainsi, Monsieur, que cette vigoureuse épreuve si genereusement soutenue fortifia et son amour et son esperance.

Tant il est vray que nous ne pouvons jamais estre persuadés que nous aimons Dieu de tout nostre cœur, si nous n'avons point encore passé par les vigoureuses épreuves de l'amour, et si nous ne les avons soutenues avec courage jusqu'à la fin : cependant il n'est point d'article sur lequel nous prenions plus facilement le change que sur celui-cy ; nostre amour-propre trop subtil et trop ingenieux à nous tromper et à nous faire tomber dans l'illusion, se met trop souvent à la place de Dieu, et il en imite les sentiments, les transports, les douceurs, le langage et tous les dehors spécieux.

Notre imagination facile à surprendre et à seduire, met icy le phantôme à la place de la realité, et quand on s'examine de près, on s'apperçoit et souvent trop tard, qu'au lieu d'aimer Dieu seul, comme on s'en flatoit, on s'aime pieusement soy-même ; car faire consister cet amour de Dieu dans une tendresse puérile qu'on gouste avec delices dans certains intervalles de dévotion sensible, sans prendre soin de l'accompagner de bonnes œuvres, qui doivent toujours l'emporter sur les sentiments, c'est une illusion dangereuse, c'est l'ouvrage du temperament et de l'amour-propre et non pas celui de la grace.

Le veritable amour de Dieu doit atteindre d'un terme à l'autre avec force, *attingit à fine usque ad finem fortiter*, cette force est son caractere, et c'est elle qui le soutient au milieu de ses plus rigoureuses épreuves et de ses plus rudes combats ; il est vray qu'il dispose tout avec douceur, *et disponit omnia suaviter*, mais c'est la force qui la produit,

9

cette douceur, comme une récompense, et comme un attrait à aimer davantage et avec plus d'ardeur: douceur qui n'a rien de fade ny de sensuel, parce qu'elle est une impression agréable de la grace et une chaste et délicieuse caresse de l'epoux de nos ames.

Dire à Dieu qu'on l'aime de toute la tendresse de son cœur, prendre le soin de se le dire souvent à soy-même, et en estre persuadé, en produire des actes frequens aux pieds des autels, répandre même des larmes de tendresse dans ce doux et pieux exercice, ce n'est qu'un amour equivoque sur lequel on ne doit pas faire de fond, quand il n'est pas soutenu par la force, qu'il n'a pas esté mis à l'epreuve, qu'on n'a pas souffert pour cet amour, qu'on ne s'est fait aucune violence et qu'on n'a pas travaillé avec assiduité et avec courage pour marquer à Dieu qu'on l'aime véritablement et de tout son cœur.

Mais aimer Dieu et le luy prouver par les œuvres, surmonter genereusement tous les obstacles qui se presentent, quand les maux les plus sensibles nous pressent, quand les tentations les plus dangereuses nous attaquent, quand le cœur est plus depourvu de sentiments et de consolations spirituelles, quand on s'imagine estre abandonné de Dieu, c'est l'aimer en héros, c'est l'aimer comme il mérite d'estre aimé, c'est enfin l'aimer comme François de Sales l'a aimé, c'est atteindre d'un terme à l'autre par la force de son amour, et meriter d'en ressentir toutes les douceurs dans le temps et dans l'éternité, *attingit*, etc.

Mais après avoir vu François de Sales brûler du feu céleste du divin amour, il est temps de le voir travailler avec succès à embraser les autres de ses divines ardeurs : c'est le sujet de ma deuxieme partie.

SECONDE PARTIE.

COMME l'amour de Dieu est la baze et le principe du zele n'est autre chose qu'un amour violent, lequel ne pouvant plus se contenir dans les bornes étroites du cœur où il est renfermé, est obligé de répandre ses ardeurs et de mettre en usage, tantost la force et l'authorité, tantost la douceur et l'onction pour embrazer les autres, il estoit temps que saint François de Sales, qui en avoit été le disciple, l'éleve et le sanctuaire, en devînt l'organe, l'apôtre et le heros.

C'est par ces sages précautions que l'homme du Seigneur se produit toujours avec succès; s'il veut persuader, convaincre et attirer, il doit parler par conviction, par sentiment et par expérience; son zèle est stérile et il ne peut faire aimer Dieu, s'il ne l'aime luy-même de tout son cœur, *non zelat qui non amat* (1), dit saint Bernard : s'il veut sanctifier les autres et se sanctifier soy-même dans le ministere saint et redoutable de la divine parolle et de la conduite des ames, il ne doit donner que de sa surabondance et ne répandre que de sa plenitude, de peur de demeurer luy-même dans un vuide affreux après avoir concouru luy-même par ses fatigues et par sa parolle à sanctifier les autres.

Tel fut l'incomparable héros du divin amour dont je parle, tout rempli de ce zele et de ce feu celeste qui brille dans les hommes apostoliques, et soutenu de cette profonde erudition qui fait les docteurs de l'église; il se laisse imposer les mains par un saint Evêque, il en est consacré, il en reçoit

(1) D. Ber Serm.

la mission : François de Sales prêche par son ordre,
Dieu parle par sa bouche ; il eclaire, il persuade,
il touche, il convertit, et il embraze tous les cœurs
de ce feu celeste dont il estoit embrazé lui-même.

Jusqu'alors il n'avoit qu'un amour renfermé dans
les bornes de son cœur, qui le contenoit à peine,
quoiqu'il s'en echappât très souvent des etincelles qui
se répandoient sur ceux qui avoient le bonheur de
le converser, mais c'est à present un amour trans-
formé en zele, une charité en place et sur son thrône,
qui, participant à toute la force et à toute l'onction
de l'adorable principe qui le met en mouvement,
qui est Dieu, va se répandre comme un impétueux
et agréable torrent sur les fideles, instruire les
ignorants, convertir les pecheurs, attirer, emporter,
gagner par sa douce violence les cœurs les plus durs
et les plus farouches, ramener les heretiques les plus
opiniâtres au sein de l'église, soutenir les catholiques
chancelants, confirmer les forts, bâtir de nouveaux
sanctuaires au vray Dieu, les remplir de cierges,
les consacrer, leur donner des lois toutes saintes,
retracer dans les cœurs des chretiens les caracteres
de la vraye religion presque effacés, lever l'etendart
de la plus solide dévotion presque inconnue alors,
la soutenir, luy donner des regles sûres pour la
mettre en sûreté contre les hipocrites et les faux
devots, faire revivre la frequentation des sacrements
de la penitence et de l'eucharistie ; c'est ainsy que
François de Sales procurera de nouveaux feux à
l'amour de Dieu, que le libertinage et l'erreur
avoient presque eteint, *attingit à fine usque ad
finem fortiter, et disponit omnia suaviter.*
Ce vrai heros de la charité marche aussitôt à pas
de geant où les besoins les plus pressants de l'église
l'appellent ; il entreprend d'abord la conversion du

Chablais, et il en vient à bout, et il marque toutes ses courses apostoliques par autant de nouvelles conquestes.

L'abomination estoit dans le lieu saint, le peuple, les magistrats et la noblesse estoient presque tous infectés des erreurs abominables de Calvin, on avoit proscrit le sacrifice et le sacrificateur, ou n'entendoit plus la divine parolle, parcequ'il n'y avoit plus de Prédicateur qui osât paroître, et que vouloir prescher au peuple c'estoit s'exposer à la mort. On tournoit en dérision les sacrements, et le corps adorable de Jésus-Christ avoit esté mille fois prophané et foulé aux pieds. Les prestres du Seigneur estoient ou cruellement égorgés, quelquefois même dans les sanctuaires et sur les autels, ou contraints de fuir et de se cacher dans les plus affreuses solitudes pour se soustraire à la fureur des Calvinistes, qui remplissoient tout de meurtre et de carnage. Les vierges consacrées à Jesus-Christ, estoient ou deshonnorées ou mises à mort, ou contraintes de sortir de leurs sanctuaires pour renoncer à leur consécration ; et les plus heureuses d'entre elles, estoient celles dont on faisoit sur-le-champ d'illustres et de sanglantes victimes de la charité, de la foy et de la religion, en les egorgeant sur les autels, même aussi bien que les prédicateurs de l'Evangile, comme l'auroient fait les tirans des premiers siecles de l'église. Mais rien n'est capable d'ébranler le courage intrépide, ny d'arrester l'ardeur apostolique de saint François de Sales.

Les persécutions commencent, et sa charité en devient plus ardente et plus heroïque, son amour plus fort, et son zele plus embrazé, parcequ'il les regarde, ces persécutions, comme d'heureux présages des benedictions abondantes que Dieu va répandre sur sa divine parolle dont il va estre l'organe, et sur ses travaux évangéliques.

L'heresie armée de toute sa fureur et de tous ses artifices, met tout en usage pour le perdre ou pour le surprendre : on attaque sa doctrine, qui étoit celle de l'église, et il ne se venge de ses ennemis qu'en les convertissant à Dieu ; il fait couler des torrents de larmes des yeux des ministres de l'erreur par la force et par la douceur de ses paroles, et de loups qu'ils estoient il les change en agneaux, *attingit ergo à fine usque ad finem fortiter, et disponit omnia suaviter.*

On attaque son innocence et sa reputation par les calomnies les plus noires, les plus atroces et les plus artificieusement controuvées, et Dieu prend soin de soutenir et de faire triompher son innocence en confondant ses calomniateurs. On suborne des assassins pour luy donner la mort, il a l'honneur d'estre traité par les heretiques comme Jesus-Christ par les Juifs qui vouloient luy faire souffrir la mort, pour payer ainsy le zele qu'il avoit de leur donner la vie ; mais François de Sales, qui soupiroit après le martyre, ne se produit pas avec moins de liberté : le fort d'Israël veilloit le jour et la nuit à la conservation de son heros, pendant qu'il prodiguoit sa vie et qu'il cherchoit à répandre son sang ; et la seule majesté de son visage, sur lequel Dieu avoit répandu un rayon de la sienne, luy tint lieu plus d'une fois de toute sauvegarde ; il commence ainsi à desarmer ses assassins, et il finit par leur faire du bien en les convertissant à Dieu.

Il court en apôtre de village en village sans escorte, sans défense et sans provisions ; il s'expose parmi les plus affreux précipices, pendant que Dieu donne commission à ses anges de le soutenir et de le garder. Il pouvoit dire alors avec saint Augustin : Mon amour est mon poids, par luy je suis porté partout où je suis porté, *amor meus, pondus meum, illo feror quocumque feror.* (1)

Porté, en effet, sur les aisles de son amour, il marche à pas de geant, il court, il vole sur les montagnes les plus escarpées, les pieds nuds et ensanglantés, le crucifix à la main ; là il exhorte, il reconcilie, il instruit, il persuade, il eclaire, il parle en apôtre, il guerit les malades, il ressuscite les morts, et partout il triomphe et du libertinage et de l'heresie, et il fait triompher Jesus-Christ ; enfin, François de Sales, pour son coup d'essay, convertit une province entiere, et voilà le grand ouvrage de la force et de la douceur de son amour, *attingit ergo*, etc.

François de Sales, sans s'applaudir sur tant de glorieux succès, prend soin d'assurer ses nouvelles conquestes à la religion, et il court aussy tost à d'autres combats : semblable à ces heros insatiables de gloire et de lauriers, qui marchent toujours sans regarder derriere eux et sans s'amuser à gouster les douceurs de leurs victoires passées, de peur de perdre l'occasion d'en remporter de nouvelles, et qui sont toujours en marche et toujours les armes à la main, tandis qu'il y a un ennemy à terrasser, et qu'il reste un poulce de terre à conquerir.

Aussy l'on peut dire avec saint Augustin que l'action la plus laborieuse de la charité, fait tout le delassement des travaux héroïques de la charité dans un homme veritablement apostolique. Si François de Sales parle et agit en apôtre, aussy ne se repose-t-il qu'en heros : l'abri du premier arbre qu'il rencontre, ou tout au plus une paillasse de

(1) D. Aug. Soliloq.

feuilles, voilà son lit, voilà son repos pendant les nuits, parceque son amour le soutient, et il court dès le lendemain avec plus d'ardeur et avec plus de nouvelles forces à la conqueste des ames.

Son zele infatigable le transporte à Thonon, où il n'y avoit plus que sept catholiques, et il leur rend autant d'assiduités comme il auroit fait à un grand peuple ; il les console, il les soutient, il les affermit et il les encourage ; il presche avec un admirable succès à ceux qui s'estoient laissés entraisner dans l'erreur, et il laisse dans cette ville une eglise florissante ; après y avoir reedifié les sanctuaires demolis, redressé les autels de la vraye religion, et retabli la pieté, les sacrifices et les sacrements.

De Thonon il court à Chambery, infectée des mêmes heresies, il y vole avec la même ardeur. Il y travaille avec le même zele, il y réussit avec le même succès, il y souffre avec la même patience, et il triomphe du libertinage et de l'erreur avec la même gloire.

Geneve, dont il fut fait Evêque, et qui n'estoit pour luy qu'une epouse adultere et une epouse de sang, depuis qu'elle avoit ouvert ses portes à l'erreur, lui coûta bien des larmes et des sanglots ; elle luy avoit blessé le cœur d'une manière bien differente de celle des sacrés cantiques. Il l'aima, cependant, toute difforme et toute infidele qu'elle estoit, jusqu'à souhaiter mille fois de repandre son propre sang pour luy rendre sa premiere innocence et sa premiere beauté, et pour la rendre digne de rentrer dans la participation du sang de Jesus-Christ dont elle estoit rachetée.

Son amour heroïque et industrieux tout ensemble s'y fit entrée plusieurs fois au peril de sa vie : ce pasteur genereux et intrepide y demeure au milieu de ses plus·cruels ennemis , qui estoient ses propres oüailles , avec une intrepidité de heros et d'apôtre , quoiqu'ils ne respirassent que son sang : il se cache avec prudence quand il le faut , pour ne pas détruire l'œuvre du Seigneur ; il se produit où le besoin de ses enfants l'appelle , il confirme et il soutient les catholiques , il empesche les progrès de l'erreur, il reconcilie les pecheurs, il console les affligés , il assiste les malades , il confere en secret le sacré viatique aux moribonds , et pendant qu'au milieu des rues de cette Babylone prostituée, il porte sur son cœur la divine Eucharistie et qu'il ne salue personne pour avertir par ce signal ses veritables oüailles de le suivre, il apostrophe ce Dieu doublement caché et sous les especes eucharistiques et sur sa poitrine, et il lui dit tendrement : Seigneur, regnés et triomphés au milieu de vos ennemis , *domi-nare in medio inimicorum tuorum.* (1)

Cette grande ville eut aussi part aux benedictions que ce heros du divin amour portoit et repandoit partout avec soy, et s'il n'y eût pas reçu de si grands honneurs , tant de la part du Roy que des peuples, honneurs importuns à la singuliere modestie et à l'humilité profonde dont il accompagnoit les grands talens que Dieu luy avoit confiés , peut-estre y auroit-il fini ses jours : il y deploya avec un admirable succès les riches thresors de cette science divine dont il y avoit appris les premiers elemens ; il la lui rendit , cette science avec usure , mais ornée de graces nouvelles qu'il n'avoit puisées que dans le cœur de Dieu, et accompagnée de cette force , de cette douceur et de cette onction celeste qui gagnoit tous les cœurs.

Presque toutes les chaires de cette capitale ont

(1) Psalm. 109.

retenti du son delicieux et salutaire de cette trompette evangelique, et quand nous n'aurions point d'autres monuments de son admirable pieté, de sa profonde sagesse, de son amour et de son zele, que les sanctuaires où il a laissé son esprit et son cœur parmy les vierges de Jésus-Christ et les illustres filles qui les habitent, nous serions avantageusement partagés; Dieu vouloit, pour immortaliser la précieuse mémoire et le zele de François de Sales, qu'à ses qualités de prédicateur et d'apôtre, il y adjoutât encore celle de patriarche et de fondateur, et que dans tous les siecles, les fideles reconnussent tous les traits de cet illustre pere, dans la personne de ses illustres filles.

Cet ordre, en effet, qu'on peut justement appeller le fruit le plus glorieux de ses travaux, la preuve la plus forte et la plus eclatante de son incomparable sagesse, la production la plus chere, la plus précieuse et la plus ressemblante de son grand cœur, devoit estre aussi jusqu'à la consommation des siecles, comme il l'a esté depuis plus de cent années, l'image la plus parfaite de ses vertus, l'azile le plus assuré des vierges chrestiennes contre la corruption du siecle et un des plus fermes remparts contre les nouveautés pernicieuses en matière de foy et de religion.

Mais où en suis-je, et quel embarras pour un foible orateur d'avoir si peu de temps à parler et tant de vastes sujets à remplir? Fâcheuse nécessité pour moy de sentir la fin de mon discours, pendant que je n'ay que foiblement ebauché son panegirique! d'estre obligé ou d'obmettre une infinité de faits éclatants, ou de passer trop legerement sur des faits heroïques qui luy ont merité tant de gloire, et dont nous pourrions tirer tant de fruit!

Quel temps ne faudroit-il pas pour faire en sa

personne l'éloge le plus éclairé, du plus prudent,
du plus charitable et du plus saint de tous les directeurs, après avoir fait celuy d'un prédicateur et
d'un apostre? Paroissés icy, penitents de François
de Sales, là teste sous la cendre et sous le cilice,
les larmes aux yeux, la poitrine retentissante de
sanglots et le cœur brisé de douleur et de contri-
tion ; dites-nous ce qui se passoit dans ces admirables teste-à-teste où vous sentiés vivement toute
la penetration de son vaste genie , toute l'ardeur
de son zele, toute la force de son éloquence,
et toute la douceur et toute l'onction de sa parolle ; ne rougissés pas de nous dire par quels charmes divins il vous ouvroit le cœur pour confesser
vos crimes les plus cachés et les plus honteux, il
deracinoit tout d'un coup vos passions les plus vives
et les plus inveterées, il vous arrachoit du libertinage le plus déclaré, il brisoit la dureté de vos
cœurs jusqu'alors insensibles à l'attrait du divin
amour , en vous faisant embrasser avec courage et
même avec plaisir tout ce que la penitence a de
plus rigoureux et de plus affreux à la delicatesse,
sans trouver chez vous la moindre resistance.

Cependant, Messieurs, quand je vous fais paroître
ici François de Sales parmi les pecheurs, qui parle
d'un ton de prophete, qui reprend, qui corrige, qui
menace, qui abbat à ses pieds les testes superbes et
opiniâtres, et qui désarme les pecheurs les plus rebelles par la force de son zele, ne vous figurés pas
un homme dur et intraitable, qui ne prend, de ce
zele, que les airs foudroyants pour faire trembler
les pecheurs, sans les rassurer par l'esperance des
divines misericordes : qui voudroit arracher tout
d'un coup avec violence les passions les plus fortement enracinées, sans preparer le cœur par les me-

nagements d'une douce sagesse et d'une tendre charité, comme ces faux pasteurs qui ne depeignent la
vertu qu'avec un visage farouche et barbare, qui ne
travaillent qu'à rendre la penitence ou odieuse ou
impossible, par les rigueurs outrées et insupportables
qu'ils y attachent : qui n'ont de l'eloquence que pour
faire paroître partout des precipices ouverts sous les
pieds du pecheur timide et tremblant, sans lui
montrer le moyen de les eviter, et sans lui presenter
une main charitable pour l'en retirer, quand il a eu
le malheur d'y tomber.

François de Sales disposoit tout avec douceur, *et
disponit omnia suaviter*, et c'est par cette douceur,
qui venoit de l'excès de la charité, qu'il gagnoit tant
de pecheurs à Dieu : il aimoit beaucoup mieux, selon
son propre langage, faire des penitents que des des-
esperés : en même temps qu'il leur ouvroit la bouche,
pour leur faire entendre ces parolles toutes de feu qui
partoient de l'ardeur de son zele, il leur faisoit aussy
entendre des oracles de vie pour les rassurer, il leur
ouvroit tout son cœur comme à ses amis et à ses
freres, et des entrailles de pere comme à ses enfants.
Il ne faut pas s'etonner si ces pecheurs luy ouvroient
aussi reciproquement tout leur cœur par une entière
confiance. Et c'est cette douceur et cette onction qui
a concouru du moins autant que tous ses autres talents à convertir plus de soixante-douze mille heretiques, sans les autres pecheurs qui sont sans nombre;
c'est cette douceur qui l'a toujours dirigé dans les
jugements qu'il prononçoit au tribunal de la pénitence, *diriget mansuetos in judicio* (1), c'est cette
douceur qui l'a eclairé, selon l'oracle du roy prophete, dans les voyes de Dieu, pour y conduire avec

(1) Psalm. 24.

plus de sûreté les ames qui lui estoient confiées ; et voilà le caractere dominant et la glorieuse distinction du heros que je presche et que je propose pour modele.

Mais il est important de faire attention que je parle ici d'une douceur evangelique, qui est la production de l'amour et du zele, douceur toujours inseparable de la justice la plus exacte, et qui ne la precede que pour la rendre plus aimable : douceur qui sans rien rabbattre de la juste severité de la morale chrestienne et de la majesté des divins oracles, prepare insensiblement le cœur aux plus rigoureux sacrifices.

Je parle d'une douceur ingénieuse et tendre, qui sçait trouver des menagements pour faire gouster les verités les plus terribles de l'Evangile, sans les deguiser ny les affoiblir, faire embrasser la penitence la plus austere sans effaroucher les cœurs ; douceur qui n'applanit les routes les plus difficiles qu'en ecartant avec une tendre et prudente charité les pierres de scandale qui s'y rencontrent, et qu'en inspirant assés de courage pour marcher sur la teste des monstres les plus affreux sans craindre leur fureur, et qui, semblable à Paul, n'intimidoit jamais les pecheurs, sans les avoir auparavant conjurés tendrement par la douceur et par la modestie de Jesus-Christ. *Obsecro vos per mansuetudinem et modestiam Christi.* (1)

Je parle d'une douceur fidelement copiée d'après celle de cet adorable Sauveur, et dont il fait luy-même une leçon si precise et si pratique à ses apôtres quand il leur dit dans l'Evangile : Apprenés de moi que je suis doux et humble de cœur, *Discite a me quia mitis sum et humilis corde.* (2)

(1) E. Cor. 10. — (2) Matt. L. 12.

Je parle d'une douceur qui n'estoit pas l'effet d'une ame mobile et flexible au gré du caprice, de la délicatesse et de la lâcheté du pecheur et du penitent, mais toujours ennemie de ces criminels adoucissements et de ces lâches condescendances, qui ne tirent des yeux que des larmes equivoques et steriles et qui ne produisent pour lors qu'une fausse penitence, dans laquelle le pecheur abusé, ou ne pleure que foiblement ses pechés, sans les quitter, ou les quitte sans les pleurer et sans les expier, mais qui ne venoit que de la force de son zele et de son amour et pour Dieu, et pour le prochain.

Mais semblable bien plutost à ce pieux Samaritain qui applique l'huile et le vin tout ensemble sur les playes du pecheur et qui ne cherche qu'à guerir sûrement et non à flatter ny à irriter. Semblable à ce lion si fort dans la bouche duquel on trouva le miel le plus delicieux, *de forti egressa est dulcedo* (1). Semblable à ce bois mysterieux que Moyse trouva dans le desert, qui adoucit les eaux les plus ameres pour les rendre potables, *quæ in dulcedinem versæ sunt.* (2)

Douceur enfin, qui brilloit dans ses yeux, dont les regards marquoient une ardeur temperée par une tendresse de pere et d'amy, répandue sur ses levres par des parolles de grace et d'une onction celeste, à laquelle il estoit difficile de ne se pas rendre : sur ses mains, par des liberalités sans bornes à tous ceux qui imploroient son assistance : dans toute son ame, en souffrant les outrages et les persecutions sans se plaindre et sans se venger de ses ennemis, qu'à force de leur faire du bien : dans toute sa personne, par une affabilité qui partoit d'un bon cœur, et qui don-

---

(1) Judic. 14. — (2) Exod. 15.

noit toujours un libre accès auprès de soy aux plus petits comme aux plus grands.

Voilà les vrais caracteres de cet amour dont saint François de Sales a esté embrazé et dont il a embrazé les autres, amour héroïque, amour tendre; héroïque et fort sans dureté, tendre et doux sans foiblesse; force et douceur qui ont atteint depuis le commencement de sa vie jusqu'a la fin, *attingit ergo à fine usque ad finem fortiter, et disponit omnia suaviter;* c'est ainsi, Messieurs, qu'il a vecu, c'est ainsi qu'il est mort.

Ouy, son amour, loin de s'estre ralenti par ses fatigues et par ses travaux, qui estoient immenses, et par la proximité du tombeau, s'est toujours produit avec de nouvelles ardeurs, semblable a ces lumieres qui ne brillent jamais avec plus d'éclat et qui ne jettent jamais des flammes plus vives et plus lumineuses que lorsqu'elles sont sur le point d'expirer et de s'éteindre. Prier, veiller, exhorter, prescher avec un zele et une ardeur de séraphin deux jours avant que de mourir, c'est mourir en heros du divin amour et en apôtre : non, ce n'est pas mourir, mais c'est sortir d'une vie laborieuse pour aller estre couronné et pour aller jouir d'un repos eternel.

François de Sales a même trouvé le secret de perpetuer ses divines flammes après la mort, et jusqu'à la consommation des siecles. Pendant sa vie, un séraphin avoit touché ses levres comme celles du prophete Isaye avec une pierre de feu qu'il avoit tirée de l'autel pour embrazer et ses discours et tous les cœurs auxquels ils s'adressoient, sa plume ensuite est devenue une plume de séraphin pour écrire et pour laisser après sa mort ces loix du divin amour tracées en caracteres de feu.

Lisés ses livres admirables, lisés-les avec autant

de securité que saint Jerôme invitoit de lire ceux de
saint Hilaire ; tout y est saint, tout y est pur, tout
y est plein d'onction ; vous y verrés une douceur et
une force qu'on ne trouve point ailleurs ; tout y est
aisé, quoyquè tout y soit sublime ; lisés-les avec
preparation de cœur, et vous y trouverés, vous y
sentirés un attrait, une grace, un goust et une onction admirable, à chaque page, à chaque sentence,
il se repandra sur vous une etincelle de ce feu celeste
qui embrazoit son cœur et qui embrazera le vostre.

Aimés enfin le Seigneur, et mettés tout en usage
pour le faire aimer, aimés-le de toute la force et de
toute la tendresse de vostre cœur, hastés-vous de luy
marquer l'ardeur et la sincerité de vostre cœur et
par les actes frequents que vous en produirés, et
beaucoup plus, par ce que vous serés, et par ce que
vous souffrirés, et par ce que vous entreprendrés pour
sa gloire.

Obtenés-nous, grand Saint ! un cœur comme le
vostre et tout penetré des ardeurs du divin amour ;
vous avés aimé de toute la force et de toute la tendresse de vostre cœur celuy qui seul est souverai-
nement aimable, et vous nous avés appris à l'aimer
de même, heureux si nous en profitons. Vous estes
à present parmy les séraphins qui environnent le
thrône de Dieu, qui est un thrône de flammes et de
feu, priés le Seigneur qu'il en détache quelques etincelles pour embrazer nos cœurs, et pour nous rendre
dignes de l'aimer eternellement dans le ciel. Ainsy
soit-il.

Presché aux Religieuses de Sainte-Marie, de la ruë Saint-
Antoine, de la ruë du Bacq, de la ruë Saint-Jacques, de Saint-
Denis, de Chaillot et aux Minimes de la place Royale.

PANÉGYRIQUE

DE SAINT FRANÇOIS DE SALES,

PAR LE P. DE SEGAUD. (1)

De forti egressa est dulcedo.

C'est de la force qu'est sortie la douceur. (*Juges* , XIV, 14.)

Dans les portraits du commun des hommes on s'étudie d'ordinaire à les flatter : dans les portraits des Saints on cherche presque toujours à se flatter soi-même. L'on saisit dans leurs plus héroïques vertus la lueur apparente de tout ce qui peut favoriser nos foiblesses ; l'on s'attache à les considérer dans le seul point de vûe qui les rapproche de nous, sans trop jetter les yeux sur ce qui nous en éloigne. L'on veut trouver dans leurs dispositions et dans les nôtres du rapport et de la conformité, non pas pour s'animer à leur devenir semblables, mais pour les faire semblables à nous, s'il se peut. Telle est l'adresse de l'amour-propre à s'insinuer jusques dans l'idée que l'on se forme des Saints, et dans l'étude que l'on fait de la sainteté.

Ainsi, parce que dans la dévotion même on n'est

---

(1) Segaud (Guillaume de), prédicateur, né à Paris en 1674, mort à Paris, le 19 décembre 1748.
Ses OEuvres se composent de Sermons, etc., etc., et forment 6 vol. in-12 ; publiées par les soins du P. Berruyer, et réimprimées plusieurs fois.

10

pas ennemi des accommodemens et des facilités, la douceur du saint Evêque de Genève est le seul trait qui frappe dans son caractère. On en laisse échapper la force qui en fait proprement le fond. Ce n'est que par l'aimable tempérament de ses vertus que saint François de Sales est connu parmi les fidéles. On aime à se le représenter forçant par-tout l'hérésie dans ses retranchemens, sans jamais forcer les hérétiques, et faisant refleurir dans l'Eglise la piété primitive, sans en rappeler l'ancienne sévérité; corrigeant les pécheurs avec bonté, et fortifiant avec onction les foibles; enseignant à vivre chrétiennement au milieu du monde, et tranquillement dans le sein de la retraite; paisible réformateur des abus du siécle, et sage modérateur des austérités du cloître; aussi raisonnable dans les différentes régles qu'il a tracées de la vie religieuse et séculiére, laïque et sacerdotale, dont il est également le maître, que sociable dans le commerce différent des campagnes et des villes, des provinces et des cours qu'il a visitées, et dont il fut également l'apôtre. C'est par-là, dit-on, qu'il est devenu l'amour des peuples, et le modéle des pasteurs. Lisez, lisez sa vie; seule autrefois elle servit de preuve à la vérité de la foi. Parcourez ses écrits; seuls encore ils servent d'attrait à la perfection de la vertu : vous n'y trouverez par-tout que modération et que douceur, point d'effort ni de violence.

Vierges chrétiennes, ses chères filles, et ses dignes éléves! vous qui pratiquez ses maximes, et qui suivez ses exemples! vous le sçavez, si pour les pratiquer, et pour les suivre, il en coûte peu; et si cette vertueuse douceur, son plus bel héritage, n'est pas le prix de bien de rudes combats et de pénibles victoires. Mais c'est par l'histoire même de votre bien-

heureux père et de votre illustre fondateur, que je
dois aujourd'hui convaincre tous ceux qui m'écoutent, que la véritable douceur vient proprement de
la force ; qu'elle n'en dégénère jamais, et que si la
sienne n'en eût tiré son origine et son appui, jamais
elle n'auroit eu de si héroïques sentimens, ni produit de si merveilleux effets : *De forti egressa est
dulcedo.*

Je conviens donc que la douceur fut son vrai
caractère : j'avoue même, ce qui paroît admirable,
que par sa douceur il triompha de l'erreur dans la
doctrine, et du relâchement dans les mœurs : je re-
connois encore, ce qui semble un nouveau prodige,
qu'il triompha de l'erreur par la douceur de ses
mœurs, et du relâchement par la douceur de sa
doctrine. Ce que j'ajoûte, et ce qui enchérit sur toutes ces merveilles, c'est que cette douceur victorieuse de l'erreur fut dans ses mœurs le fruit de
toute la force apostolique ; vous le verrez dans mon
premier Point : c'est que cette douceur victorieuse
du relâchement est encore dans sa doctrine le précis
de toute la force chrétienne ; vous le verrez dans
mon second Point : *De forti egressa est dulcedo.*

Puis-je chercher ici, chrétiens, à vous éblouïr et
à vous surprendre ? Je parle d'un Saint qui n'est pas
si fort éloigné de nos jours ; la mémoire en est encore toute fraîche ; les faits en sont encore récens ;
nous en avons devant les yeux les glorieux monumens, et nous en tenons entre les mains les précieux
ouvrages. L'instruction que j'en prétends recueillir,
doit donc être d'autant plus puissante et plus efficace
sur vos cœurs, que la preuve en est plus présente à
vos esprits. Implorons le secours de la sainte Vierge,
qu'il honora toujours comme sa protectrice, et qu'il
aima constamment comme sa mère. *Ave.*

PREMIÈRE PARTIE.

QUELLE est donc, demande saint Jean Clima-que (1), cette douceur évangélique, cette douceur propre des apôtres, cette douceur victorieuse du monde et de ses erreurs, cette douceur enfin, à la-quelle l'Evangile attache pour récompense l'empire de la terre ? c'est-à-dire, le maniment des esprits, et la conquête des cœurs. C'est, répond ce Père, une douceur plus qu'humaine, une douceur plus qu'angélique, une douceur toute divine, et sem-blable à celle du Sauveur. Aussi ce divin pasteur de nos ames dit, en instruisant ses apôtres et ses disci-ples : Apprenez, non pas des hommes, non pas même des anges, mais de moi qui suis votre Sauveur et votre Dieu ; apprenez la douceur : *Discite à me quia mitis sum* (2). Pouvoit-il leur marquer d'une manière plus nette et plus précise que cette douceur qu'il leur donnoit pour caractère, n'avoit rien de naturel ni d'humain, puisqu'il la leur donnoit comme l'abrégé de ses leçons et le précis de ses exemples ; leçons surnaturelles, exemples tout divins : *Discite à me quia mitis sum.*

C'est ce qui a fait dire à saint Jean Chrysostôme qu'il n'y avoit rien de plus violent ni de plus fort que cette bonté pastorale, et cette douceur aposto-lique : *Nihil hâc pastorali mansuetudine violen-tius.* (3)

En effet, à quoi cette bonté et cette douceur si efficace pour s'insinuer dans les esprits et pour gagner les cœurs, a-t-elle engagé le Sauveur du monde ? à quoi a-t-elle porté les vrais apôtres et les zélés pas-

(1) Clim. gradu, 25. — (2) Matt. 11, 29.
(3) Chrysost. Hom. 58 in Genes.

teurs ? A quoi a-t-elle réduit en particulier le saint évêque de Genève, zélé pasteur et véritable apôtre de ces derniers tems ? à sacrifier tout, et à tout souffrir pour le salut des ames. Reméde amer et violent aux médecins charitables qui s'en servent, puisqu'il les oblige eux-mêmes à de sévères retranchemens, et à des mortifications douloureuses. Reméde doux et engageant pour les ames égarées qui le reçoivent, puisqu'il les éclaire, et qu'il les raméne sans violence et sans effort par voie de salutaires et d'éclatans exemples. Reméde spécifique et nécessaire, sur-tout en certains tems d'erreur, où des ténébres plus épaisses demandent des lumiéres plus vives, et qui puissent dissiper le plus opiniâtre aveuglement. Ainsi lorsque le Sauveur l'employa, et que ses premiers disciples le mirent en usage, l'idolâtrie régnoit dans l'univers, les passions érigées en divinités, les vices en vertus, le libertinage en religion, s'étoient emparés des temples et des autels. Pour venir à bout de les renverser et de les détruire sans rigueur et sans armes, il falloit une douceur miraculeuse, et qui fût à toute épreuve, à l'épreuve de tout ce qui pouvoit la faire tomber dans la mollesse, comme à l'épreuve de tout ce qui pouvoit la porter à l'aigreur. C'est pour cela que le Sauveur disoit à ses apôtres, qu'il les envoyoit au milieu des loups, pour y vivre comme des agneaux, toujours prêts à quitter la toison qui les couvre, et à recevoir le coup qui les immole : *sicut oves in medio luporum.* (1)

L'hérésie dans ces derniers siécles n'avoit pas fait moins de progrès, lorsque Dieu suscita saint François de Sales pour en arrêter le cours, et pour en ré-

_____

(1) Matt. 10, 16.

parer les ravages. Le lieu de sa naissance étoit environné de ces contrées malheureuses où dominoit l'erreur. Genève en étoit la capitale, le Chablais et le pays de Gex les remparts. Là plus qu'ailleurs on ne voyoit par-tout que vases sacrés rompus, que reliques mises en cendres, qu'images brisées, que temples abattus, qu'autels détruits, et des prêtres devenus eux-mêmes leurs victimes. Pour faire ouvrir les yeux sur ces affreux désordres à un peuple furieux, qui respiroit à la fois la révolte, l'apostasie, le sacrilége et le carnage, il ne falloit rien de moins fort qu'une douceur toute divine, une douceur semblable à celle du Sauveur, une douceur inébranlable dans l'entreprise, qui sacrifiât tout, et une douceur inaltérable dans l'exécution, qui souffrît tout pour le salut des ames ; et par conséquent une douceur de conduite et de mœurs, qui fût le fruit de toute la force apostolique : *De forti egressa est dulcedo.*

Tel fut le caractère de la douceur qui rendît saint François de Sales victorieux de l'hérésie : caractère qui lui a mérité le bel éloge que l'Ecriture applique à Moyse, quoiqu'il ne convienne en propre qu'au Sauveur. Il a été sur la terre le plus doux de tous les hommes : *vir mitissimus super omnes.* (1)

Douceur inébranlable dans l'entreprise, et qui sacrifia tout au salut des ames : premier caractère de la douceur de saint François de Sales, caractère de mœurs qui suppose une force apostolique. Quelle étrange douceur en effet d'immoler tour à tour à l'ardeur de son zéle la nature, la fortune et le respect humain ? Tels furent les différens obstacles qui traversèrent plus d'une fois les pieux desseins de ce nouvel apôtre et ses heureux succès sur l'erreur.

(1) Num. XII, 3.

Je dis d'abord ses pieux desseins : car encore qu'il ne connût pas dans les commencemens toute l'étendue de sa vocation, il sentit au moins que Dieu l'appelloit à l'état ecclésiastique ; état à la vérité qui ne respire que la paix et la douceur, mais en déclarant la guerre à l'erreur et au vice ; et avec quelle ardeur ne s'empressa-t-il pas de s'y disposer et d'y répondre ? On le vit dès-lors travailler également et à se sanctifier lui-même, et à se mettre en état de sanctifier les autres. Double travail que le sacerdoce impose aux hommes apostoliques, depuis qu'il ne plaît plus à Dieu de renouveller ses premiers miracles, ni de rendre tout-à-coup ses ministres, comme autrefois ses apôtres, tels qu'il les faut pour instruire et pour gagner les ames. C'est bien le moins que la religion fasse, pour défendre la vérité, ce que fait l'hérésie pour accréditer le mensonge ; qu'elle embrasse la science et la réforme, et qu'elle joigne la culture de l'esprit au réglement des mœurs. C'est ce qu'entreprit saint François de Sales avec courage, et c'est à quoi il réussit, non sans effort et sans peine.

Quel soin ne prit-il pas d'abord de conserver la fleur de sa première innocence ! Quelle application n'apporta-t-il pas à acquérir de bonne heure le mérite d'une érudition profonde ! Quelle attention n'eut-il pas à unir ensemble les belles connoissances et les bonnes mœurs, l'étude des lettres et la pratique des vertus ! On montre encore aujourd'hui, vous le sçavez, avec une égale vénération, dans les villes où il a passé sa jeunesse, et les lieux sacrés où il jetta les solides fondemens de sa sainteté, et les célèbres écoles où il donna des preuves éclatantes de sa capacité. Alliance nécessaire à la douceur apostolique, qui demande de la vertu et du sçavoir ; mais alliance si rare à son âge et sur-tout dans sa condition. La jeunesse fut toujours la saison des plaisirs, et la noblesse faisoit alors profession d'ignorance. Alliance qui le fit dès-lors regarder comme la merveille de son siécle; et qui fit dire entr'autres au fameux *Possevin*, son directeur d'étude et de conscience, que ce jeune Seigneur seroit dans peu et l'oracle du monde entier, et l'ornement du Clergé. L'événement ne tarda guère à vérifier la prédiction.

Mais quand il fallut enfin embrasser le ministère sacré, et déclarer le choix qu'il en avoit fait dès qu'il avoit eû assez de raison pour le connoître; grand Dieu! que de combats à livrer à la nature! que de sacrifices à faire à la grace! Un pere absolu, dont il avoit jusqu'alors aveuglément suivi les volontés, et dont il alloit entiérement renverser les dispositions dans un âge où la reconnoissance demandoit qu'il lui fît goûter les fruits d'une honorable éducation, et qu'il le dédommageât des dépenses que lui avoient coûtées ses études à Paris et à Padoue, ses voyages d'Italie et de France. Une mere tendre, qui n'avoit jusques-là supporté qu'avec peine son éloignement nécessaire, et qu'il alloit encore affliger par une retraite volontaire, dans un tems où elle s'attendoit à l'attacher auprès d'elle, pour être dans ses embarras domestiques sa consolation et son appui. Un établissement des plus avantageux qui se présentoit, et dont il ne pouvoit se défendre sans s'opposer aux vœux de sa famille, sur le point, en qualité d'aîné, d'en maintenir l'honneur et d'en remplir les espérances. O Dieu! quels assauts à soûtenir à un esprit doux et à un cœur sensible! Hélas! vous le sçavez, ames religieuses, on n'a déjà que trop de son propre penchant à combattre, quand il s'agit de renoncer au monde pour se donner à Dieu! Ces

dehors si rians du siécle imposteur et ces avenues
austères de la voïe évangélique, balancent souvent
dans une ame tout l'attrait de la vocation, et la font
pencher vers le monde. Quel courage ne faut-il donc
pas quand les régles de la prudence, les loix de la
tendresse, les droits du sang, se liguent contre elle de
concert et l'attachent : ah! ce n'est pas alors assez
d'être courageux et intrépide, il faut, dit saint Jé-
rôme, être en quelque sorte dénaturé et cruel : *Per
calcatum perge patrem, per calcatam perge ma-
trem ;* ou si vous reconnoissez que saint François de
Sales sans dureté naturelle a pû faire plier la nature
sous le joug doux et léger du Sauveur, avouez au
moins qu'il n'y eut que le zéle le plus fort, c'est-à-
dire, le zéle le plus apostolique, qui lui pût inspirer
une douceur pareille : *De forti egressa est dulcedo.*

Ce furent bien d'autres efforts quand après ces
premiéres démarches, si pénibles à la nature, il fal-
lut faire encore un pas beaucoup plus rude ; quand
Dieu dévoilant ses desseins sur ce vase d'élection,
lui montra ce qu'il avoit à souffrir pour sa gloire ;
quand ce nouveau Lévite nommé par l'Evêque de
Genève, pour en être le nouvel Apôtre et l'Ange de
Paix, reçut sa premiére mission pour la ville de Thonon et le pays du Chablais. L'entreprise étoit hardie.
Cette terre ouverte à ses travaux étoit aux yeux des
Catholiques ce qu'étoit dans l'idée des Israélites la
Terre promise, une terre ingrate et maudite, qui
dévoroit, disoit-on, les étrangers, et qui changeoit
en monstres ses habitans. Cette cité meurtriére
que l'on donnoit pour premier théâtre à son zéle,
passoit pour une autre Jérusalem qui lapidoit ses
Missionnaires, et qui massacroit ses Prophétes. Au
seul nom de sa conquête, lorsque son Pasteur osa
seulement en faire la proposition, le troupeau fré-

mit., le Clergé trembla, et toute l'assemblée demeura interdite : François de Sales s'y offrit seul. Il l'accepta sans crainte et sans réplique. Quelle consternation alors dans sa famille ! que de vives représentations ! que de sollicitations pressantes ! que de violentes oppositions ! Plaintes, cris, larmes, tout fut employé à le fléchir ; mais tout fut inutile. Cette sensibilité qu'il avoit fait paroître au récit des malheurs de ce peuple égaré, disparoît au moment qu'on lui parle de ses fureurs : ce silence qu'il n'avoit pû garder à la simple proposition de courir à sa poursuite, il le garde à toutes les instances qu'on lui peut faire pour en différer au moins l'exécution. Cette facilité qu'il avoit eue à accepter une mission si périlleuse, il ne l'a plus pour se rendre aux raisons capables de l'en détourner, ou de l'en distraire. Il semble qu'à l'exemple du Prophéte il soit devenu tout-à-coup sourd et muet aux remontrances réitérées des parens, des amis, des étrangers même et des indifférens : *tamquam surdus non audiens, et sicut mutus non aperiens os suum* (1). Mais non, Chrétiens, le zéle, quoiqu'un feu surnaturel et divin, ne détruit point l'humanité, n'endurcit point la nature. Ce fils obéissant écoute la voix d'un pere qui s'oppose à sa résolution, et qui veut l'éprouver au moins avant que de l'approuver : mais il écoute encore plus la voix de Dieu qui lui crie comme autrefois au pere des fidéles : Sortez au plus tôt du lieu de votre naissance : arrachez-vous au sein de vos parens ; abandonnez la maison de votre pere, et venez où je vous appelle : *Egredere de terrá et de cognatione tuá, et de domo patris tui, et veni in terram quam monstrabo tibi* (2). Ce fils reconnois-

(1) Ps. 37. 14. — (2) Gen. 12. 1.

sant entend les soupirs d'une mere qui murmure et
se plaint de son peu d'égard pour elle : Eh quoi !
mon fils, me ménagez-vous si peu après m'avoir
ôté, en vous dévoüant à l'autel, la consolation de
vous avoir auprès de moi ? m'enviez-vous, en vous
exposant à la mort, l'espérance de vous revoir encore ? ah ! laissez-moi mourir au moins avant que de
m'oublier. Mais il entend en même tems les desirs
de l'Eglise qui le presse, comme cette pieuse mere
des Machabées : Mon fils, ayez pitié de moi ; voyez
l'état déplorable où je suis : souvenez-vous que je
vous ai porté dans mon sein, et rendez à vos freres,
qui s'en sont séparés, tous les soins que j'ai pris de
vous jusqu'ici : *Fili mi, miserere meï, quœ te in
utero portavi.... et in œtatem istam perduxi* (1). Si
céder d'une part, ce fut docilité, d'autre part il ne
put résister sans effort ; et il est toujours vrai de
dire que la force produisit en lui la douceur : *de forti
egressa est dulcedo.*

En effet, depuis ce premier effort sur lui-même,
quel amour ! quelle charité ! quelle tendresse pour
le prochain ! Au sortir de la maison de son pere, il
en oublie toutes les douceurs ; il ne pense plus
qu'aux affreux périls où l'erreur a jetté ceux que sa
religion lui fait regarder comme ses freres. S'il s'arrête en chemin au fort des Allinges, ce n'est point
pour regarder en arriére des lieux paisibles qu'il ne
regrette pas ; c'est pour contempler de loin cette car-
riére apostolique à laquelle il aspire. Timide mercé-
naire, il ne prend pas la fuite à la vûe du loup ravis-
sant ; mais zélé pasteur, il s'offre pour le salut du
troupeau. Seigneur, dit-il en soupirant, l'ennemi
est entré dans votre bergerie. J'en vois devant mes

(1) 2. Mac. 7. 27.

yeux les tristes ravages : ou qu'il me lâche sa proie,
ou qu'il m'ôte la vie. Puis tout-à-coup en homme
inspiré il s'écrie : Revenez, brebis errantes; revenez,
l'Église vous rappelle ; rentrez dans son bercail.

Plus en lui de mouvemens naturels, depuis qu'il
les a sacrifiés aux mouvemens plus forts du zéle apostolique qui l'anime : *de forti egressa est dulcedo.*

Dois-je ajouter qu'il sacrifia de même les intérêts
de sa fortune, et devons-nous en être surpris? Ajou-
tons-le, Chrétiens Auditeurs, et ne laissons pas de
l'admirer. L'attache à la fortune, sur-tout dans ces
derniers tems, est comme une seconde nature pour
le commun des hommes : ce n'est guère que dans les
hommes vraiment apostoliques que se trouve un
cœur désintéressé : encore depuis que l'intérêt s'est
glissé dans le cœur d'un Apôtre, il n'en est point qui
ne doive s'en défier ; si ce n'est pas de celui du bien,
c'est de celui de l'honneur : idole à laquelle souvent
le zéle sacrifie, après voir sacrifié tout à Dieu. Dans
le commerce du siécle on veut s'enrichir ; dans le ministère de l'Apostolat on veut primer ; et la charité,
cette ennemie de la cupidité, ne laisse pas de flatter
et de servir même l'ambition. En combien de ma-
niéres ce dangereux phantôme d'honneur et de fortune sçut-il se travestir, pour tenter la douceur de
saint François de Sales, et le distraire de ses charitables entreprises? Par-tout ce généreux Apôtre sçut
toujours également le démêler et le combattre ; et
de tant d'attaques qu'il en eut à soutenir, il ne s'ac-
cusa, qu'en une seule, d'avoir succombé, non par
inclination, mais par devoir, non par foiblesse,
mais par obéissance. Ce fut quand il accepta l'évêché de Genève, dont on le chargea sans le consulter,
ni sans le vouloir entendre. Douceur apostolique de
François! ne vous en repentez pas. Le plus grand

honneur et le plus grand bien que vous y avez trouvé, c'est d'y beaucoup souffrir pour la gloire de Jesus-Christ et le salut des ames. Ce saint intérêt, qui du tems des Apôtres rendoit l'épiscopat désirable, doit vous consoler de la sainte violence que fit à votre humilité le zéle d'un Prélat digne des premiers siécles de l'Eglise, en vous choisissant pour son successeur, aux mêmes conditions qu'on choisissoit les Evêques dans ces tems heureux, c'est-à-dire aux dépens du repos et au péril de la vie. Hors de là, dignites éminentes, bénéfices opulens, honneurs et revenus ecclésiastiques, il sacrifia tout au parti qu'il avoit pris de vivre dans le centre de l'hérésie, et d'y répandre la lumière de la Foi ; c'étoit là sa vocation, et ce fut là toute sa fortune. Il avoit épousé, disoit-il lui-même, une Eglise pauvre et désolée, et il se seroit cru doublement infidéle, s'il l'avoit quittée pour en prendre une autre plus florissante et plus riche. Témoignage bien éclatant de son invariable douceur! mais témoignage non moins authentique de son inébranlable fermeté! *de forti egressa est dulcedo.* Car où, et devant qui l'entendit-on tenir ce langage apostolique, si rare de nos jours? dans le Chablais et devant le peuple? Loin de la fortune et de ses faveurs, communément on les méprise ; le désintéressement alors coûte peu ; l'éloignement même brigue quelquefois, et souvent la modestie sollicite. Ce fut à la Cour, et devant l'un des plus puissans Rois du monde Chrétien, à qui les besoins pressans de son Eglise l'avoient obligé d'avoir recours. Ce fut, quand toute la France charmée de ses talens et de ses vertus, conspira de l'enlever à la Savoye, et voulut en faire la plus belle de ses conquêtes. Ce fut, quand la Capitale de ce Royaume, jalouse de ses provinces édifiées, comme elle, de ses exemples et de ses discours, entreprit de l'attacher à son siége sous le titre de coadjuteur. Ce fut, quand Henri-le-Grand, le plus judicieux de ses admirateurs, et le plus éloquent de ses panégyristes, pour contenter tout le monde, fut d'avis de le donner à Rome en qualité de Cardinal. Ce fut, dis-je, dans ces flatteuses conjonctures, qu'il préféra sans balancer à la plus brillante fortune, une fortune plus chrétienne, plus sainte et plus durable. Que pensez-vous que ce fût, Chrétiens? Le rétablissement de la Religion Catholique, et la restitution des biens ecclésiastiques dans le pays de Gex. C'est ainsi que les hommes apostoliques ménagent leur crédit et usent de leur faveur. Or qu'est-ce qui a le plus de part à ce désintéressement parfait si rare de nos jours? la douceur, ou la force? *de forti egressa est dulcedo.*

Mais cette faveur ne lui coûta-t-elle pas du moins quelque égard politique? Ce crédit, ne l'acheta-t-il pas par quelque respect? Car c'est là l'écueil le plus ordinaire de la douceur, quand elle est séparée de la force. Non, Chrétiens Auditeurs, et pour garant je ne veux que le Monarque, qui fut, comme je l'ai dit, et son admirateur et son panégyriste. Deux qualités du saint Evêque de Genève partagèrent toujours son estime et son amitié : le désintéressement et la vigueur. Je le révère, disoit ce grand Roi, parce que mes graces ne l'ont jamais tenté ; et je l'aime, ajoûtoit-il, parce que ses avis ne m'ont jamais flatté. Eloge mémorable, glorieux au Monarque, et plus glorieux encore au saint Prélat qui l'a mérité. C'est ainsi qu'un Héros doit louer un Apôtre. De pareilles approbations montrent de part et d'autre bien de la grandeur d'ame et de la force d'esprit; et c'est en quoi l'un et l'autre se ressemblent. Tous deux amis de la douceur, sont ennemis de la lâcheté. Ils ne peuvent souffrir cette basse complaisance qui ne sçait être que gracieuse, et qui n'ose être utile; qui, de crainte de déplaire, trahit la vérité; qui, pour ménager les hommes, les endort dans leurs foiblesses; et qui ne se rend maîtresse des volontés qu'à force de s'en faire esclave. François de Sales ne le fut jamais que de son devoir. Enfant de Dieu par le Baptême, il en garda la liberté : Ministre de Jesus-Christ par le sacerdoce, il en conserva l'autorité : Prince de l'Eglise par l'épiscopat, il en soûtint l'indépendance. Hors le Saint Siége, auquel il fut toujours plus soumis que le moindre des Fidéles, il ne plia devant les autres Tribunaux, que pour les redresser; il ne s'insinua dans l'esprit des Grands, que pour les faire rentrer en eux-mêmes; et ne se servit de l'ascendant qu'il avoit sur les cœurs, que pour sauver les ames. Craignit-il d'offenser la délicatesse des Magistrats de Thonon, quand, nonobstant leurs remontrances, il fit l'ouverture de la premiére Eglise, et qu'il y ramena l'exercice de la vraie religion? Entra-t-il dans les timides vûes du Conseil de Savoye, quand, malgré ses oppositions, il engagea le souverain à publier l'interdit de l'hérésie et le bannissement de tous ses ministres; et qu'il le convainquit de cette maxime si importante à la conservation du sacré dépôt de la Foi, que pour le sauver des atteintes de l'erreur, il falloit commencer par en éloigner tous les partisans? Flatta-t-il les prétentions de la Noblesse, quand il obligea les deux grands Ordres militaires de S. Lazare et de S. Maurice, contre leurs intérêts, à rendre sans reserve, après la conversion du Chablais, les bénéfices qui leur étoient unis depuis son apostasie? Que de considérations humaines cette bonté pastorale n'eut-elle pas alors à combattre? Douceur donc inébranlable dans l'entreprise, et qui sacrifia tout; mais de plus douceur inaltérable dans l'exécution, et qui souffrit tout pour le salut des ames, les travaux, les résistances, et les persécutions. Second caractère de la douceur de saint François de Sales; caractère de mœurs, qui suppose encore une force apostolique : *De forti egressa est dulcedo.*

Car, ne prenez pas ici le change, Chrétiens Auditeurs ! et sous le nom de douceur n'allez pas vous figurer une douceur sans mouvement et sans action, une douceur de représentation et de spectacle, une douceur ennemie du travail et amie du repos. Cette oisive douceur qui fait souvent tout l'attrait de l'état Ecclésiastique, n'est point propre à la conquête des ames. Pour les tirer du labyrinthe de l'erreur, et les ramener dans les voies du salut, il faut une douceur Apostolique et une bonté pastorale. Representez-vous donc la douceur charitable du bon Pasteur, tel que l'Evangile nous le peint, courant après la brebis égarée, et la rapportant sur ses épaules au bercail. Les antres et les rochers retentissent de ses cris : les bois et les forêts occupent ses regards : les ronces et les épines ne peuvent arrêter ses pas : point de lieux inaccessibles à sa tendresse : le jour se passe en recherches, et la nuit en inquiétudes : voilà l'image de la vie de saint François de Sales dans le Chablais. Ménagement du corps, délassement d'esprit, commerce de bienséance, zéle partial et de prédilection, inégalité de soins, acception de personnes, foiblesses hélas, trop ordinaires à ceux qui se dévouent au salut des ames, causes funestes de relâchement dans leurs travaux, vous ne rallentites ni n'altérâtes jamais les siens ! Combien de fois le vit-on s'ouvrir un passage au travers des neiges et des glaces, pour aller recueillir quelque ame abandonnée dans les lieux les

plus déserts? combien de fois l'entendit-on dans les ruines de l'Eglise démolie, exhorter le petit troupeau
qu'il venoit de rassembler à la sueur de son front?
combien de fois, aux instances qu'on lui faisoit de
donner quelque repos à son corps et quelque relâche à son esprit, répondit-il que l'œuvre de Dieu
faisoit toute sa satisfaction, et que le salut des ames
étoit toute sa vie? Mais le vit-on dans cette œuvre
de Dieu si laborieuse et si pénible chercher jamais
autre chose que Dieu même? l'entendit-on dans ces
travaux accablans mendier par une fastueuse ostentation de ses peines, une flatteuse compassion? le sur-
prit-on dans cette recherche des ames faire le moindre choix ou la moindre distinction, avare de son
tems pour les unes, et prodigue de son loisir pour
les autres? il eut le cœur assez grand pour y placer
tous les hommes, et assez égal pour les y mettre tous
au même rang. La différence des conditions n'y mit
point obstacle, non plus que les bonnes ou les mauvaises qualités des personnes. La rusticité, l'ignorance
des pauvres, ne purent le rebuter, ni la férocité des
riches le décourager. Il compatit aux foibles : il sup-
porta les forts. Il se fit tout à tous pour les gagner
tous à Jesus-Christ et à son Eglise. La douceur peut-
elle se soûtenir dans de pareils travaux, si elle n'est
animée de la force? *De forti egressa est dulcedo.*

Vous me direz peut-être, que les travaux de cet
ouvrier évangélique eurent de grands succès, et que
le succès par lui-même soûtient assez dans les travaux. Ah! Chrétiens! ne confondons pas ici, je vous
prie, le tems de la semence et celui de la récolte.
J'avoue que le zéle de S. François de Sales fit pour
le Ciel d'incroyables progrès, et remporta de mémo-
rables victoires sur l'enfer. Mais ces progrès furent-
ils si prompts et si rapides? n'y eut-il point de retar-

dement dans le cours de ses victoires? et avant que
de trouver tant de soumission dans les esprits, n'y
trouva-t-il pas encore plus de résistance? l'hérésie
ne rend pas si-tôt les armes. Son caractère est l'opiniâtreté : et pour le vaincre, ce n'est pas assez de la
douceur, il faut de la constance. Que de courses in-
fructueuses du front des Allinges à la ville de Thonon! que de pas inutiles dans le Chablais! que de
vaines tentatives sur Genève! A peine a-t-il rétabli
une Eglise, que tout le peuple se soulève et la détruit! il a beau, pour attirer les faux prophétes,
leur crier, comme un autre Elie : Venez; que celui
d'entre vous qui fera briller la lumiére céleste et
descendre le feu divin, soit reconnu pour vrai Prophéte : presque tous le contredisent, le fuient, et peu
le suivent; s'il entre dans un cœur, il en trouve
mille autres fermés; pour quelques-uns qui l'ap-
prouvent, cent l'écoutent avec indifférence et même
avec mépris. En vain noue-t-il des conférences paisibles avec leur chef, le fameux Théodore de Bèze :
il l'ébranle, il le convainc, il le charme; mais par
un de ces secrets jugemens de Dieu, qu'il ne nous
appartient pas de pénétrer, ébranlé, convaincu,
charmé, prêt à se rendre à la vérité, et à se convertir; il a la douleur de le voir mourir dans l'hérésie,
comme il y avoit vécu. De pareilles résistances sont-
elles donc aisées à surmonter! et si S. François de
Sales n'eût eu du courage et de la fermeté, des commencemens si peu heureux ne lui eussent-ils pas fait
abandonner l'entreprise? Mais, ô bonté divine, s'il
ne vous eût imitée dans vos adorables poursuites; s'il
n'eût eu, à votre exemple, plus de force dans sa douceur que n'en a l'obstination dans sa dureté; s'il
n'eût dit à l'opiniâtre Genève ce que vous dites à
tant de cœurs impénitens : Je suis à votre porte : j'y

frappe : et quoique vous me refusiez avec outrage,
je ne reçois point vos outrageux mépris : *Ecce sto
ad ostium, et pulso* (1). En un mot, s'il n'eût uni
la douceur et la persévérance, que de glorieuses conquêtes échappées pour vous sur la terre ; que de riches couronnes perdues pour lui dans le Ciel ! bel
exemple pour tous ceux, qui, de quelque manière
que ce soit, doivent concourir au salut des ames !
ne vous rebutez point des résistances qu'on vous oppose, ni du peu de disposition que vous voyez au succès. Continuez vos soins à ce domestique, à cet enfant, à cet époux indocile. Ce que vous n'avez pû
obtenir jusqu'ici, peut-être l'obtiendrez-vous dans
la suite. Cependant vos peines ne seront point stériles. Dieu vous tiendra compte de tous vos efforts,
et tôt ou tard il récompensera votre zéle. C'est dans
les résistances que paroissent à la fois et la douceur
et la force ; encore plus dans les persécutions. *De
forti egressa est dulcedo.*

Pouvoit-il s'en élever contre S. François de Sales ?
et cette favorable lumiére de l'Eglise, qui, comme
ces signes heureux du Ciel, n'annonçoit que la paix
et le calme, étoit-elle donc exposée aux tempêtes et
aux orages du siécle ? Oui, Chrétiens auditeurs ! il
suffisoit que ce fût une lumiére de l'Eglise, pour
exciter les noires vapeurs de l'enfer, et pour irriter
le souffle orageux du malin esprit. Passons les fré-
quens dangers de mort que courut cet Apôtre dans les
premiéres années de son apostolat. Dangers dont souvent il ne put échapper que par miracle. Les assassins
et les meurtriers ne sont pas les plus cruels persécu-
teurs des hommes apostoliques. L'honneur est plus
précieux que la vie même, parce qu'il est plus important à la gloire de Dieu, et à l'édification du pro-

(1) Apoc. 3. 20.

chain, sur-tout dans ce qui regarde la pureté de leur
doctrine ou celle de leurs mœurs ; articles délicats et
sur lesquels le moindre soupçon est toujours pour
eux un vrai crime. C'est par-là cependant que fut attaqué notre S. Pasteur. Mais par qui et dans quels
lieux ? dans les cours des princes, par ceux dont ils
sont les idoles ; et dans les chaires de l'Evangile par
ceux qui s'en disent les oracles. Ceux-là, par des
faits supposés, chercherent à noircir sa vie dans l'esprit des grands : et ceux-ci par des invectives étu-
diées s'efforcerent de décrier sa doctrine dans l'opinion du peuple. Que pouvoient-ils faire de pis, que
de le faire passer là pour hypocrite, ici pour séducteur. Je sçai que, dans la suite, Dieu fit rétracter les
uns par leur pénitence, et que l'Eglise fit taire les
autres par son approbation. Mais en attendant il fallut souffrir, et souffrir en Apôtre ; c'est-à-dire qu'il
fallut également de la douceur et de la force : de la
douceur pour s'abstenir de ces amers gémissemens,
de ces plaintes chagrines, de ces apologies critiques,
que le commun des hommes appelleroit vengeances
ou ressentimens, mais que l'esprit des dévots sçait
si bien déguiser en amour de vérité et en zéle de justice. De la force, afin de rendre les louanges, pour
les calomnies ; les priéres, pour les imprécations ; et
les bons, pour les mauvais offices. Car c'est ainsi que
se vengent les Apôtres, et que celui de Genève se
vengea toujours. Il eut la force de désarmer ses per-
sécuteurs par sa charité ; de réduire ses calomniateurs au désaveu par ses éloges ; de mettre ses ennemis au rang de ses amis par ses bienfaits ; et de pour-
suivre leur salut pour toute satisfaction de leurs
offenses. A ces traits surhumains, qui ne reconnoî-
troit également le caractère de la douceur et de la
force apostolique ? *De forti egressa est dulcedo.*

Ne nous étonnons donc point du nombre prodigieux de ses triomphes sur l'hérésie : ne soyons point surpris qu'on ait compté de son vivant plus de soixante et douze mille ames redevables, après Dieu, à ses soins de leur foi et de leur salut. Ne nous récrions pas sur ce que disoit un fameux Cardinal du même tems (1) : qu'à la vérité, il se faisoit fort de convaincre les hérétiques; mais que c'étoit au saint Evêque de Genève de les convertir et de les gagner à Dieu. C'est que pour briser des cœurs durs, et pour subjuguer des esprits rebelles, il falloit un caractère comme le sien, également doux et fort : c'est que cette douceur pastorale soûtenue d'une force apostolique, attiroit leur estime, leur admiration et leur confiance, et forçoit leurs préjugés et leurs oppositions : c'est que ces deux qualités réunies étoient une espéce de controverse muette, mais éloquente, qui sans dispute levoit d'abord leurs plus grandes difficultés. On leur avoit dépeint l'Eglise Romaine, comme une Babylone; son Chef visible, comme un Antechrist; ses Ministres évangéliques, comme les émissaires d l'enfer et les suppôts de Satan : ses ministères, comm d'horribles idolâtries; ses dogmes, comme de profa nes nouveautés; ses loix, comme d'odieuses tyrannies. C'étoit ce phantôme supposé, qui les avoit jettés dan l'égarement, et qui les entretenoit dans la révolte. Et ils ne remarquoient dans leur saint pasteur aucun trait de cet odieux tableau qu'on leur avoit tracé. Ils ne voyoient au contraire qu'un zéle sans foiblesse et sans aigreur; un zéle, que ni la nature, ni l'intérêt, ni le respect humain ne pouvoit ébranler; un zéle, que ni les travaux, ni les résistances, ni les persécutions ne pouvoient altérer; un zéle qui sacrifioit tout

(1) Du Perron.

et qui souffroit tout pour le salut des ames. Cette heureuse découverte leur fit ouvrir les yeux sur leurs autres méprises. Convaincus qu'on leur avoit imposé sur le caractère des pasteurs, ils ne doutèrent plus qu'on ne les eût trompés de même sur la doctrine : et la connoissance de l'un les conduisit à la recherche de l'autre. C'est ainsi que saint François de Sales servit de preuve à la vérité de la Religion et de la Foi : c'est ainsi que sa douceur acheva ce que sa force avoit commencé : c'est ainsi que cette douceur victorieuse de l'erreur, fut dans ses mœurs le fruit de toute la force apostolique : vous l'avez vû dans mon premier point. Voyons comme cette douceur victorieuse du relâchement, est encore dans sa doctrine le précis de toute la force Chrétienne : c'est le sujet du second point.

SECONDE PARTIE.

C'est, disent les Peres, des hommes apostoliques t des Ecrivains sacrés, dont parle le prophéte, quand 'l vante l'art miraculeux de ces habiles enchanteurs, uxquels rien ne peut résister que la fureur d'un endurcissement volontaire : *Furor illis.... sicut aspiis surdæ et obturantis aures suas, quæ non exaudiet vocem incantantium, et venefici incantantis sapienter.* N'est-ce pas en effet, dit excellemment S. Augustin sur ce passage, un enchantement spirituel, que d'attirer des cœurs esclaves des sens par les doux attraits de la grace, dans les voies les plus pénibles à la nature ? N'est-ce pas un charme tout divin, que d'élever des ames rampantes dans leurs foiblesses, par des accroissemens insensibles, aux plus héroïques vertus ? N'est-ce pas là les enchanter saintement, et salutairement les séduire ? *Vocem in-*

cantantis sapienter. Or entre ces habiles enchanteurs, auxquels ce dernier siécle corrompu a été
redevable, après Dieu, de son salut, un des plus cé-
lébres est le saint Evêque de Genève. Personne n'a
mieux sçu l'art de roidir imperceptiblement les
cœurs contre leur pente naturelle : et la douceur de
sa doctrine victorieuse du relâchement des mœurs,
est un précis de toute la force chrétienne : jugeons-
en d'abord par les effets : *De forti egressa est dulcedo.*

A peine eut-elle paru dans les chaires évangéliques, cette doctrine céleste, que le bruit de ses oracles se répandit au loin dans les nations étrangères ;
que ceux qui en entendirent parler en voulurent
être les juges, que les juges en devinrent les admirateurs, et que les admirateurs s'en firent les disciples. Les campagnes et les villes, les Provinces et les
Cours, la Savoie et la France s'en disputerent les
fruits. Qu'étoient-ils donc ces fruits de science et de
salut si fort au goût de tout le monde ? Le croirions-
nous, Chrétiens ? si nous n'avions appris de la bouche de saint Paul, que l'onction divine est toujours
mêlée d'une sainte amertume. C'étoient des fruits
de pénitence, larmes de componction, détestation
du crime, réforme de conduite, réglement de vie :
dignes éloges d'un vrai Ministre de l'Evangile. C'est
ce que l'on vit non-seulement dans le Chablais, mais
à Chamberri, à Grenoble, à Dijon, à Paris même,
par-tout où furent écoutées les leçons du saint Evêque de Genève. N'en soyons point surpris : il les
publioit alors lui-même. Ses maximes engageantes
avoient dans sa bouche une nouvelle grace pour gagner les cœurs : la sainteté de ses mœurs relevoit la
douceur de ses paroles ; et il étoit bien difficile de ne
se pas rendre à de touchans discours, soûtenus

d'exemples encore plus éloquens et plus pathéti-
ques.

Artifice bien différent de celui de nos jours, où
l'indulgence semble être pour les Maîtres, et toute
la rigueur pour les Disciples; comme s'ils n'étoient
pas tous soumis aux mêmes loix; ou qu'il fût permis,
en ne ménageant point les autres, de se flatter soi-
même. François de Sales en fit toujours plus qu'il n'en
dit. Il ne prescrivit jamais rien que d'indispensable;
pour lui il portoit les choses bien plus loin; et ce
double soin qu'il avoit de ne point surfaire en public la vertu, et d'enchérir en particulier sur elle,
ne fut pas le moindre des appas qui donnerent tant
de vogue à sa doctrine. Mais ce qu'il y a de merveilleux, c'est que tracée sur le papier, et destituée de
la force qu'ajoûte aux vérités saintes la sainteté de
l'oracle qui les prononce, elle ne laisse pas d'avoir
la même vertu. L'esprit de saint François de Sales a
passé dans ses écrits. Il y vit, il y prêche, il y convertit encore. Qui peut compter le nombre des pécheurs endurcis qu'ils ont touchés, des pénitens
chancelans qu'ils ont confirmés, des justes imparfaits
qu'ils ont sanctifiés? Delà les acclamations que leur
ont données tous les peuples fidéles; delà l'empressement qu'ont eu toutes les nations catholiques à les
traduire chacune dans sa langue naturelle; delà les
approbations dont les ont autorisés les premiers Prélats et les souverains Pontifes : delà, ce qui fait encore plus à leur gloire, les éloges que n'ont pû leur
refuser les plus grands ennemis de l'Eglise. D'où
peut venir en faveur d'un Auteur récent cet enchantement général et ce charme universel dans des
siécles si fastidieux et si critiques? C'est, dit-on, de
sa douceur. Mais encore en quoi consiste cette douceur victorieuse? en ce qu'elle réduit la piété aux

devoirs les plus communs de la vie chrétienne ; en
ce qu'elle établit la piété sur les motifs les plus engageans de la vie spirituelle. Or n'est-ce pas dans ces
deux points que se trouve réunie la force évangélique ? Appliquez-vous, Chrétiens, à ces deux courtes
réflexions ; elles renferment avec la doctrine du saint
Evêque de Genève tout le fruit de son éloge ; et je
le croirai des plus utiles à votre salut, s'il peut vous
conformer à la conduite de ce Guide si sûr dans les
voies de Dieu. La douceur de saint François de Sales
réduit la piété aux devoirs les plus communs de la
vie chrétienne. Il est vrai, il n'y a qu'à lire, pour
en être convaincu, son Introduction à la vie dévote.
Ouvrage digne de cet esprit de douceur et de force
qui l'inspiroit. Son dessein est d'y mettre à la portée
de tout le monde le grand art de la véritable et solide dévotion. Il n'y traite rien que d'ancien et de
commun ; mais il l'y traite d'une manière nouvelle,
et qui lui est particulière. Il n'y cherche ni le rare,
ni le merveilleux ; mais il y présente la vérité sans
déguisement et sans fard, la vertu sans ostentation
et sans enflûre. Il n'y ouvre point ces voies extraordinaires, où il n'appartient qu'au Saint-Esprit d'élever quelques élus : mais il y développe admirable-
ment ces voies ordinaires que le Sauveur a tracées
lui-même à tous les Fidèles. Il y distingue exactement
le conseil du précepte, et ce qui est de pure perfection, de ce qu'il y a d'obligation étroite ; mais il en
montre si bien les liaisons et les rapports, que de
l'attachemement au principal, il fait insensiblement
passer à l'étude de l'accessoire. Il y lève tous les vains
scrupules ; mais il y substitue de saintes délicates-
ses. Il éclaircit les doutes ; il prévient les objections ;
il applanit les difficultés ; il ne vous quitte point
qu'il ne vous ait instruit, conduit, produit même à

la vertu ; maître, guide, pere, plûtôt que zélateur, conquérant, et vainqueur des ames. C'est justement, dit-on, cette singularité à éloigner, ce semble, tout ce qu'il y a de singulier, qui ravit dans son ouvrage. Enchantement spirituel, Chrétiens auditeurs ! pour me servir de l'expression de saint Augustin : *Vox incantantis sapienter*. Cette conduite si douce en apparence, contient en effet tout ce qu'il y a de plus austère dans la force chrétienne. Elle écarte jusqu'aux foiblesses, qui s'attachent à la dévotion : dévotion d'oisiveté et d'inaction, dévotion de vanité et d'ostentation, dévotion d'humeur et de caprice ; ne sont-ce pas là dans le regne de la vertu les derniers retranchemens de l'amour-propre ? Voyons-les renversés par les innocens stratagêmes de cette douceur victorieuse du relâchement des mœurs.

Elle rejette cette pieuse fainéantise, qui prend pour goût de l'oraison le dégoût du travail, et pour sainte récollection une inaction criminelle. Elle bannit, en attachant aux devoirs communs, toute vaine gloire et toute complaisance secréte, qui fuit les actions d'éclat, qui se repaît de distinctions, qui fait qu'on aime à se donner en spectacle, ou à se replier sur soi-même ; à respirer au-dehors le parfum d'un encens flatteur, ou à joüir en secret de sa propre satisfaction. Elle proscrit, en se bornant aux devoirs les plus communs d'une vie chrétienne, l'humeur et le caprice, qui se forment à leur gré des systèmes bizarres de vertus imaginaires, qui ne veulent rien dans la piété qui ne soit de leur goût et de leur choix ; et pour qui les mêmes exercices, où les portoit auparavant, quand ils leur étoient libres, leur propre inclination, deviennent une gêne et un supplice insupportables, dés qu'ils passent en régles de vie et en loix de Religion. Voilà le vrai champ de la

force chrétienne, et voilà aussi le juste plan de cette
morale si douce du S. Evêque de Genève : *De forti
egressa est dulcedo*. Vous me direz sans doute, qu'on
n'y voit pas au moins de grandes austérités, de
grands sacrifices, de grandes actions, et que c'est
ce qui en fait l'attrait : autre enchantement spirituel
dans le sens de S. Augustin : *Vox incantantis sapienter*. Cette fidélité à tout ce qu'on appelle devoir,
est un genre d'austérité bien pénible. Il faut être attentif à tout, pour ne s'oublier en rien : il faut se
mortifier presque à toute heure, pour ne s'émanci-
per en rien et ne jamais se satisfaire ; il faut s'assujettir en toute occasion, pour ne se licencier sur
aucun point. Or c'est un supplice à la nature, que
cette attention continuelle sur soi-même : la mort
coûte souvent moins qu'une mortification persévé-
rante ; et le martyre n'est pas toujours si rude
qu'une sujétion perpétuelle. Cette fidélité d'esprit
et de cœur aux devoirs les plus communs renferme
de grands sacrifices : c'est une espéce d'holocauste,
où il ne reste rien de la victime. Les œuvres de suré-
rogation laissent souvent après elles la gloire, le plaisir, le goût, au moins le souvenir d'avoir fait plus
que ne font les autres. Dangereuses réserves sujettes
à la présomption : dangereuses réflexions sujettes à
des grands vices. Mais dans les œuvres d'obligation
on s'oublie, on se confond, on se perd, pour ainsi
dire, dans la multitude ; on ne sent pas le mérite de
son action, on croit n'avoir rien fait, et l'on se
regarde comme un serviteur fort inutile. Heureuse
abnégation, anéantissement précieux ! heureuse et
sainte disposition selon l'Evangile ! éminente disposition aux plus sublimes vertus ! Cette fidélité aux
devoirs les plus communs d'une vie chrétienne com-

prend en valeur de grandes actions, quoique légères
en détail : c'est un fonds d'héroïsme parfait, de pratiques de Religion envers Dieu, d'exercice de charité par rapport au prochain, d'actes de générosité
à l'égard des ennemis mêmes; en un mot, c'est la
moëlle la plus pure de l'Evangile. Voilà l'excellent
abrégé de cette doctrine si populaire du saint Evêque de Genève. Que si vous trouvez après tout qu'il
insiste sur de légères observances, c'est encore un
nouvel enchantement spirituel. Car, comme il le
disoit lui-même après le Sauveur, de cette fidélité
dans les moindres choses dépend la fermeté dans les
plus grandes : sans cès foibles secours, la vertu la
plus mâle languit, et souvent même se dément : et
c'est encore dans ces petites régularités, comme autrefois dans les cheveux de Samson, que réside toute
la force divine. La douceur donc de sa doctrine, à
la considérer dans ce premier caractère, n'est qu'un
innocent artifice; et toutes les leçons ne tendent
qu'à inspirer de la vigueur. Passons au second, et
voyons s'il est moins fort : *De forti egressa est dul-*
cedo.

François de Sales établit la piété sur les motifs les
plus engageans de la vie spirituelle, l'amour de Dieu,
l'amour du Sauveur. Il en a fait un livre exprès. Que
dis-je, un livre? Tous ses ouvrages ne brillent que
de ce feu sacré : tous en inspirent les plus vives ardeurs : tous en communiquent les divines flammes.
Faut-il s'en étonner? l'expression de la plume suit
naturellement l'impression du cœur, elle en est la
fidéle interpréte : c'est de l'abondance du cœur que
parle la bouche et que la main écrit. Or le sien brû-
loit pour Dieu de l'amour le plus pur. Depuis ce
mémorable combat qu'il eut à soutenir à la fleur de

sa jeunesse, et dans lequel, comme on sçait, vivement attaqué par la crainte et près du désespoir, la
charité toujours accompagnée de l'espérance, le fit
triompher, en le soumettant avec confiance au bon
plaisir de Dieu; depuis cet heureux moment l'amour
divin fut, si j'ose ainsi parler, sa passion dominante;
Dieu seul et son Sauveur occupoient les pensées de
son esprit, et régloient les mouvemens de son cœur. Si
je sçavois, disoit-il dans une de ses lettres, qu'il y eût
en moi la moindre étincelle d'amour qui ne fût pas
pour Dieu et selon Dieu, je voudrois que mon cœur se
fendît sur l'heure, pour faire sortir cette étincelle d'a-
mour profane, rival de l'amour de Dieu, ou plutôt
son ennemi capital. Ce sont-là de ces saintes saillies
qui animent tous ses écrits, et qui passent dans les
cœurs de ceux qui les lisent et qui les méditent. C'est-
là, dit-on, ce qui fait l'onction de sa doctrine : et
moi j'ajoûte que c'est ce qui en fait aussi la force, et
que ce divin amour est un charme puissant, qui par
son engageante douceur conduit et dispose à la fermeté la plus vigoureuse : *De forti egressa est dulcedo*. Car qui ne sçait pas que les principes du relâchement dans la piété sont, hélas ! la tiédeur, le
partage et l'inconstance? Et qui ne sent pas que l'a-
mour divin en est le plus sûr préservatif? Peut-on
aimer Dieu comme il faut, et demeurer dans la tiédeur? La piété conduite par l'amour est-elle lente et
paresseuse? Se contente-t-on, quand on aime, de ne
pas déplaire? et le désir de plaire se trouve-t-il dans
un cœur froid et indifférent? L'amour de Dieu, dit
saint François de Sales après saint Augustin, est toute
œuvre : il a peu de paroles : ses affections mêmes,
quoique vives, sont souvent muettes : il ne s'explique bien que par les actions, et les actions ferventes.

Peut-on aimer Dieu, et faire avec lui le moindre partage? Saint François de Sales nous a laissé sur ce sujet le plus beau témoignage de sa grandeur d'ame, de la force de son esprit, et du dégagement de son cœur. Il disoit que dans la vie il désiroit fort peu de choses : que ce qu'il désiroit, il le désiroit fort peu; et que s'il eût été à renaître, et à former ses sentimens, il n'eût rien désiré du tout. Car a-t-on droit de dire à Dieu avec le Prophéte? Seigneur, je suis tout à vous : *Tuus sum ego,* si l'intérêt, si l'ambition, si le plaisir, si la passion, réclament et disent du fond du cœur, vous êtes à nous autant ou plus qu'à Dieu? Un cœur peut-il être à la fois à tant de différens maîtres? ou s'il leur appartient effectivement à tous, n'est-ce pas un vil mercenaire et un misérable esclave qu'un Dieu jaloux d'être aimé en Dieu ne peut que mépriser, comme indigne de ses regards? Peut-on aimer Dieu, et tomber dans l'inconstance? L'amour de Dieu n'est pas plus changeant que Dieu même. Il est à l'épreuve de toute calomnie. Que la médisance noircisse votre nom, l'amour de Dieu vous fera bénir ceux mêmes qui vous maudissent. Que l'injustice vous dépouille de vos biens, l'amour de Dieu vous consolera de leur perte. Que la maladie ruine vos forces, use votre santé, et vous conduise aux portes de la mort; l'amour de Dieu fera de votre lit un autel, et de votre corps une victime. Que la terre s'ébranle, que le ciel s'écroule, que l'univers périsse, l'amour de Dieu vous en fera soûtenir la chûte, regarder les débris de sang froid, et dire encore avec saint François après saint Augustin : Bien avare est le cœur à qui Dieu ne suffit pas. Elever donc le bel édifice de la piété sur les fondemens inébranlables de la charité, comme a fait ce grand maître de la vie spirituelle, c'est posséder dans le suprême dégré l'art si difficile de diriger les ames; c'est triompher du relâchement des mœurs par l'onction de sa doctrine; c'est renfermer tout le précis de la force chrétienne sous les apparences de la douceur; c'est être, comme je l'ai déjà dit, un divin enchanteur : *De forti egressa est dulcedo*. Aussi vit-on bientôt sous sa conduite éclore un monde tout nouveau; dès hommes, ou plutôt des démons se métamorphoser en Saints et en Anges; des monstres d'iniquité se transformer en modéles de vertu, des idoles du siécle devenir autant de ressemblances vivantes du Sauveur. Aussi vit-on se former cet Oracle florissant, qu'un grand Pape de ces derniers temps appelle une des plus belles fleurs de l'Eglise, un des plus beaux ornemens de la Religion, auquel il donne pour devise la douceur et la force.

Tel est donc l'esprit de S. François de Sales : esprit de douceur, esprit de force. Esprit propre du Christianisme, et qu'on peut appeller l'esprit universel de l'Eglise. Esprit qui, tout héroïque et tout apostolique qu'il est, convient à tous les états, et s'acquiert avec le secours de la grace, par le bon usage journalier de tant d'occasions de mérite qui s'y trouvent, et qu'il ne tient qu'à nous tous de ménager comme il faut. Réprimer ses humeurs et supporter celles d'autrui; rendre service, et pardonner les offenses; recevoir les avis les plus critiques avec docilité, et ne donner jamais les plus justes avec aigreur; compâtir au prochain, sans se plaindre soi-même; être fidéle aux actes de justice, et ne pas omettre les œuvres de charité; en un mot, faire tout pour aller à Dieu, et pour y conduire les autres; ne sont-ce pas là des pratiques qui se présentent à toute heure, et

qui nous avertissent par leur retour continuel, que
la douceur et la force sont deux compagnes inséparables dans la vie chrétienne ; et dont l'union fait
l'accord des devoirs, le concert des vertus, l'harmo-
nie de la perfection, le charme de l'édification, l'enchantement de la sainteté même, et j'ose dire, toute
la science du salut, et la voie de l'éternité bienheureuse que je vous souhaitte, etc.

PANÉGYRIQUE

DE SAINT FRANÇOIS DE SALES,

PAR LE P. DE NEUVILLE. (1)

Beati mites, quoniam ipsi possidebunt terram.

Heureux ceux qui ont de la douceur, parce qu'ils posséderont la terre. (*S. Matthieu*, c. 5. v. 4.)

Il s'est accompli dans toute la suite des siècles, cet oracle de Jésus-Christ, que les hommes doux et pacifiques posséderont la terre. Les monarques la tiennent soumise, assujettie à leur empire; les grands politiques la gouvernent; leur main savante dans l'art difficile de manier ces ressorts puissans qui sont la destinée des rois et des royaumes, change sans cesse la face de la terre, la trouble et lui rend le calme, la souléve et l'appaise au gré de leurs désirs; les grands génies, ces génies vastes et sublimes, que le Ciel donne quelquefois à la terre pour lui servir d'ornement et pour l'instruire, la remplissent d'étonnement et d'admiration : les conquérans la voyent tremblante, captive, tomber à leurs genoux; leur bras plus redoûté que le tonnerre, répand de toutes parts la terreur et l'effroi. Hélas, la terre ne

(1) Neuville (Anne-Joseph-Claude Frey de), jésuite, naquit au diocèse de Coutances, le 23 décembre 1693, mort à Saint-Germain-en-Laye, le 13 juillet 1774.
Ses OEuvres, publiées par Querbeuf, forment 8 vol. in-12.

12

regarde qu'avec horreur ses plaines inondées de sang,
ses campagnes désolées, ses villes ensevelies sous leurs
débris! le jour de leur triomphe est pour elle un
jour de deuil et de tristesse; l'hommage qu'elle rend
à leur valeur n'est qu'un hommage forcé, que le
cœur désavoue; et lorsqu'elle paroît applaudir à la
victoire, elle déteste le vainqueur.

Hommes doux et pacifiques, hommes de bonté et
de miséricorde! la terre et les nations qui l'habitent
sont votre héritage : attachés à vous par les liens de
l'amour et de la reconnoissance, les hommes comptent leur bonheur du moment de votre naissance,
ils ne voyent qu'avec peine s'écouler vos jours utiles
et précieux au monde; vos moindres disgraces sont
une calamité publique; votre mort est un événement funeste qui met les peuples en larmes, leurs
pleurs coulent sur votre tombeau, et arrosent vos
cendres; votre mémoire brave l'injure des ans : elle
passe d'âge en âge; elle atteint à la postérité la plus
reculée, et les siècles qui vous suivent portent envie
au siècle qui vous posséda : *beati mites*.

Telle fut, Messieurs, telle fut ici bas la gloire de
saint François de Sales : rempli de cet esprit de paix
et de douceur qui gagne les cœurs, presqu'adoré des
peuples, chéri des grands, aimé des rois, les grands
et les petits, les rois et les peuples, la France et la
Savoye, les Nations étrangères et sa patrie, la sainte
Sion dont il répara les ruines, et la profane Samarie dont il renversa les idoles; les Catholiques et
les Hérétiques, Rome et Geneve, l'Univers entier se
réunit pour l'honorer pendant sa vie, pour pleurer
sa mort, pour bénir sa mémoire : *beati mites*.

Attachons-nous, Chrétiens, à cette idée qui nous
donne celle du véritable caractère de saint François
de Sales : oublions le Saint, le Pontife, l'Apôtre,

pour ne penser qu'à l'homme doux et pacifique ; ou plutôt, en faisant l'éloge de l'homme doux et pacifique, nous louerons le Saint, le Pontife et l'Apôtre, puisqu'il doit à sa douceur, et son plus grand mérite devant Dieu, et les plus grands succès de son zèle devant les hommes. En deux mots : François de Sales sanctifié par sa douceur ; l'Eglise victorieuse et triomphante par la douceur de François de Sales. C'est tout mon dessein, et le partage de ce discours. *Ave, Maria.*

PREMIERE PARTIE.

QUAND je dis, Chrétiens, que la douceur de François de Sales l'a sanctifié devant Dieu ; qu'elle a été pour lui la source d'un grand mérite devant Dieu ; vous devez entendre le mérite le plus capable de plaire à Dieu, le mérite le plus propre à gagner le cœur de Dieu ; le mérite qui dans un sens a le plus de rapport, le plus de conformité avec celui qui est en Dieu. Car ce n'est point assez connoître Dieu, que le connoître seulement comme le Dieu juste, comme le Dieu terrible ; ce n'est point là même l'idée principale que vous devez vous former de notre Dieu, puisque, selon la pensée de Tertullien, la colere et la justice lui sont étrangeres : de lui-même, par lui-même, il n'est que douceur et bonté : *de nostro justus, de suo bonus.* Je ne suis donc point surpris que par une distinction bien glorieuse, les hommes pacifiques soient appellés d'une maniere spéciale les enfans de Dieu. Il se voit, il se reconnoît avec plaisir dans ses vives images de sa tendresse et de sa miséricorde : *pacifici, filii Dei vocabuntur.* (1)

_____

(1) S. Matt. cap. 5. v. 9.

Or cette douceur si chere, si précieuse aux yeux de Dieu, dans quel homme parut-elle jamais avec plus d'éclat que dans saint François de Sales? quelle douceur fut plus grande dans son étendue, plus sainte dans son principe, plus sage dans ses précautions, plus parfaite dans son accord avec les autres vertus? douceur, vertu que saint François de Sales posséda dans un degré héroïque, en voilà l'étendue : douceur, qui fut l'ouvrage de la vertu et de la grace, en voilà le principe : douceur, qui ne fut jamais funeste à la vertu, en voilà la sagesse : douceur, dont le mérite fut joint aux vertus qui semblent s'allier moins facilement avec la douceur, en voilà le chef-d'œuvre, le prodige, le miracle! appliquez-vous.

1°. Douceur, vertu que saint François de Sales posséda dans un degré héroïque : que vous dirai-je sur cela que vous n'ayez entendu mille fois? et qu'a-t-on pû dire qui exprime dignement ce que vous en pensez? depuis tant d'années que les chaires chrétiennes retentissent des éloges donnés à cet homme pacifique, devenu par sa douceur l'amour et l'admiration des peuples; l'éloquence la plus heureuse a-t-elle sçu remplir votre attente, est-elle parvenue à le peindre tel que vous le concevez? Faut-il s'étonner si l'esprit humain ne peut suivre les démarches rapides de l'esprit céleste; si la perfection de vos ouvrages, ô mon Dieu, est au-dessus de nos expressions, si nous ne pouvons dire tout ce que votre grace peut faire, et si nous sommes obligés de laisser presque sans éloges une vertu dont on trouve si peu d'exemples parmi les hommes?

Avant François de Sales, je l'avoue, il fut des hommes doux et pacifiques, mais il étoit réservé à François de Sales d'être comme par excellence l'homme doux et pacifique, d'en mériter la réputation, d'en porter le titre par le suffrage unanime des peuples. En effet, une Magdelaine est-elle plus connue dans le monde par l'abondance de ses larmes; une Thérèse, par ses extases et par ses révélations; un Athanase, par ses combats contre l'erreur; un Ambroise, par sa vigueur sacerdotale; un Augustin, par les profondeurs de son génie; un François d'Assise, par l'amour de la pauvreté, un Xavier, par la conquête d'un monde entier, que François de Sales, par sa douceur, par la bonté de son cœur? Je n'en dis point assez, ajoutons que telle fut l'impression que sa douceur fit sur les esprits, qu'il n'est presque connu que par sa douceur; est-ce donc qu'il n'eut point d'autres vertus? Ah, Chrétiens, ceux qui ont étudié l'histoire de sa vie ne l'ignorent pas, et vous le verrez dans la suite de ce discours. Il eut mille vertus, et quelles vertus! un amour de Dieu si vif dans le désir de plaire, qu'il craignoit éternellement d'avoir déplu; une délicatesse de conscience qui, loin de se tranquilliser dans ses fautes, trembloit sur ses vertus; une innocence et une pureté de conduite, dans laquelle la malignité ne trouvoit rien à reprendre, et à laquelle sa ferveur trouvoit tous les jours le moyen d'ajouter quelque chose; une austérité de pénitence qui d'un grand pécheur auroit fait un grand Saint; qui dans un si grand Saint est un prodige de sainteté; une continuité d'oraison qui se perfectionnoit dans le silence de la solitude, sans s'affoiblir par le tumulte du monde; un zéle également capable d'entreprendre, et avide de souffrir; une humilité d'autant plus heureuse à cacher les autres vertus, qu'elle fut plus attentive à se cacher elle-même. Que sais-je? toutes les vertus chrétiennes, les vertus les plus sublimes, et ces vertus si sublimes, poussées à un si haut degré de perfection que, séparées du miracle de sa douceur, elles auroient fait de François de Sales un des plus grands Saints dont le nom soit écrit dans les fastes de l'Eglise. Il eut même ces qualités naturelles et acquises; cette étendue du génie; ce feu de l'imagination; ces richesses de la science et de l'érudition; ce don enchanteur de la parole; cette force impérieuse de l'éloquence; cette adresse à manier les esprits, à dominer les volontés; tous ces talens humains, qui donnent de la réputation dans le monde et qui lui auroient assuré une place distinguée parmi les plus grands hommes de son siècle.

Je vous le demande maintenant, avec quel éclat a-t-il fallu que parût une vertu qui a brillé jusqu'à effacer tant de talens? ou plutôt, comment n'auroit-elle pas attiré tous les regards, cette douceur de François de Sales, presque inconnue aux siècles qui l'avoient précédé?

Représentez-vous, Messieurs, un homme facile, complaisant, humain, tendre, compatissant, généreux jusqu'à ne connoître d'autre ambition que d'être utile; d'autre plaisir que de faire le bonheur des peuples qui lui sont confiés; d'autre malheur que l'impuissance de soulager les malheureux. Un homme toujours prêt à immoler son propre repos à un repos étranger; plus heureux du bonheur d'autrui que de sa propre félicité, dont tous les desirs sont remplis quand les vôtres sont satisfaits, et qui croit n'avoir rien s'il vous manque quelque chose; un homme sensible à toutes les miseres qui affligent ses freres, encore plus insensible à tous les outrages qui peuvent l'offenser; un homme qui semble ne conserver ni penchans, ni inclinations, ni humeur qui lui soient propres. Il parle tous les langages, il s'accom-

mode à tous les caracteres; il se proportionne à
toutes les conditions; il se plie à tous les génies; il
sait s'élever jusqu'aux grands par la noblesse de ses
manieres, et descendre jusqu'aux petits par une douce
familiarité; il sait charmer ceux-là par sa politesse,
enchanter ceux-ci par sa bonté. On diroit qu'il est
fait pour tous les hommes, que tous les hommes
sont faits pour lui; tous le trouvent tel qu'ils peuvent le souhaiter; il les trouve tous tels qu'il les
veut : disons mieux, il ne les veut que tels qu'il les
trouve. En un mot, un homme si aimable qu'il ne
déplut presque jamais à personne; un homme si
doux, si pacifique que jamais personne ne put lui
déplaire. Il n'est pas besoin d'ajouter son nom. Ce
caractere convient trop bien à François de Sales pour
qu'on s'y méprenne. Il fut tout ce que je viens de
vous dire, heureux....

Quels nouveaux sentimens de respect, d'admiration, d'amour s'éleveroient en vous, s'il m'étoit donné
de vous développer les richesses immenses de bonté
qu'enferma cette grande ame! on pourroit, en un
sens, lui appliquer ce que dit le prophete de Jesus-
Christ même : l'esprit de paix avoit reposé sur lui,
*requiescet super illum spiritus Domini.... spiritus
scientiæ et pietatis* [1]. Il avoit pénétré son cœur, il y
régnoit avec empire.

Cœur tendre, qui ne jetta point un regard oisif et
indolent sur le spectacle des miseres humaines!
Voyez-le entrer dans ces réduits sombres qu'habite
l'indigence, et où la charité conduit ses pas. Hommes
infortunés, condamnés par une providence sévere à
traîner des jours difficiles dans le deuil et dans l'en-
nui, voici l'ange consolateur que vos soupirs ont de-

---

(1) Isaï. c. 11. v. 2.

mandé! vos besoins lui arrachent plus de larmes qu'ils ne vous en ont fait répandre; il souffre en un moment ce que vous avez souffert durant le cours de tant d'années. Accablé du poids de votre douleur, triste, inquiet, importun à lui-même, on diroit que c'est moins pour réparer les ruines de votre fortune, que pour guérir la plaie de son cœur, qu'il répand autour de vous l'abondance et les richesses; il vous en coûteroit moins de soutenir vos malheurs, qu'il n'en coûteroit à son cœur de vous voir malheureux : *requiescet....*

Cœur indulgent, facile à fléchir, à appaiser. Chargé d'un ministere, qui est en même temps un ministere de paix et un ministere d'autorité, il étoit pere, il étoit juge. Que falloit-il pour désarmer sa justice? une parole, une larme, un soupir. Ce langage se fait entendre à son cœur, et son cœur ému, agité, plein de trouble et de douleur, ne peut que pleurer sur l'enfant prodigue; il ne voit plus ses fautes; il ne voit que ses disgraces; à ses yeux on cesse d'être coupable dès qu'on commence d'être malheureux; afin qu'un crime soit puni, il faut que le devoir le plus indispensable mette François de Sales dans l'impossibilité de le pardonner : *requiescet....*

Cœur libéral et généreux. Bien différent de ces hommes intéressés que nous voyons borner leur vaine compassion à des regrets, à des souhaits stériles, l'amour qui ouvre le cœur de François pour sentir la peine de ses freres, ouvre sa main pour donner et pour répandre. Il ne trouve dans la possession des richesses d'autre plaisir que de s'en dépouiller en faveur des pauvres; elles déplairoient à son détachement, si elles ne servoient à sa charité. Que dis-je? Ces deux vertus s'accordent parfaitement dans son cœur. En donnant tout, il a le mérite de la charité chrétienne, il y joint le mérite du renoncement évangélique : *requiescet*....

Cœur prévenant et attentif. Loin de fuir ceux qui le cherchent, il cherche ceux qui semblent le fuir et l'éviter. Ces hommes doublement malheureux d'être pauvres et de n'oser le paroître, François de Sales respecte leur situation ; il sait donner des plaisirs purs ; il sait consoler la vertu affligée, sans la forcer à rougir de ses disgrâces ; faire couler dans le sein des familles désolées des bienfaits qui ne laissent aucune trace de leur passage ; et, pour ménager leur gloire, se dérober à leur reconnoissance. Ah, que pourroient-ils craindre ? Sa piété est encore plus intéressée à cacher le bien qu'il fait, que leur vanité à cacher le mal qu'ils souffrent. Quels momens plus délicieux pour lui que les momens qui satisfont l'homme charitable sans blesser la délicatesse de l'homme humble et modeste ! *Requiescet*....

Cœur hardi et intrépide, qui méprise les dangers, qui brave les périls : les peuples qui habitent les lieux les plus déserts des Alpes, viennent implorer son secours. En quelque endroit qu'ils puissent être, ils sont ses enfans ; il traverse leurs montagnes couvertes d'une glace aussi ancienne que le monde, il passe des torrens enflés par les pluies et par les neiges : tout est facile à la charité ; les collines s'abaissent sous ses pas ; les rochers s'entr'ouvrent pour lui laisser un libre passage. François voit la désolation de leurs vallées sauvages ; il mêle ses pleurs avec leurs larmes ; il partage leur nourriture grossiere ; il s'enferme avec eux dans leurs masures à demi ruinées ; il parcourt leurs cabanes ; il porte par-tout la paix et le repos. Quelle joie pour lui de souffrir et de consoler ceux qui souffrent ! Leurs pleurs s'arrêtent, je me trompe, leurs pleurs coulent avec plus d'abon-

dance; mais que la source en est différente! Tandis
que le saint Prélat donne à leur infortune des larmes
de tristesse et de compassion, ils donnent à sa charité des larmes d'amour et de reconnoissance : *requiescet....*

Cœur pacifique. Toujours ferme et comme inaccessible aux plus légeres émotions de la colere : ne
retrouvons-nous pas dans François de Sales le fidele
imitateur du Dieu de la paix annoncé par les Prophetes, et dont il est écrit qu'il n'ouvrira point la bouche à la plainte et au murmure? *Sic non aperuit os
suum* (1). Pendant trois ans il souffre, dans le silence,
toutes les horreurs d'une calomnie qui flétrit sa réputation; il attend en paix le moment marqué par le
Seigneur; il n'ose même le hâter par ses vœux, il
craint plus la perte de l'imposture. Chaste Susanne,
un prophete divinement inspiré vint dissiper le nuage
et montrer votre innocence : ici, pour démêler l'imposture, il ne faut que jetter un regard sur François
de Sales. Non, il n'appartient qu'au juste de soutenir
un pareil outrage dans une paix si profonde; qui sait
si bien le pardonner, ne peut l'avoir mérité! *Non
aperuit os suum.*

Tant de fois insulté, se rendit-il difficile à accorder le pardon qu'on demandoit? Falloit-il même le
demander? Son cœur trop tendre s'imputoit à lui-
même les fautes par lesquelles on l'avoit offensé, et
il n'étoit point tranquille qu'on n'eût oublié l'outrage qu'il avoit reçu. Honneur, gloire, réputation,
fortune, intérêt, il sacrifie tout à la paix, il ne vit
que pour la faire régner dans lui-même et dans les
autres, que pour en être le disciple et le maître, le
modèle et l'apôtre, souvent le martyr et la victime :

(1) Act. Apost. c. 8. v. 32.

requiescet super illum spiritus Domini.... Son esprit est un esprit de douceur. Quelle douceur? une douceur véritablement évangélique. Vertu que François de Sales posséda dans un degré héroïque, telle en fut l'étendue. Douceur qui fut l'ouvrage de la vertu et de la grace; en voici le principe.

2°. Que le siècle profane fasse retentir les Académies des éloges qu'il prodigue à ses héros. La chaire de l'Évangile ne souffre que le récit des vertus évangéliques. La douceur de François de Sales ne seroit point louée dans le sanctuaire du Dieu vivant, si elle n'avoit eu ce même Dieu pour fin et pour principe.

La nature, il est vrai, la nature avoit été prodigue envers François de Sales; elle avoit répandu sur lui des graces simples et naïves, une modestie touchante, une noble pudeur, de l'agrément dans les manieres, du brillant dans l'esprit et dans l'imagination : or tout cela n'étoit-il pas un puissant obstacle à la douceur? Les hommes qui, des mains de la nature, sortent enrichis des qualités les plus aimables, ne sont-ils pas souvent ceux qui portent et qui trouvent dans la société civile le moins d'agrémens? Eblouis, enyvrés de leur propre mérite, fiers, hautains, méprisans, comme ils n'aiment qu'eux-mêmes, ils ne sont aimés que d'eux-mêmes. Pour parvenir à la douceur, François de Sales eut donc à se défendre contre le poison corrupteur d'un mérite trop brillant, trop applaudi dans le monde : ajoutez l'éclat de la naissance, qui inspire l'orgueil, la grandeur du courage, l'élévation des sentimens, qui dédaigne de se plier, de s'abaisser sous ceux qui prétendent donner la loi; la délicatesse de l'esprit et de l'imagination, que tout frappe vivement; l'amour des bienséances et de la politesse, qui pardonne d'autant moins les fautes grossieres, qu'il ne se pardonne pas à lui-même les fautes les plus légeres; la bonté même du cœur, plus aisé à blesser, parce qu'il est plus tendre, plus sensible, un caractere ardent et plein de feu : pour s'en convaincre, il ne faut que jetter lès yeux sur ses écrits, où régne une certaine impétuosité qui, en nous montrant ce que saint François de Sales fut par le naturel et le tempérament, nous fait admirer davantage ce qu'il devint par l'étude, par la réflexion, et surtout par l'opération divine. Il fut donc doux et pacifique, parce qu'il voulut l'être : la nature, si vous voulez, avoit ébauché l'ouvrage; mais la nature avoit laissé beaucoup à faire à la grace; elle lui avoit même laissé tout à faire pour que sa douceur fût digne de Dieu; pour un penchant plus conforme aux desseins de l'Esprit sanctificateur, combien de penchans qui s'y opposoient! Que fais-je, Chrétiens? et afin de justifier les éloges que je donne à François de Sales, qu'est-il besoin de sonder les replis les plus secrets de son cœur? Qu'est-il besoin de chercher dans cet abyme des pensées humaines, la source, l'origine de sa douceur incomparable? N'est-ce pas faire outrage à notre Dieu, à ce Dieu dont les ouvrages marqués au sceau de la main puissante qui les produit, se distinguent par eux-mêmes des vertus fausses et contrefaites qui sont l'ouvrage de la sagesse fastueuse ou de l'adroite dissimulation des hommes?

Non, de quelques couleurs qu'on entreprenne de déguiser la vanité audacieuse à se donner des louanges, ou l'adulation toujours prête à les répandre; la douceur mondaine n'imitera jamais la noble et majestueuse simplicité, la candeur, l'ingénuité, la vérité de la douceur évangélique. Toujours quelque trait échappé décélera le vuide, le frivole, le faux de ses qualités profanes qui souvent, au crime d'être des vices, ajoutent l'imposture de se dire des vertus.

Douceur mondaine, qui vient de la foiblesse de l'esprit, plus que de la force de la raison ; de la dureté, plus que de la bonté du cœur : on excuse tout, parce qu'on ne voit rien, ou qu'on ne sent rien.... Douceur mondaine, douceur de mollesse et d'indolence ; on tolere, parce qu'il en coûteroit plus pour réparer l'outrage que pour le souffrir ; parce qu'on ne peut troubler le repos des autres, sans troubler cette tranquillité voluptueuse, dans laquelle on aime à demeurer endormi.... Douceur mondaine, douceur affectée, douceur de parade et de commande ; elle dissimule tout ; elle ne pardonne rien ; elle se montre sur le visage ; elle n'est point dans le cœur... Douceur mondaine, douceur politique, douceur cruelle et perfide ; on differe la vengeance, afin de se venger plus sûrement, on en cache le desir, pour en assurer le succès. Celui qui fut offensé paroît oublier ses ressentimens ; l'auteur de l'offense perd le souvenir de sa faute ; il ne pense point à se défendre, lorsqu'il est persuadé qu'on ne pense point à l'attaquer ; ainsi, par un rafinement meurtrier de douceur hypocrite, on lui ôte sa vigilance et ses précautions, en lui ôtant ses craintes, et l'on ne lui montre de l'amitié que pour l'immoler plus sûrement à la haine.... Douceur mondaine, douceur forcée et contrainte ; on affecte une insensibilité que commandent le crédit, la faveur d'un ennemi trop redouté ; on ne se pare, aux yeux du public, d'une fausse générosité que pour cacher son impuissance.... Douceur mondaine, douceur intéressée ; on cherche à plaire, parce qu'on cherche à se pousser, à s'élever, à s'aggrandir : or pour réussir, il faut avoir des amis qui aident à la fortune, et n'avoir point d'ennemis qui s'y opposent…. Douceur mondaine, douceur superbe et or-gueilleuse; on trouve plus noble de punir par le mé-pris que par la vengeance ; on craint d'honorer son ennemi en faisant éclater sa haine; de se déshonorer soi-même en avouant le foible de son cœur…. Dou-ceur mondaine, douceur oisive et stérile, qui ne fait aucun mal, qui ne fait aucun bien; également incapable de plaire ou de déplaire; d'obliger ou de désobliger ; de servir ou de nuire : sommeil léthar-gique d'une ame sans mouvement, sans action, que les plus grands outrages laissent sans ressentiment, comme les plus grands bienfaits sans reconnois-sance…. Douceur mondaine, douceur de pure bien-séance, de vaine ostentation, empressée à paroître, quand il s'agit de se donner en spectacle; accoutumée à se soutenir dans le public, à se démentir dans le particulier; on use toutes ses complaisances auprès de l'étranger, de l'inconnu, on se dédommage dans le domestique sur une famille d'autant plus à plain-dre que ses plaintes seroient condamnées par le monde, qui ne voit, passez-moi cette expression, qui ne voit que l'homme de politesse et d'ostenta-tion, qui ne voit pas l'homme d'humeur et des ca-prices…. Douceur mondaine, de quelque principe qu'elle vienne, douceur toujours bornée, limitée à certains objets, à certaines occasions; mille fois le masque tombe et laisse appercevoir un cœur agité, mécontent, plein d'aigreur et de dépit.

Monde profane, voilà tes héros ! voici les héros de la grace.

Douceur de saint François de Sales, douceur sim-ple et naïve, qui se produit d'elle-même sans art, sans affectation, jamais contrainte que dans les mo-mens où elle est obligée de se cacher ou de se taire, afin de contenir, par l'autorité, ceux qui refusent de se rendre à sa tendre bonté ; douceur de François de Sales, douceur véritable, sincere ; il renonce à la vengeance la plus facile ; il ne s'applaudit d'avoir entre les mains la destinée d'un ennemi, que pour en faire un ami par les bienfaits....

Douceur de François de Sales, douceur pure et désintéressée, elle se montre d'autant plus vive, plus tendre, qu'elle n'a rien à espérer, qu'elle a beaucoup à craindre.

Douceur de François de Sales, douceur humble et prévenante ; il ne rougit point de faire les premieres démarches, de rechercher, par la charité, ceux qui se sont éloignés par caprice, et de solliciter auprès d'eux une réconciliation qu'ils ne mériteroient pas d'obtenir.

Douceur sur-tout, douceur constante et inaltérable, dans les épreuves les plus rudes ; dans les conjonctures les plus touchantes ; dans les situations les plus pénibles : toujours égal, toujours semblable à lui-même, François de Sales voit tout changer, s'agiter, se bouleverser autour de lui, sans que rien trouble la paix, la tranquillité de son cœur. Tantôt dans une terre ennemie, hautement et publiquement insulté par les ministres de l'erreur ; prêt, chaque jour, à succomber sous les fureurs de l'hérésie, qui, armée du fer et du poison, emploie le crime pour se défendre contre la vérité ; tantôt enveloppé dans le nuage d'une imposture tissue avec art ; voyant chanceller, s'épouvanter, presque douter de sa vertu, ceux qui craignoient davantage de le trouver coupable ; tantôt exposé aux ombrages d'un Prince défiant, dont la malignité du courtisan perfide nourrit les soupçons jaloux ; tantôt au milieu de son peuple, dans le sein de son troupeau, outragé par toutes les passions, parce qu'il attaque tous les vices ; s'il fait entendre sa voix, ce n'est point pour porter au pied du trône ses plaintes et son apologie, c'est pour désarmer la juste sévérité des loix, lorsqu'elle se prépare à venger son innocence reconnue; c'est pour attirer sur les coupables auteurs de tant de tempêtes et d'orages, toutes les faveurs du ciel avec les prospérités de la terre.

Avouons-le donc, Messieurs, ou la véritable sainteté n'a rien qui la distingue d'une qualité profane, ou la douceur de François de Sales fut une douceur évangélique et chrétienne. En de pareilles rencontres, quelque sage, quelque philosophe qu'on soit, on redevient homme; le cœur parle plus haut que la raison, et le sentiment prévient la réflexion. Douceur de François de Sales; elle fut donc l'ouvrage de la vertu et de la grace; mais ne fut-elle jamais funeste à sa vertu? Non, mes chers Auditeurs, et c'est ici que vous admirerez sa douceur.

3°. La douceur expose l'innocence à de grands périls : on a le cœur tendre, et qu'un cœur tendre est aisé à séduire! Les passions parlent un langage si flatteur; trop souvent l'ame la plus rigide, la plus austere se laisse amollir et entraîner. On a le cœur facile, complaisant; un cœur de cette trempe se livre bientôt à ceux qui l'appellent, qui l'invitent, puisqu'il ne peut se refuser à ceux qui le rebutent! On a le dangereux talent de plaire et d'être aimé : hélas, il est difficile de ne pas rechercher le monde quand il nous fuit, comment donc le fuir quand il nous recherche! Que d'immortelles actions de graces soient rendues au Dieu de la paix, qui, pour l'instruction de tous les siécles, nous a donné, dans S. François de Sales, le spectacle d'une douceur aussi sainte, aussi sage qu'elle fut sensible et complaisante!

Vous le montrerai-je naissant dans le sein de la

foi et de la piété; peut-être ne fut-il jamais de sang plus pur que le sang qui coule dans ses veines? Ferme et immobile dans la religion de ses peres, cette maison noble et ancienne avoit vu l'hérésie inonder sa patrie; mais loin de se laisser emporter par le torrent de l'erreur, elle soutenoit par son zèle et par sa charité les restes de Jacob, en attendant ce fils destiné à réparer les brèches du sanctuaire.

Vous représenterai-je sa mere qui, dans une cérémonie sainte, à la vue des marques sanglantes de l'amour d'un Dieu pour les hommes, adresse ses vœux au ciel, non, comme la mere de Samuël, pour obtenir un fils, mais pour offrir celui qu'elle a reçu. Ses desirs ont été exaucés; cet enfant sera le partage du Seigneur; l'esprit de grace et de sainteté devance en lui les années; ses premiers plaisirs sont de parler à Dieu, ou d'entendre parler de Dieu; ses premiers soins de fermer son ame à la voix des passions, qui l'appellent à de vains amusemens, de l'ouvrir à la voix de la charité, qui lui parle en faveur des pauvres. Envoyé dans la capitale de notre France, il porte dans un climat étranger la retenue de la maison paternelle; il donne son esprit aux sciences, et il conserve son cœur à la piété.

Vous étiez déjà le maître de ce cœur, ô mon Dieu! et la flâme du saint amour avoit commencé de le consumer. Ils sont écrits au livre de vie, les instans tristes et douloureux qui lui firent éprouver de si cruelles inquiétudes! il entend retentir au fond de son ame une voix foudroyante, qui lui annonce qu'un mur éternel de division s'élevera entre vous et lui, qu'il deviendra l'objet de votre colere, que vous cesserez d'être l'objet de son amour! Je le vois qui, d'un pas timide, entre dans le sanctuaire; il tombe au pied de l'autel versant un torrent de larmes;

Ah, Seigneur! s'écrie-t-il pour repousser la tentation désolante qui l'agite, Seigneur, si mes soupirs, si mes pleurs ont trouvé grace devant vous, écoutez la voix de votre serviteur qui vous implore! Je crains, je tremble d'être condamné à passer les années éternelles sans vous aimer; mais que je vous aime pendant les années de cette vie mortelle! Faites, faites que le flambeau de la divine charité ne s'éteigne point avant le flambeau de mes jours! Faites que mes terreurs s'évanouissent; ranimez, excitez de plus en plus ma confiance dans votre miséricorde; Anges du lieu saint, aviez-vous jamais entendu la piété s'exprimer par des transports plus vifs et plus propres à toucher le cœur de Dieu? Quelles seront les suites d'une vie dont les commencemens sont si purs et si saints!

Que le temps ne me permet-il de suivre la trace de ses pas? Je vous dirois : ici, dans ce temple où l'on invoque Marie, il se dévoue à la chasteté par un vœu irrévocable : là, nouveau Joseph, il fuit les piéges tendus à sa pudeur, et il s'expose à toutes les fureurs d'une passion méprisée. Dans le silence d'une nuit ténébreuse, libre, rendu à lui-même, tantôt il épanche son ame devant Dieu dans les ferveurs d'une ardente contemplation; tantôt il descend au fond de son cœur, il en étudie tous les mouvemens, il en réprime tous les desirs; et, mettant la grace à la place de la nature, il détruit tout ce qui n'est que de l'homme, afin que tout soit de Dieu. Jettez les yeux sur cette terre trempée de son sang; c'est ainsi qu'il s'immole à la pénitence; ce corps usé par le travail, il le couvre d'un rude cilice, il l'épuise par des veilles, par des macérations continuelles; c'est dans ces catacombes que, prosterné devant les ossemens des Martyrs, restes précieux échappés à la

fureur des tyrans, il se remplit de l'esprit de l'a-
postolat et du desir du martyre ; c'est sur ces autels
qu'il célébroit les saints mysteres dans des ravisse-
mens, dans des transports sans cesse renaissans , et
que le feu qui brilloit sur son visage annonçoit la
flâme qui consumoit son cœur !

Par-tout nous trouverions d'illustres monumens
de sa piété. Par-tout vous reconnoîtriez un cœur
qui aime Dieu, qui n'aime rien que pour Dieu et
en Dieu, qui aime Dieu jusqu'à se reprocher, jusqu'à
ne pouvoir se consoler de ne pas l'aimer davantage ;
un cœur, à la vérité, tendre pour le prochain, encore plus tendre pour Jésus-Christ, qui sacrifie à ses
freres tous ses intérêts , sans leur sacrifier son devoir ; un homme sensible à toutes leurs disgraces ,
insensible à tous leurs plaisirs ; toujours prêt à les
instruire, à les consoler ; toujours attentif à ne pas
s'en laisser séduire ; aussi incapable d'aimer le monde
que propre à s'en faire aimer ; qui sait gagner tous
les cœurs, qui ne sait pas moins garder, défendre
son propre cœur ; c'est-à-dire un homme doux et
pacifique , mais qui régne sur sa douceur jusqu'à
n'avoir aucun des vices qui lui paroissent les moins
opposés. J'ajoute, un homme doux et pacifique ,
mais qui régne sur sa douceur jusqu'à posséder
toutes les vertus qui semblent s'allier le plus diffi-
cilement avec elle : c'est là ce que j'appelle le chef-
d'œuvre, le prodige de la douceur.

4°. Qu'elle est humiliante et fâcheuse, la misere
de l'homme ! Il ne sait point tenir le juste milieu ;
on voit ses vertus mêmes se changer en écueil pour
son mérite ; et souvent les plus belles qualités deviennent l'effet ou le principe de quelque défaut !
Dans les ames communes et vulgaires, qu'est-ce que
la douceur ? mollesse , indolence qui fuit le travail ;

complaisance foible et timide qui ne s'oppose à rien, qui ne remédie à rien; pour se rendre aimable, ou se rend inutile : une douceur active et vigilante, ferme, intrépide, pleine de force et de courage; une pareille douceur est le miracle de la grace : ce fut la douceur de François de Sales. -

Averti par un des plus grands hommes de son siècle que Dieu l'avoit choisi pour rappeller les tribus fugitives au sein de la véritable Sion, pour arracher des mains des nations cette coupe empoisonnée de la nouveauté profane, il comprit qu'il falloit ôter aux sectaires cet avantage presqu'exclusif de l'érudition, dont l'éclat éblouit les yeux de la multitude, et l'entraîne dans le précipice à la suite d'un guide imposteur. Il se dévoua donc à l'étude de la religion; et quels progrès n'y fit-il pas? Science profonde de l'Écriture et des langues; connoissance exacte et précise des dogmes de la foi, des ouvrages, des monumens de l'antiquité la plus reculée. De là cette supériorité qu'il acquit d'abord, qu'il conserva toujours sur les ministres de la nouvelle secte, qui, quoique pressés par l'intérêt de soutenir leur Eglise chancelante; quoiqu'ils fussent hommes à oser tout, n'oserent s'exposer à conférer en public avec François de Sales. De là ces succès de son zèle, qu'on ne peut attribuer à la seule douceur : la douceur dispose à recevoir les lumieres, elle ne les donne pas; elle touche le cœur, elle n'éclaire pas l'esprit; elle prépare, elle ébauche peut-être l'ouvrage de la conviction, elle ne l'acheve pas; ce seroit peu de savoir, il faut rendre la science utile par les empressemens du zèle. C'est ici que saint François de Sales me paroît plus digne d'admiration. On en voit de ces hommes inquiets, marcher toujours sans avancer; agir sans cesse et ne rien faire; prodige d'une

agitation oisive et stérile! Dans François de Sales
vous admirerez le prodige d'un repos laborieux,
d'une tranquillité féconde! tel que le soleil, dérobant à nos yeux la rapidité de son mouvement, parcourt les espaces immenses du ciel, et dans sa
course anime et vivifie toute la nature; tel François
de Sales, paisible, sans bruit, sans tumulte, ordonne, arrange, prévient, corrige, entreprend,
réussit dans le vaste diocèse confié à ses soins. Rien
n'échappe à sa vigilance; il voit tout, il entend tout,
il préside à tout; confessions, prédications sans nombre; voyages continuels; lettres qu'on lui écrit de
toutes parts; il suffit à tout; il étend la foi, regle
les mœurs, éteint les abus, retranche les superstitions; à peine le génie le plus ardent, le plus impétueux auroit le loisir de former les projets qu'exécute cet homme pacifique! Il fait tout en paroissant
ne rien faire.

Que dirai-je maintenant de sa fermeté inflexible
à maintenir l'ordre dans son diocèse; à réprimer la
licence des peuples; à retenir ceux qui les conduisent
sous ses ordres dans la subordination légitime; à
défendre les droits de l'Eglise contre les usurpations;
à conserver dans toute leur étendue les prérogatives
augustes de l'épiscopat; à rejetter les demandes injustes; à donner à son troupeau des leçons et des exemples de fidélité, d'obéissance à ses maîtres? Sa douceur
ne lui ôta ni cette vivacité qui forme les projets,
ni ce feu nécessaire pour les pousser et les soutenir,
ni cette constance qui se roidit contre les obstacles,
ni cette autorité qui se fait craindre et respecter.

A quoi donc lui servoit sa douceur? Voulez-vous le
savoir, mes chers Auditeurs, à rehausser l'éclat de son
mérite, à lui donner le genre de mérite que ne donne
point la supériorité des talens.

La science orgueilleuse, méprisante dans les uns, sombre, farouche dans les autres, parut également affable et modeste dans saint François de Sales. Aussi grand maître que les savans dans l'art de raisonner; plus maître qu'eux dans l'art des bienséances, il réunit cette étendue de connoissances, ce fonds de capacité, qu'on ne trouve point dans les conversations superficielles, dans le commerce amusant d'un monde frivole, avec ces graces de la politesse, avec ces charmes du discours, qu'on ne puise point dans le silence d'une retraite laborieuse, d'une étude pénible. Souple, insinuant; n'ayant rien de ce génie altier et impérieux qui, en soutenant la vérité, trouve moyen de la faire haïr; il attaque l'erreur sans blesser la charité; aimable où souvent les autres sont à peine supportables, il détrompe et il plaît; il reprend et il n'irrite pas; jamais plus éloquent que lorsqu'il ne répond aux outrages que par un silence plein de modestie; il charme en parlant; il persuade en se taisant.

A quoi lui servit sa douceur? à assurer le succès de ses desseins; dans les Cours de France et de Savoye, les vues de la politique s'opposent aux vues de son zèle; les hommes les plus consommés dans le maniement des affaires sont épouvantés de la hardiesse de ses projets. François de Sales n'entreprend point de convaincre leur esprit, il parle à leur cœur; sans changer d'idées, ils changeront de conduite; d'abord déterminés à refuser ce qu'il demande, bientôt ils accorderont au-delà de ce qu'il souhaite.

A quoi lui servit sa douceur? à essuyer toutes les larmes, à prévenir tous les besoins, à soulager toutes les miseres, à pardonner toutes les injures, à soutenir toutes les contradictions.

A quoi lui servit sa douceur? à faire goûter ses

conseils , à tempérer son autorité , à adoucir ses
refus , à rendre sa sévérité même aimable , à lui
gagner le cœur des hommes, et sur-tout à lui gagner
le cœur de Dieu; à le sanctifier lui-même et à servir
l'Eglise. Je dis à servir l'Eglise. François de Sales
sanctifié par sa douceur, vous venez de le voir :
voyons l'Eglise victorieuse et triomphante par la
douceur de saint François de Sales.

SECONDE PARTIE.

Vous avez sans doute été surpris , Chrétiens Auditeurs, lorsque je vous ai annoncé l'Eglise victorieuse par la douceur de François de Sales. Les combats , les triomphes sont - ils donc le partage de
l'homme pacifique ? Ecoutez-moi ; vous allez convenir que la douceur de François de Sales fut avan-
tageuse à l'Eglise , je dirois presqu'autant que l'ardeur , que le feu de ses Apôtres. Elle a fait l'honneur de l'Eglise ; elle a étendu l'empire de l'Eglise ;
elle a augmenté les richesses de l'Eglise. Reprenons.

1°. La douceur de François de Sales fit l'ornement, la gloire de l'Eglise ; devant qui ? devant
ceux de qui il importe le plus à l'Eglise d'être bien
connue ; devant ce monde profane , qui aime à se
persuader que les devoirs de la vertu chrétienne sont
incompatibles avec les devoirs et les bienséances de
la vie civile ; devant ces hérétiques séducteurs ou
séduits , qui ne vouloient plus reconnoître dans
l'Eglise Romaine l'esprit et la morale de Jésus-Christ.

D'abord, quelle vertu plus propre à confondre
les erreurs et les faux préjugés du monde, que cette
vertu de François de Sales, douce et pacifique ; aimable et complaisante ; simple et naturelle ; paisible
et modeste ; dégagée de cette singularité affectée , de

cette tristesse sombre et scrupuleuse, de ces dehors austeres, sans lesquels on peut plaire à Dieu, avec lesquels on rebute le monde? Rien de plus sublime que la vie intérieure de François de Sales; rien de plus simple, de plus aisé que sa vie extérieure. Dans une conduite presqu'entiérement conforme aux usages permis du siécle, une ferveur digne des premiers âges du christianisme; une complaisance sans bornes jointe avec une délicatesse de conscience sans exemples; toutes les vertus que l'Evangile demande, et ces qualités brillantes que le monde admire; tous les sentimens qui font l'homme juste selon Dieu, et tous les sentimens, toutes les manieres qui font l'honnête homme, l'homme aimable selon le monde.

Quel fils plus respectueux, plus reconnoissant? Ceux qui lui donnerent le jour eurent sur lui toute l'autorité que Dieu leur laissa; il eut pour eux toute la complaisance que Dieu lui permit. Lorsque la grace lui ouvre des routes opposées aux voies qu'ils s'applaudissoient de lui avoir ouvertes pour son élévation dans le monde, il ne leur parle que par ses soupirs; il ne les contredit que par ses larmes; il ne les persuade que par sa douleur; il leur montre un cœur qui se donne au Seigneur avec joie, qui les quitte avec peine; un cœur qui seroit tout entier à leurs desirs, à leurs volontés, s'il n'étoit pas ordonné de renoncer à soi-même. Quel ami plus tendre, plus solide? Sensible aux douceurs d'une liaison innocente, où trouva-t-on un attachement plus vrai, plus sincere; une complaisance plus étendue; des conseils plus sages et plus désintéressés; des secours plus abondans et donnés avec plus de joie; des sollicitations plus vives et mieux soutenues, jusqu'à porter au pied du trône les plaintes, les disgraces de ses amis; jusqu'à braver la faveur et le crédit des hommes les plus puissans dans l'état ; jusqu'à demander, lui qui ne fuyoit rien tant que de recevoir.

Quel homme sut mieux que lui , dans l'enceinte de sa maison , faire respecter son autorité et faire aimer sa personne , regarder ses domestiques comme ses enfans , sans cesser d'en être regardé comme leur maître ?

Quel sujet plus fidele à son Prince ? quel citoyen plus dévoué à la patrie ? ne cherchant point à contenter son zèle aux dépens de la tranquillité publique ; mais par sa capacité profonde , habile à disposer , heureux à conduire les événemens d'une maniere à servir la religion sans nuire à l'Etat ?

De qui fut-il jamais mieux connu que de François de Sales , le grand art d'allier la retenue d'une piété tendre et délicate avec les agrémens d'une société commode et aisée ; les bienséances du monde avec la sainteté du caractere ; la dignité , l'autorité de l'épiscopat avec l'humilité chrétienne ; aimable , enjoué dans la conversation , faisant les délices de tous ceux qui connoissent des plaisirs innocens ; poli de cette politesse d'autant plus pleine de charmes et de graces , qu'elle n'est ni l'ouvrage de la vanité qui aspire à briller , ni le manége de la politique intéressée à tromper ; qu'elle coule naturellement d'un fonds inépuisable de sagesse , de douceur , d'égards et de prévenances ? François de Sales réunissoit deux talens , jusqu'à lui rarement unis : le talent d'édifier , le talent de plaire.

Voyez-le paroître à la cour de France ! là régnoit dans une tranquillité profonde , après tant de disgraces et de révolutions , un Monarque que la valeur et les droits du sang avoient enfin placé sur le trône de ses peres , Henri IV, conquérant victorieux , la terreur de l'Europe , les délices de ses peuples ,

qu'il avoit forcés de l'aimer, de se consoler de leurs
défaites sanglantes, d'applaudir l'heureuse nécessité
de l'avoir pour maître; Roi humain, bon, sensible
aux pleurs des malheureux, qui aima ses sujets, qui
voulut en être chéri; Roi plus père que Roi. Un
siécle écoulé depuis sa mort n'a point séché les larmes de la France : sa mémoire lui est d'autant plus
chere, que les vertus de ses successeurs la lui rap-
pellent chaque jour. Il vit François de Sales, il l'aima;
et, ce qu'on auroit de la peine à concevoir de tout
autre que de François de Sales, la foule des courti-
sans vit naître sa faveur sans inquiétude! Cour des
Rois, mer orageuse, sans cesse agitée par les soupçons, les ombrages, les défiances! Cour des Rois,
où vous ne pouvez gagner le cœur d'un seul, sur-
tout le cœur du maître, sans irriter tous les cœurs;
où, pour n'avoir point d'ennemis, il faudroit se
montrer sans crédit et sans talens; prodige jusqu'alors inouï, François de Sales y enleve tous les
suffrages! Sans se laisser corrompre par la faveur;
sans avoir allumé la haine ou la jalousie, il sort
de la Cour emportant et toute sa vertu et tous les
cœurs; celui du Monarque et celui des peuples;
celui des hommes chrétiens et celui des hommes
politiques; celui des catholiques, celui même des
hérétiques! Je dis des hérétiques; ils haïssoient sa
religion, ils ne pouvoient s'empêcher d'aimer sa
personne; ils sentoient même, en le voyant, expirer leur haine contre l'Eglise Romaine. Comment?
C'est que sa présence seule réfutoit les impostures
que les auteurs de la nouvelle hérésie répandoient
contre les prélats et les pasteurs de cette Eglise.

Ils leur imputoient l'esprit d'intérêt et d'ambition : or, on ne pouvoit dire que François de Sales
fût un de ces hommes avides, que les desirs de la

cupidité profane attache au ministere sacré ; que le monde envoie chercher dans le sanctuaire des titres ou l'opulence qu'il leur refuse ; qui donnent à l'Eglise un grand nom pour en obtenir un grand revenu ; qui ne paroissent à l'autel que pour y prendre de quoi reparoître avec plus d'éclat sur le théâtre du monde.

Dans le dessein de s'associer à la tribu sainte, François de Sales eut à sacrifier une grande fortune, de grandes espérances, de grandes dignités ; et lorsqu'il fut dans le ministere, on vit ce cœur tendre et généreux ne recevoir que pour donner ; ne connoître d'autres profusions que celles de la charité ; d'autres richesses que la pauvreté évangélique.

Ils reprochoient aux pasteurs de l'Eglise Romaine cet esprit de faste, de domination qui imite la majesté des Rois de la terre, qui régne avec hauteur et empire : or, on voyoit dans François de Sales, un homme modeste, prévenant, populaire, qui ne se souvenoit qu'il étoit évêque que pour ne pas oublier qu'il devoit être pere ; on voyoit ce grand génie, après avoir rempli du bruit de son nom la France et l'Italie, annoncer l'Évangile dans les solitudes des Alpes ; parcourir à pied les bourgades de son diocèse ; instruisant le simple peuple et les enfans ; on voyoit un homme qui ne fuyoit que la splendeur et l'éclat ; qui n'avoit accepté que par obéissance le pouvoir de commander ; élevé à l'épiscopat avec toutes les craintes, toute l'humilité des plus grands Saints, ainsi qu'avec tout le génie et tous les talens des plus grands hommes ; et quel étoit cet épiscopat ? Prince sans sujets, Evêque sans Eglise, Pasteur sans troupeau, presqu'étranger dans son propre diocèse ; un pareil épiscopat auroit été souhaité par les disciples des Apôtres !

En vain le plus grand des Rois lui offrit les premieres places de l'Eglise de France ; pour une ame
comme celle de François de Sales, l'Eglise de Genêve
avoit trop de charmes, trop d'attraits ; il y trouvoit
beaucoup de bien à faire, beaucoup de mal à souffrir ; l'univers n'auroit pas rompu des liens si doux,
si chers à son cœur ! Ainsi, par sa conduite pleine
de paix, de modestie, de charité, de douceur,
d'humilité, François de Sales faisoit la gloire de l'E-
glise Romaine ; ainsi François de Sales préparoit les
triomphes qui étendirent l'empire de l'Eglise.

2°. Vous voyez, Messieurs, que je veux parler
du Chablais et d'une grande partie du diocèse de
Genêve, qu'il rendit à la foi catholique. Ne jugez
pas du mérite et de l'importance de cette conquête
par la multitude des peuples soumis à l'Eglise : c'est
par la difficulté de réussir que l'esprit sage mesure
la gloire du succès.

Ah, Seigneur ! ne permettez pas que l'esprit d'erreur et de séduction s'empare jamais de ce royaume
florissant ! je ne parle point des affreux ravages,
des révolutions funestes qui marchent à la suite de
l'hérésie ; le sein de la France déchiré en tant de
batailles, par la main de ses propres enfans ; nos
villes livrées au fer et à la flâme ; nos richesses de-
venues la proie des nations étrangeres ; le trône de
nos Rois ébranlé jusques dans ses fondemens, et
inondé de leur sang ; nos autels profanés ; nos temples détruits, et qui ont tant de peine à sortir de
dessous leurs ruines, parlent encore à nos yeux des
maux qu'entraine l'hérésie, pour nous montrer que
la religion est le plus ferme appui des empires. Je
dis seulement : lorsqu'on a quitté la foi ancienne,
il est bien difficile d'y revenir ; les ténebres de l'idolâtrie sont plus aisées à dissiper que cette nuit pro-

fonde que l'adroite hérésie répand dans les esprits.
De là, après le docteur des gentils, plusieurs ont
rempli avec succès l'apostolat des nations : être
l'Apôtre des régions désolées par l'hérésie, ce fut
le partage de François de Sales ; partage d'autant
plus glorieux que si, de tous les hommes, l'hérétique est celui qui oppose le plus d'obstacles à sa
conversion, entre tous les hérétiques, ceux que
François de Sales a ramenés au sein de l'Eglise, en
étoient les plus éloignés.

Il entreprend de convertir tout un peuple, et
quel peuple ! ce n'est pas seulement un peuple en-
têté de ses erreurs, c'est un peuple défiant, soup-
çonneux, jaloux de son indépendance ; or, ce peuple
trompé regarde les ministres de l'Eglise comme les
ministres d'un Prince qui ne veut introduire sa
religion que pour établir son autorité ; qui ne cherche à leur ôter leur croyance que pour leur ravir
leur liberté. Ce n'est pas un peuple poli, éclairé,
capable de penser, de réfléchir, d'approfondir, de
sentir, de saisir les différences de l'erreur qu'il a
embrassée et de la vérité qu'il a abandonnée ; c'est
un peuple grossier que son ignorance rend indocile ;
il veut d'autant moins vous entendre, qu'il est
moins en état de vous répondre. Ce n'est point un
peuple chaste, tempérant, qui, dans la délicatesse
de sa conscience, laisse une ressource à la foi ; c'est
un peuple corrompu, qui n'a secoué le joug de la
religion, que pour secouer le joug des mœurs ;
plus amateur de la licence que des dogmes de la
nouvelle secte ; moins irrité contre la croyance que
contre les loix de l'Eglise ; moins disposé à pratiquer
ce qu'elle ordonne, qu'à croire ce qu'elle enseigne ;
moins Chrétien encore qu'il n'est Catholique : un
peuple que l'impiété avoit préparé à l'hérésie et que

l'hérésie a rendu plus impie. Ce n'est point un
peuple abandonné à lui-même, c'est un peuple
conduit par les faux pasteurs qui l'ont égaré ; gou-
verné par des chefs de parti, par des grands qui
doivent toute leur autorité à la séduction des peuples, et qui n'ont quitté Rome que pour dominer
dans Genève. Ce n'est point un peuple doux, modéré, paisible, dont il n'y avoit rien à craindre
s'il n'y avoit rien à espérer ; c'est un peuple aussi
sauvage que les lieux qu'il habite ; façonné par l'hérésie, accoutumé par la révolte aux plus sanglans
forfaits. Tous ces motifs, si capables d'épouvanter
le zèle le plus intrépide, ne font qu'augmenter celui
de François ! En vain l'autorité d'un pere, les larmes d'une mere, les pleurs de tout un peuple, tâchent de l'arrêter. Ses freres périssent, il n'écoute
que le langage de son amour et de sa douleur.

Je le vois qui s'avance dans cette région infor-
tunée ; il entre dans une ville hérétique. Peuple
endurci, vous rejettez l'ange de paix qui vous ap-
porte les trésors de la grace ; pendant des mois
entiers, dans cette grande ville, François se trouve
aussi solitaire que dans un désert ; personne qui
daigne l'entendre ou le recevoir : plus ils s'obsti-
nent à le fuir, plus il s'empresse à les rechercher.
Chaque jour avant le lever du soleil, au milieu des
neiges, des glaces, des pluies de l'hiver, il fait une
longue course, et après avoir passé le jour entier à
les attendre inutilement, il revient le jour suivant
leur montrer l'exemple touchant de sa persévérance.
Le voyant errer et traverser les rochers et les bois
des Alpes, si on lui demande ce qu'il cherche, il
répondra comme Joseph, *fratres meos quæro* (1),

____

(1) Genes. c. 37. v. 16.

ce que je cherche , ah , ce sont mes frères ! ils veulent se perdre , je veux les sauver ; mon amour
sera plus constant que leur haine. Je leur donnerai
ou la foi ou mon sang. Heureux si mon sang répandu par leurs mains est le dernier de leurs crimes ; du sein de la terre qui l'aura reçu, la voix
de mon sang s'élevera pour hâter le jour de leur
salut : *fratres meos quæro.*

Ils vont enfin paroître les momens marqués pour
faire croître la moisson arrosée de tant de larmes.
Ces peuples ne peuvent s'empêcher d'être touchés
d'une tendresse si vive , si constante. Ils ne le cherchent pas encore , déjà ils ont cessé de le fuir.
François parle ; ses discours tendres , qui ne res-
pirent que la paix et la charité , commencent d'a-
giter , d'amollir leur cœur ; je ne sais quel air de
candeur, d'ingénuité, de vertu, peint sur son visage,
les rend attentifs à sa parole.

Quel spectacle ! Les temples relevés ; la croix de
Jésus-Christ arborée et triomphante ; les ministres
de l'erreur proscrits et chassés, annoncent aux
contrées voisines le retour de la foi ! Un autre
peuple est donc venu tout à coup habiter cette
terre ? Dans l'Eglise renaissante de Chablais, j'ap-
perçois les vertus de l'Eglise primitive ; par-tout
de fervens néophites pleurent jour et nuit leurs
égaremens passés. Quels soupirs , quels regrets !
lorsqu'ils travailloient à rebâtir les temples ; lorsque
sous les débris des autels ils trouvoient les reliques
des premiers martyrs honorées par leurs ancêtres
et déshonorées par l'hérésie ; les ossemens des Catholiques qu'ils avoient égorgés en haine de cette
religion sainte qu'ils venoient de reprendre ; les
pierres du sanctuaire teintes du sang des Prêtres et
des Lévites cruellement massacrés; les cendres de leurs

peres, dont ils avoient quitté la croyance; ah, ils croyoient naître une seconde fois, et ne commencer que de ce moment à être leurs véritables enfans !

Quel jour plus beau pour l'Eglise, plus glorieux à François de Sales, que le jour qui, dans la capitale d'une province depuis soixante-dix ans révoltée contre l'auguste sacrifice, contre l'autorité des pasteurs légitimes, contre la puissance de son Souverain, éclaira le triomphe de l'Eucharistie ! Le Légat du saint Siége et le Duc de Savoye à la suite de Jésus-Christ, porté avec toute la pompe que demandoit une si grande fête, lui rendoient leurs hommages et recevoient celui des peuples; les peuples, par leurs acclamations, par leur joie, par leurs transports, juroient une fidélité éternelle à leur Dieu, à l'Eglise, à leur Prince.

Douceur de François de Sales; elle étend l'empire de l'Eglise; elle augmente les richesses de l'Eglise.

3°. Richesses spirituelles de l'Eglise; elles consistent dans le nombre des justes accru par la douceur de François de Sales. Qui pourroit compter le nombre des ames que les charmes vainqueurs de son éloquence enleverent au vice et donnerent à la pénitence? Dès qu'il paroît dans la chaire de l'Evangile, la douceur et la modestie de ses regards, le feu vif et pénétrant de ses yeux, le son tendre et touchant de sa voix, lui ouvrent d'abord tous les cœurs; son éloquence n'est point un torrent impétueux qui roule avec bruit ses flots agités; c'est un fleuve paisible qui pénetre peu à peu le sein de la terre, et fertilise les campagnes voisines de ses bords; ce n'est point la foudre qui épouvante, qui consterne; c'est un feu qui répand une pure lumiere, qui croît par degrés, qui agit sans efforts, qui consume imperceptiblement les liens des anciennes habitudes, et qui change tout sans rien détruire; son langage n'est point ce langage de la terreur, qui jette dans l'ame une agitation tumultueuse, que le même moment voit naître et s'évanouir, que l'esprit cherche aussitôt à dissiper, parce qu'il en est inquiété, contristé; c'est ce langage de l'onction, de la douce persuasion, qui coule, qui s'insinue au plus intime de l'ame, qui saisit le cœur et que le cœur reçoit volontiers, qui fait cette violence aimable, de laquelle on ne peut, on ne veut pas se défendre; il peint avec des couleurs si vives, il représente avec des traits si touchans, la tyrannie des passions, le repos, la joie d'une bonne conscience, les pures et chastes délices de la vertu, les espérances de la vie future, les miséricordes infinies d'un Dieu sauveur, les tendres épanchemens de son amour, que les regrets de la vie passée et les desirs d'une vie nouvelle s'emparent de tous les cœurs. Combien de fois il eut la consolation de voir des pécheurs émus, attendris, baignés de leurs larmes, pouvant à peine s'expliquer autrement que par leurs soupirs, venir chercher à ses pieds la fin du trouble dont il les avoit remplis! Alors il perfectionnoit dans le secret du tribunal sacré l'ouvrage que les discours publics avoient ébauché. Directeur attentif à sonder les replis du cœur, à démêler le labyrinthe des miseres, des fragilités humaines, à débrouiller le chaos d'une conscience embarrassée, inconnue, presqu'étrangere à elle-même; à remarquer et toute l'étendue du péché, et tout l'empire des passions, et toute la force des habitudes: directeur ferme pour proportionner la satisfaction aux fautes, les remedes salutaires aux penchans corrompus, les précautions de la pénitence à la foiblesse de la volonté: directeur sage, qui étudie à loisir et le caractere de l'esprit, et la trempe du cœur, et l'attrait de la grace, afin de placer chacun dans la route que Dieu lui a marquée, afin de demander tout ce qu'il peut, de ne point exiger ce qu'il ne peut pas : directeur éclairé, habile, consommé dans cette science, aujourd'hui trop négligée et cependant si nécessaire, de détacher de toutes liaisons mondaines, d'amortir les desirs profanes, de réprimer la sensibilité, les vivacités inquietes de la nature, d'élever les ames à la plus sublime perfection par la pratique des vertus communes, de leur donner ce mérite du cœur qui n'a que Dieu pour témoin, qui ne peut avoir que Dieu pour récompense ; sur-tout, et ce fut là son grand talent, le talent qui fit, qui assura le succès de tous ses talens : directeur patient, doux, pacifique ; il n'eut point ce zèle amer qui perd plus d'ames qu'il n'en sauve ; qui rebute plus de pécheurs qu'il ne détruit de péchés ; qui ne chasse les autres passions que pour mettre à la place le désespoir. Quand il le fallut, et à l'exemple de Nathan, il osa dire aux grands de la terre : *tu es ille vir* (1). Mais ordinairement c'est Samuël qui s'attendrit sur Saül ; c'est Jérémie qui pleure sur les ruines de la cité sainte ; c'est Joseph dont le cœur est ému lorsqu'il entend ses freres raconter leurs infortunes ; il tend les bras, il ouvre son sein au pécheur, il lui apprend à pleurer ses péchés en les pleurant lui-même ; il l'anime, il le soutient, il le console, et sans lui rien épargner des rigueurs de la pénitence, il le renvoye pénitent, tranquille, heureux et content.

Il vit encore pour le bien, pour l'avantage de l'Eglise, ce digne ministre de l'Evangile, ce sage directeur des ames ; il vit tout entier dans ses ouvrages ; ouvrages qui nous le représentent tel qu'il

(1) Lib. II. c. 12. v. 7.

fut. La délicatesse, la politesse, les richesses infinies de son esprit ; la fertilité, l'abondance, le feu de son imagination ; la douceur et les tendres sentimens de son cœur ; ces graces naturelles, cette simplicité aimable et touchante, que toute la souplesse, tous les rafinemens de l'art ne savent ni égaler, ni imiter, ni contrefaire ; tout y respire la paix, la vertu, l'innocence, la céleste charité ; ouvrages dont je n'entreprends point de vous tracer le plan. Graces au ciel, ils sont si répandus dans le monde qu'ils ne sont étrangers à personne.

C'est par la lecture de ces livres que commencent les ames spirituelles qui se destinent à la perfection évangélique ; c'est par la lecture de ces livres qu'après avoir étudié tous les autres, finissent les ames les plus parfaites. Ainsi, du fond de son tombeau, par les charmes de sa douceur, François de Sales continue d'instruire le monde ; tandis qu'il continue de l'édifier par les vertus dont le précieux héritage subsiste dans le saint ordre qui le reconnoît pour pere.

Ce fut sa douceur qui lui inspira le projet d'un établissement si utile. L'Eglise avoit beaucoup d'asyles ouverts à l'innocence et à la pénitence. Mais l'austérité de la regle bannissoit de ces saintes retraites tant de vierges chrétiennes, dans qui la foiblesse du corps ne peut suivre la ferveur de l'esprit. Retenues dans le monde, par l'impossibilité de le quitter, les filles de Sion étoient obligées de chanter les cantiques du Seigneur dans une terre étrangere ; captives, désolées au milieu de la profane Babylone, elles voyoient les murs de Jerusalem fermés pour elles. Touché de leur douleur, François de Sales pense à les rassembler dans un nouveau sanctuaire ; sa douceur en forme le projet ; bientôt elle en jette les fondemens.

Dans une de nos provinces Dieu lui préparoit une personne capable de soutenir avec lui le poids d'une entreprise si difficile. Un esprit éclairé pour prévoir les obstacles, vigilant pour les prévenir et les écarter, adroit pour les lever, intrépide pour les mépriser, courageux pour les surmonter; le cœur du monde le plus tendre et en même temps le plus généreux, qui sent vivement ce que coûte un sacrifice et qui fait hardiment les sacrifices qui lui coûtent le plus. Un caractère de vertu tel que le demandoit le nouvel établissement; politesse qui s'insinue et qui gagne les cœurs; autorité qui domine et qui assujettit les esprits; piété qui donne l'exemple; fermeté qui le fait imiter; prudence qui ne se permet aucun excès; zèle qui ne souffre aucun relâchement. Docile à suivre les ordres qu'elle reçoit; attentive à faire exécuter ceux qu'elle donne; également propre à prendre l'esprit de François de Sales et à le communiquer, à l'établir et à le maintenir, à imiter ses vertus et à seconder ses projets, et dont on peut dire qu'elle ne fut pas moins nécessaire à saint François de Sales pour l'exécution de ses desseins, que saint François de Sales lui fut nécessaire à elle-même pour sa propre perfection. Vous voyez que je parle de la sainte et vertueuse Françoise de Chantal : sortie d'une maison illustre, elle en avoit porté toutes les vertus et toutes les richesses dans une maison presqu'aussi ancienne que le royaume, et connue dès les premiers jours de l'empire françois. D'abord, le modèle des vierges par sa modestie et sa pudeur, ensuite le modèle des épouses chrétiennes, par sa complaisance et sa piété : un accident tragique lui enlève à la fleur de ses ans un époux tendrement chéri. Dieu, qui avoit de grands desseins sur cette grande ame, lui ôtoit ainsi une partie de

ce qu'elle aimoit pour la préparer à n'aimer que lui;
et lui laissoit le reste pour lui donner occasion de
faire un sacrifice digne de son amour. Retenue dans
le monde et détachée du monde, fuyant tous les
vices, et n'ayant d'autre défaut que de chercher
la vertu avec une vivacité trop inquiete, elle sent
s'élever dans son cœur des mouvemens confus qu'elle
ne peut s'expliquer à elle-même. Elle voit François
de Sales; enchantée de sa douceur, elle se livre à
sa conduite; il lui développe le mystère de son cœur
et le secret de la grace. Quelles victimes on lui demande! La douleur d'un pere, qui ne vit plus que
dans cette fille, reste unique d'une maison si ancienne; un fils, et quel fils! L'image de cet époux
l'objet d'un amour si tendre! Quitter le fils, c'est
perdre le pere une seconde fois et rouvrir toutes
les blessures de son cœur! Mais qui pourroit résister
à la parole de François de Sales et aux charmes de
sa persuasion? Elle abandonne et son pere et son
fils pour se donner toute entiere à la nouvelle postérité qu'elle doit former en Jésus-Christ, et elle est la
premiere pierre sur laquelle repose ce vaste édifice.
La douceur de François de Sales en avoit jetté les
fondemens; elle en trace le plan et les proportions.

Regles, constitutions, coutumes, gouvernement,
tout y porte le caractere, l'empreinte de cette vertu
aimable. L'observance régulière, facile, aisée, ne
demande que les qualités du cœur. L'esprit de la
regle est sublime; la ferveur la plus pure peut à
peine en remplir toute l'étendue; la lettre en est
douce et simple; la santé la plus délicate, la plus
fragile, peut en remplir tous les devoirs. Mélange
prodigieux de douceur et de rigueur, ou plutôt chef-
d'œuvre de cette douceur sage et évangélique de François de Sales; il paroît n'exiger rien; il obtient tout;

renoncement entier à soi-même, dépendance continuelle; tous les momens sont à la regle, toutes les
actions sont à l'obéissance; détachement parfait,
on a tout, on ne possede rien; des vertus solides
et purement intérieures; ces vertus qui ne s'annoncent point au dehors par leur singularité, par leur
éclat, qui naissent, qui demeurent cachées à l'ombre de la croix de Jésus-Christ, qui coupent, qui
déracinent l'amour du plaisir et de la liberté, que
la vanité ne peut produire et qui ne peuvent produire ni l'orgueil, ni la vanité.

En un mot, regle si douce et en même temps si
parfaite, qu'elle ne demande que ce que toutes les
ames peuvent donner, et que les ames les plus ferventes ne peuvent rien donner au-delà de ce qu'elle
demande.

Enfin, douceur de François de Sales, qui con-
somme ce projet avantageux à tant d'ames. Les
nouveaux établissemens souffrent bien des contradictions. A quoi donc devons-nous attribuer les succès si prompts, si étonnans de celui-ci, si ce n'est à
la douceur de François de Sales, qui, après l'avoir
rendu maître de tous les cœurs, applanit toutes les
difficultés? Les souverains Pontifes, les Rois, les
provinces, les villes, s'empressent à préparer des de-
meures aux filles de François de Sales. Il vous plut,
Seigneur, de répandre vos plus abondantes bénédictions sur la postérité d'un pere saint et juste : *plan-
tasti radices ejus* (1). Vous dites, et le sein de la terre
s'ouvrit avec joie pour recevoir cette nouvelle tige,
qui, bientôt devenue un grand arbre, couvrit de son
ombre tous les peuples de la terre, et passa la hauteur des cèdres du Liban : *operuit montes ombra*

_____

(1) Ps. 79. v. 9.

ejus, et arbusta ejus cedros. En peu d'années
elle a étendu ses branches d'une mer à l'autre ; elle
a occupé les villes les plus florissantes : *extendit pal-*
mites suos usque ad mare (1). Daignez, Seigneur,
jetter un regard propice sur votre ouvrage : *respice*
de cœlo, et vide, et visita vineam istam.... quam
plantavit dextera tua (2). Faites couler vos graces,
sur-tout dans cette maison sainte : vos yeux y ap-
perçoivent encore cette paix, cette douceur, cette
charité sincere qui unissoient les cœurs aux premiers jours de leur congrégation naissante ; cette
ardeur du saint amour, qui ne jette des regards sur
le monde que pour se féliciter de vous en avoir fait
le généreux sacrifice ; cet esprit de priere qui, dans
le silence du sanctuaire, vous invoque par des vœux
purs et sinceres ; cet esprit de foi soumise, qui gémit sur les périls de la religion et appelle la paix par
ses soupirs et par ses larmes ; cet esprit de zèle, qui
répand sur la jeunesse confiée à ses soins, toutes les
qualités qui font réussir dans le monde et toutes les
vertus qui peuvent l'édifier. Heureuse la terre qui
est habitée par un peuple si saint : heureux ce peuple, si fidele à marcher sur les traces de son pere,
de ce pere qui, dans sa douceur évangélique, trouva
non-seulement le mérite et les avantages de sa sanctification personnelle, mais encore tous les talens et
tous les succès de son apostolat.

Tel est le spectacle instructif que l'Eglise vous
présente, à vous sur-tout, Ministres de l'Evangile,
qu'elle appelle aux honneurs du sacerdoce ; à vous
qui, sur les pas des Prophetes, des Apôtres, vous
préparez à combattre les combats du Seigneur, à devenir l'appui d'Israël, les vengeurs de Sion, la lumiere, le salut des nations.

(1) Ps. 79. v. 12. — (2) *Ibid.* v. 15 et 16.

Apprenez de ce grand Saint que la patience, la douceur est le premier des talens dans un homme dévoué à l'utilité publique et séparé pour la sanctification des ames. Apprenez que si c'est à l'école des passions tumultueuses, dans le bruit et le fracas des armes que se forment les guerriers, les conquérans du siecle, c'est à l'école du Dieu de paix et de silence que se forment les guerriers, les conquérans de la religion. Apprenez que si le feu qui anime les héros du monde est le feu de l'ambition qui désole les villes, qui embrâse les provinces, qui consume les trônes, qui dévore les empires ; le feu qui transporte les héros de l'Evangile est le feu de la charité sainte, qui pénetre les cœurs, qui les amollit, qui les attendrit, qui les gagne, qui les assujettit. Apprenez que si un Elie, qui s'avance dans les plaines de Samarie la foudre à la main, fut l'homme du Dieu de la loi, *vir Dei ;* il n'appartient qu'à un Paul, qui s'afflige quand on s'afflige, qui mêle ses pleurs avec les larmes qu'on répand, d'être l'homme du Dieu de l'Evangile : *segregatus in Evangelium Dei.* (1)

Et vous, Chrétiens, ne l'oubliez point ; comme la charité seule fait l'Apôtre, il n'est donné qu'à la charité seule de faire les saints. Esprit de douceur patiente à souffrir, prompte à excuser, indulgente à tolérer, timide à juger, lente à prononcer, réservée à blâmer, prudente à dissimuler, discrete à se taire, facile à fléchir, à appaiser, empressée à obliger, attentive à prévenir, modeste dans les honneurs, bienfaisante dans l'autorité, aimable dans les repréhensions, tendre dans les reproches, libérale et généreuse dans l'opulence, tranquille et soumise dans l'indigence, sans faste, sans hauteur dans la prospérité, sans murmures, sans jalousies dans l'ad-

(1) Ad Rom. c. 1. v. 1.

versité, sans caprice, sans dureté dans la pratique de la vertu, sans fiel, sans amertume dans les mouvemens du zèle. Esprit de paix, d'union, de concorde, de douceur, de charité : voilà le fond, l'essence du Christianisme ; non-seulement parce que c'est la vertu qui nous rend plus semblables à Jésus-Christ, modèle de toutes les vertus : non-seulement parce que c'est la vertu qui distingue la piété évangélique de la dévotion pharisaïque ; non-seulement parce que c'est la vertu qui fit la gloire de la religion naissante ; une fausse philosophie ne formoit alors que des vertus dures et inquietes, que des vertus orgueilleuses et méprisantes ; le monde étonné vit l'Evangile former des vertus humbles et modestes, des vertus douces et pacifiques : non-seulement parce que c'est la vertu dont l'usage est le plus étendu, les autres vertus ont leurs momens, leurs occasions; la douceur est la vertu de tous les instans, de toutes les situations, la vertu de tous les âges, de toutes les conditions : non-seulement parce que les autres vertus ne sont rien sans la charité qui aime Dieu, sans la charité qui aime le prochain; mais parce que cette vertu est la perfection de toutes les vertus, parce qu'elle suppose, parce qu'elle demande nécessairement toutes les vertus.

En effet, quel moyen d'arriver à la douceur évangélique ? Point d'autre que le renoncement à tous les intérêts, à toutes les passions, à tout soi-même.

Renoncement à tous les intérêts, à tous les desirs, à tous les projets de la cupidité. Si vous souhaitez les prospérités du monde; si vous redoutez les disgraces du monde, un rival vous inquiete, un concurrent vous blesse, un obstacle vous chagrine, un délai vous impatiente, une intrigue vous désole, une injustice vous irrite, une perfidie vous révolte, une révolution vous désespere.

Renoncement à toutes les passions, à tous les penchans. Vous êtes fier; vous ne sauriez souffrir une contradiction, un mépris, un outrage; vous êtes sensible; pour vous aigrir il ne faut qu'un oubli, un air de froideur et d'indifférence : vous êtes délicat; une raillerie, une parole, un geste vous met hors de vous-même : vous êtes jaloux; un mérite qui brille, un talent qui s'annonce, un succès qui vous efface, jette votre cœur dans la plainte, le dépit, le murmure.

Renoncement à soi-même. Une idée qu'on n'adopte pas, un goût qu'on refuse de suivre, un caprice sous lequel on dédaigne de plier; que sais-je, mes chers Auditeurs; on rougiroit d'entrer dans le détail des bagatelles que nous voyons chaque jour rompre les liens des amitiés les plus tendres, à la honte de l'humanité et au scandale de la religion !

Je dis au scandale de la religion. Prenez garde; au lieu que la douceur de François de Sales fut l'apologie de la piété chrétienne contre les faux préjugés du monde ; aujourd'hui, vous le savez, par les vivacités inquietes, par les sensibilités déplacées, par les hauteurs bizarres, par l'austérité sombre et chagrine, par les antipathies et les aversions mal dissimulées, par les querelles, les haines, les animosités déclarées des personnes d'ailleurs vertueuses et timorées, la piété tombe dans le mépris, et les foibles des dévots ont avili la dévotion.

Ajouterai-je en finissant : Au lieu que la piété douce et pacifique de François de Sales étendit l'empire de l'Eglise, ce qui accrédite dans le monde le regne du libertinage et de l'irréligion, ce sont nos tristes divisions. Nous oublions que l'Eglise est cette Eglise de paix et de silence, dont le Disciple bien aimé disoit qu'elle ignore les éclats, les clameurs de la dispute; nous en faisons le lycée, le portique d'Athènes, où chacun vient essayer les forces de son esprit, étaler les richesses de sa science et de son érudition, déployer les subtilités et les chicanes de sa raison. Tous veulent être maîtres, instruire et décider; personne ne veut être disciple, écouter et se soumettre. Le feu répandu sur la terre n'est plus le feu de la charité; c'est le feu de la discorde. Dissentions fatales! A leur flambeau a coutume de s'allumer celui des guerres les plus sanglantes! Combien de fois, après avoir ravagé le sanctuaire et divisé le sacerdoce, elles ont ébranlé le trône et précipité la ruine des empires! Ah! ne préparons pas à notre postérité les tempêtes, les orages qui agiterent nos ayeux! Si nous aimons l'état; si nous aimons la religion; si nous sommes citoyens; si nous sommes chrétiens, devenons un peuple d'union et de concorde; ne cessons de marcher dans les voies de la douceur évangélique : voies sûres, voies libres de tout piége et de tout écueil pour la vertu; elles nous conduiront à cette cité sainte et fortunée, où, selon l'expression de saint Augustin, tout ne sera que paix et félicité, parce que tout ne sera qu'amour et charité. Ainsi soit-il.

PANÉGYRIQUE

DE SAINT FRANÇOIS DE SALES,

PAR DE BEAUVAIS. (1)

Audiant mansueti, et lœtentur.

Que ceux qui sont doux écoutent, et qu'ils se réjouissent. (*Ps.* 33, v. 3.)

CARACTÈRES heureux, qui méritez par votre douceur de goûter celle de la vertu, que ce jour soit pour vous un jour de triomphe. C'est du plus doux des pontifes que l'Eglise célèbre aujourd'hui la gloire. C'est la fête, c'est le triomphe de la douceur : *Audiant mansueti, et lœtentur.*

Et vous, ames vertueuses, mais dont la triste austérité ne connoît que les rigueurs de la vertu, et qui gémissez sous un joug qui devroit faire votre bonheur et votre joie, venez écouter les leçons, et contempler les exemples de François, *venite, omnes qui laboratis et onerati estis;* il calmera vos alarmes, il adoucira vos peines, *et ego reficiam vos.*

Et vous aussi, Chrétiens, qui regardez la piété, ainsi que les Israélites regardoient autrefois la terre promise, comme une contrée aride et brûlante qui dévore ses habitans, venez apprendre de François

(1) Beauvais (Jean-Baptiste-Charles-Marie de), évêque de Senez, né à Cherbourg le 17 octobre 1731, mort à Paris le 4 avril 1790. Ses Sermons ont été publiés par M. l'abbé Galard, 4 vol. in-12.

les délices dont cette heureuse région est inondée :
Et tradet humum lacte et melle manantem.

Mais vous surtout, ministres de la religion, qui
devez mieux sentir encore que tous les autres combien le Seigneur est doux, pour le mieux faire goûter aux peuples qui vous seront un jour subordon-
nés, et aux ames qui sont déjà confiées à vos soins,
venez étudier aujourd'hui avec une nouvelle attention le plus beau modèle de la douceur évangélique,
le modèle que vous avez choisi vous-mêmes, en adop-
tant le saint évêque de Genève pour votre protecteur ; venez contempler,

1°. La douceur de sa piété dans sa vie privée;

2°. La douceur de son zèle dans sa vie apostolique.

Tels sont les deux objets que je consacre à sa
gloire, et plus encore à votre édification et à celle de
cette nombreuse assemblée.

Il sembleroit d'abord, Messieurs, que je devrois
traiter ce sujet avec confiance, surtout dan un siècle où la mollesse et le relâchement des mœurs pa-
roîtroient devoir faire désirer une morale plus facile
et plus douce ; mais combien de contradicteurs vont
peut-être s'élever contre moi ? Avant d'entrer en
matière, je dois à la dignité de mon ministère de
me mettre à couvert de tous les reproches qu'ils
pourroient m'adresser. Je n'ai pas seulement à me
précautionner contre ces pharisiens de la loi nouvelle, qui, pour s'attirer la considération du vulgaire par la singularité et la perfection prétendue de
leur doctrine, font gémir des consciences trop cré-
dules sous des fardeaux qu'ils ne voudroient pas se
donner la peine de soulever : parmi les mondains
eux-mêmes, parmi ceux qui font ouvertement profession de la vie la plus frivole et la plus efféminée,
le rigorisme n'a-t-il pas aussi parmi eux des parti-

sans qui se plaisent à exagérer les rigueurs de la
piété, pour se justifier à eux-mêmes la lâcheté qui
les empêche de s'y soumettre ? Rigoristes de spécu-
lation, vous ne craignez pas d'appesantir un joug
que vous vous dispensez de porter : mais permettez
à ceux qui veulent porter tous les jours de leur vie
ce joug salutaire, d'être plus circonspects que vous,
et plus attentifs à ne pas le surcharger de rigueurs
inutiles.

Et vous, consciences timides et scrupuleuses, qui
vous exagérez à vous-mêmes vos devoirs, dans la
crainte d'en diminuer l'étendue, vous serez alarmées
d'entendre annoncer une doctrine plus douce que la
vôtre. Ames vertueuses, rassurez-vous, j'applaudis
aux motifs de votre frayeur ; je n'avancerai rien qui
ne soit appuyé sur l'autorité d'un saint, consommé
dans l'étude et dans la pratique de la morale la plus
pure et la plus sublime.

Mais peut-être encore que ceux même qui connoissent toute la douceur de l'Evangile, me trouve-
ront indiscret de la manifester tout entière. Déjà,
diront-ils, déjà l'on est trop disposé à diminuer
l'austérité de la morale chrétienne ; et tel est le caractère de la plupart des hommes à l'égard de la vertu,
qu'il faut leur en demander trop pour en obtenir
assez. Mes frères, ce vil stratagème dont vous usez
dans vos affaires temporelles, est indigne de la franchise d'un ministre de la vérité ; et si quelqu'un de
cette assemblée étoit dans ce préjugé, qu'il sache
que je parle sans la plus légère exagération, que je
ne surfais point le ciel : et malheur à celui qui balan-
cera à l'acheter à ce prix !

Mais ce qui m'alarmeroit encore plus que tous les
reproches que je veux prévenir, ce seroit votre approbation, aveugles partisans de cette morale. Ne me

faites pas l'injure de me prendre ici pour votre
apôtre. Anathème aux excès de la douceur, comme
aux excès de la sévérité !

Grand Dieu, je ne viens donc point exalter la douceur de vos lois aux dépens de leur sainteté; mais je
ne puis laisser ignorer à votre peuple quelle est votre
clémence. Puisse-t-elle attendrir ceux que ne peut
émouvoir la terreur de votre justice ! Je ne vous
demande point aujourd'hui cette véhémence qui
ébranle les cœurs. Donnez à mes paroles une douceur conforme à celle de mon sujet; qu'elles se ré-
pandent sur mon auditoire, comme une rosée bienfaisante qui vient rafraîchir une campagne desséchée
par les ardeurs du soleil ; qu'elles raniment les esprits, qu'elles relèvent les cœurs : *Fluat ut ros elo-*
quium meum, quasi imber super herbam, et quasi
stillæ super gramina.

PREMIÈRE PARTIE.

Si l'on vouloit personnifier la piété d'après l'étrange
idée que la plupart des hommes ont coutume de s'en
former pour se justifier, quel spectre effrayant ! Je
l'aperçois au fond d'un antre inaccessible qu'elle fait
retentir d'un gémissement continuel, le visage livide
et couvert des sombres vapeurs de la mélancolie, les
yeux égarés, la tête courbée sous le poids de la
tristesse.

Daigne-t-elle sortir quelquefois de sa sombre
retraite et paroître au milieu des humains, ce n'est
que pour répandre sur eux le poison qui la consume,
et pour condamner aux feux éternels quiconque n'a
pas des idées aussi noires, et des mœurs aussi farouches. Est-ce donc là cette vertu dont J.-C. nous
vante la douceur, et siéroient-elles bien dans la

bouche de ce lugubre fantôme, ces paroles conso-
lantes : Venez à moi, vous tous qui êtes dans le trouble et dans l'affliction, et je calmerai vos alarmes,
j'essuyerai vos pleurs? *Venite ad me, omnes qui laboratis, et onerati estis, et ego reficiam vos.*

Que l'exemple du saint évêque de Genève, dont
nous célébrons la douceur, nous apprenne 1°. que,
si nous considérons la piété par rapport à nous-mêmes, elle peut faire le bonheur de notre vie, sans
porter atteinte à notre bonheur éternel; 2°. que, si
nous la considérons par rapport à la société, elle
peut, sans cesser de plaire au ciel, faire les délices
et le bonheur de la terre.

La piété peut donc faire le bonheur de notre vie?
Il vous paroît difficile, Chrétiens, de pouvoir concilier cette première vérité avec les rigueurs du christianisme; mais ne confondez-vous pas les voies ordinaires de sanctification avec les voies extraordinaires?
et trop attentifs à l'austérité de la morale évangélique, n'oubliez-vous pas la douceur qui en tempère
l'amertume?

Il est donc, Messieurs, des rigueurs extraordinaires par lesquelles Dieu appelle à lui un petit nom-
bres de chrétiens, dont le tempérament et le caractère doivent être traités avec cette sévérité. Telles
sont ces austérités effrayantes qui signalèrent autrefois les déserts de la Thébaïde, et dont nous voyons
encore dans quelques-uns de nos cloîtres revivre les
exemples. Sans altérer votre vénération pour les
saints personnages qui les ont pratiquées, ou qui les
pratiquent encore de nos jours, qu'il me soit permis
d'avancer ici, M. F., que non-seulement il n'est pas
ordonné à tous de marcher à la vertu par cette voie
extraordinaire, mais qu'il est une autre voie moins
sublime en apparence, et cependant plus parfaite

encore, puisqu'elle est encore plus conforme au plus beau modèle qu'un bon chrétien puisse imiter, à la vie de J.-C.

Telle fut celle où François suivit les traces de son divin maître; vous n'y verrez point, Messieurs, de ces traits singuliers qui peuvent seuls exciter notre admiration : car tel est notre enthousiasme pour le merveilleux, que nous accordons souvent à des dehors extraordinaires l'admiration que nous refusons à une piété qui fuit cet appareil, et qui pratique d'ailleurs, non-seulement tous les préceptes, mais les plus sublimes conseils de la morale et de la charité évangélique.

Au reste, Messieurs, moins les vertus de François vous étonneront, plus elles doivent vous encourager. Et pour moi, plus occupé encore de votre salut que de sa gloire, je viens plutôt exciter parmi vous une émulation salutaire qu'une stérile admiration.

François n'alla donc point chercher la vertu au fond des déserts; comme J.-C., il habita toujours au milieu du monde : il ne se distingua point par des pratiques extraordinaires; ses vertus sans art, sans affectation, sans étude, sont semblables à ces tendres fleurs dont l'humble tige paroît sortir à peine du sein de la terre, mais qu'un parfum plus doux fait préférer à des fleurs plus brillantes.

Qu'elle ne se flatte pas de se reconnoître à ce portrait, cette piété tiède et languissante, incapable des grandes vertus comme des grandes passions; cette fausse douceur, qui prend sa source dans une ame aussi froide pour le bien que pour le mal; cette dévotion efféminée, qui veut allier avec une vie régulière une délicatesse souvent plus raffinée dans sa simplicité, que la mollesse fastueuse du mondain le plus voluptueux.

Si nous exceptons de sa vie cet orage passager par lequel Dieu voulut éprouver son amour... Mais pourquoi passer sous silence un trait si glorieux à sa mémoire? Dieu permet à l'esprit tentateur de persuader à son imagination, qui étoit encore dans la foiblesse et la vivacité de son adolescence, et que l'étude du mystère terrible de la prédestination avoit troublée, que sa perte éternelle est résolue, et que l'arrêt de sa réprobation est irrévocable. Grand Dieu! s'écriat-il dans l'excès de sa douleur, puisque je suis condamné à vous haïr éternellement après ma mort, que je puisse du moins vous aimer pendant ma vie! Ah! s'il peut y avoir sur la terre un signe certain de prédestination, quel signe plus certain qu'un sentiment si généreux, et quoi de plus digne du calme inaltérable dont il n'a cessé de jouir après cette rigoureuse épreuve? En effet, Messieurs, jamais lui échappat-il depuis un soupir qui ne fût un soupir d'amour, des larmes qui ne fussent l'expression de la joie et de la reconnoissance?

J'avoue, Messieurs, que ce privilége est rare, et qu'il arrive aux ames les plus justes d'éprouver quelquefois dans le service de Dieu des frayeurs et des dégoûts, qui sembleroient ne devoir être que le partage des pécheurs. Ecoutez les maîtres de la vie spirituelle, et ils vous apprendront que ces troubles intérieurs ressemblent à ces orages passagers qui ne font que purifier l'air, et mieux rétablir le calme et la sérénité : ou, pour me servir d'une comparaison qui représente encore mieux la tendre miséricorde de Dieu, tel qu'une mère qui ne se refuse aux caresses d'un enfant chéri que pour éprouver son attachement, et pour le serrer ensuite plus tendrement entre ses bras; grand Dieu ! vous vous refusez quelquefois aux empressemens des ames qui vous sont les plus chères, mais pour éprouver leur amour, et pour les combler ensuite de consolations plus abondantes.

Vous pourrez nous dire, Messieurs, que vous connoissez des ames vertueuses qui sont toujours dans cet état de trouble et d'abattement. Il en est sans doute, il en est, hélas! que leur tristesse et leur inquiétude naturelle privera toujours de toute consolation; mais pourquoi attribuer à leur piété les effets de leur mélancolie? Ne vous y trompez pas, M. F., ce n'est point la vertu, c'est leur caractère qui est incompatible avec le bonheur.

Mais les ennemis de la piété ne l'accusent pas seulement d'être incompatible avec notre propre bonheur, ils veulent que l'amour de Dieu étouffe l'amour du prochain. Ah! Messieurs, que vous vous y connoissez peu! Détracteurs injustes des ames qui font profession d'une vie plus régulière que la vôtre, sans doute votre malignité sera flattée d'entendre critiquer leurs défauts; mais ne pensez pas que notre censure autorise la vôtre; sachez que c'est un droit qui n'appartient qu'à l'autorité de notre ministère, et que leur réputation est un objet sacré pour vous. Vous conviendroit-il bien d'ailleurs de censurer des imperfections qui valent mieux souvent que la plupart de vos vertus?

Ames pieuses, ce n'est qu'à regret que je relève vos défauts en présence de vos ennemis. Nous vous devons des égards, mais nous en devons encore plus à la piété. Un monde injuste veut lui attribuer tous vos défauts, il nous accuse d'en être les complices; il faut venger la piété et notre saint ministère de ce reproche odieux. Il faut montrer à ce monde aveugle que, loin d'approuver ou de tolérer même vos défauts, nous ne sommes pas moins empressés que lui.

même à les censurer et à les proscrire : c'est donc faire injure à la piété, que de la croire incompatible avec la douceur.

Nous ne pouvons le dissimuler, que parmi vous il s'en rencontre trop souvent qui croient ne pouvoir aimer Dieu, sans devenir par leur misanthropie intolérables à la société. On diroit que l'amour qu'ils veulent avoir pour Dieu épuise toute leur sensibilité, ou qu'ils craindroient de dégrader ou de profaner leur cœur par l'amour du prochain ; comme si le même précepte qui nous fait une loi de votre amour, ô mon Dieu, ne nous ordonnoit pas avec la même énergie d'aimer nos semblables ; comme si on pouvoit, sans les aimer, vous aimer vous-même. Ne vous y trompez pas, M. F. ; François ne crut point faire une infidélité au Dieu jaloux, en aimant encore d'autres objets que lui. Quel fils, quel frère, quel ami, quel maître, quel protecteur ! Il aimoit en Dieu, il aimoit pour Dieu : quelle amitié plus tendre, plus consolante, plus généreuse qu'une amitié animée, consacrée par la charité !

Peut-être y a-t-il des cœurs aussi sensibles que celui de François, mais dont la sensibilité se cache sous un extérieur froid et une gravité rebutante ; des hommes essentiels, mais qui se croient autorisés à négliger des égards qui leur paroissent inutiles ou frivoles ; des hommes bienfaisans, mais dont la bouche ne sut jamais proférer ces mots plus précieux que les bienfaits, mais dont les yeux ne jetèrent jamais un regard favorable. François connoissoit trop le cœur humain et tous les charmes que la douceur a pour lui, pour négliger des attentions et des complaisances souvent plus chères que les faveurs les plus importantes.

Loin de lui donc la rudesse farouche de ces trembleurs catholiques, de ces dévots cyniques, qui trouvent indignes de leurs vertus de s'assujettir aux règles des bienséances humaines, et qui osent encore honorer leur rusticité du beau nom de simplicité évangélique. Laissons aux fanatiques cette âpreté de mœurs ; notre religion nous apprend que les bienséances ne sont pas seulement fondées sur une raison humaine, mais sur une raison éternelle et divine. François vouloit-il donc élever la civilité au rang des vertus évangéliques ? Oui, M. F. ; ce paradoxe vous étonne, mais écoutez. Je ne vous parle pas de moi-même. Il existe une loi qui oblige tous les hommes à s'aimer et à se respecter ; or, n'est-ce pas une conséquence nécessaire de cette loi, de se donner mutuellement des marques de cette considération réciproque ? La forme en est indifférente, peut-être même bizarre, puisqu'elle dépend du caprice des hommes, et de la diversité des nations et des siècles. Mais qu'importe au vrai sage cette inconstance et cette variété, puisque les hommes sont convenus entre eux d'attacher tel sens à tel signe ? Aussi l'apôtre nous recommande-t-il de nous prévenir les uns les autres : *Honore invicem prævenientes*. La civilité est donc à l'égard des hommes ce que le culte est à l'égard de Dieu, un signe extérieur de nos sentimens. Elle est, si j'ose ainsi m'exprimer, le culte du prochain. Voilà, Messieurs, le point de vue sublime sous lequel il envisagea ce qui ne vous paroît qu'un paradoxe.

Aussi, Messieurs, attentif sans affectation à rendre à chacun ce qui lui est dû, à proportionner ses égards à la différence des conditions, à plier son esprit au gré des caractères, quel saint mérita mieux cet éloge du Sage : *Vir amabilis ad societatem ?*

Je sais, Messieurs, que la noble éducation qu'il

avoit reçue ne contribuoit pas peu à l'urbanité qui
étoit répandue sur toutes ses actions : mais si une
condition ou une vie plus obscure ne nous a pas permis à tous de nous aller former à la même école, allons M. F., allons à celle de J.-C., qui nous appren-
dra à suppléer aux usages que nous ignorons, par
une décence, une candeur, une modestie qui enle-
veront les suffrages du monde le moins vertueux et
le plus frivole.

Mais pour vouloir imiter la douceur de François,
prenons garde, Messieurs, de confondre avec les
égards que la religion prescrit ou qu'elle tolère, les
foiblesses du respect humain ; ce vain langage, ces
manières efféminées, ces fades complimens, cette
lâche complaisance, cette basse adulation, indignes
d'un sage, et plus encore d'un chrétien. Le modèle
que je vous propose n'est pas moins éloigné des
foiblesses du respect humain, que de la rudesse de la
misanthropie. La candeur coule de ses lèvres avec la
douceur ; et s'il ménage toujours jusqu'au dernier
des hommes, l'éclat des conditions les plus élevées
n'intimida jamais sa franchise.

Qu'on ne se figure pas ici la franchise importune,
indiscrète, de ces censeurs éternels du genre humain, qui n'ont jamais dans la bouche que des reproches ou des préceptes. Ils ne se flattent pas sans
doute d'avoir un zèle plus ardent que François pour
les intérêts du ciel. Or, le vit-on jamais affecter dans
les compagnies ce ton de réformateur, qui fait souvent plus de tort à la vertu que les blasphèmes de ses
ennemis ? Dans la société, il ne prêche que par ses
exemples ; et sa douce éloquence gagne les cœurs,
que des clameurs indiscrètes auroient de plus en plus
aliénés.

Ne prenoit-il donc jamais autrement le parti de la

vertu? Il la chérissoit trop, Messieurs, pour souffrir
qu'on lui portât en sa présence la moindre atteinte,
et pour ne pas saisir toutes les occasions d'inspirer
aux autres le respect et l'amour dont il étoit pénétré pour elle. Mais qui auroit osé contrister sa douceur par la plus légère indécence? Qui eût osé faire
rougir un front où la pudeur sembloit avoir imprimé
son sacré caractère? J'ai voulu seulement vous faire
entendre qu'il n'en parloit point avec la triste gravité, l'affectation importune, la froide emphase
d'un trop grand nombre de ses panégyristes. Son
ingénieuse douceur avoit l'art de sanctifier les conversations, sans en bannir cette modeste liberté,
cette gaieté innocente, que le plus sévère des apôtres
permettoit aux premiers fidèles dans le siècle le plus
saint et le plus austère du christianisme.

Aussi, loin d'être la terreur des compagnies,
quelle joie se répand sur tous les visages, quand on
l'y voit paroître! La fête la plus brillante seroit im-
parfaite, si elle n'étoit pas décorée de la présence
d'un pasteur chéri. On sait qu'il ne vient point troubler des amusemens innocens, pour se dédommager
d'en être privé lui-même; et qu'il étendra même sa
complaisance jusqu'à participer à ceux qui ne com-
promettront point la sainteté de son ministère,
comme un tendre père qui ne dédaigne pas de se mê-
ler dans les jeux de ses enfans.

Telles furent, Messieurs, les qualités aimables
qui le rendirent également cher, et aux grands et au
peuple. Paroît-il à la cour de ses princes et des nôtres? sa douceur en fait les délices, pendant que sa
sainteté en est l'admiration. Henri-le-Grand, Henri
n'avoit pu voir un caractère dont la candeur avoit
tant de rapport avec sa franchise, et la douceur avec
son humanité, sans concevoir pour lui l'inclination

que la ressemblance a coutume de produire entre les
grandes ames. Je l'aime, disoit ce grand prince
avec cette naïveté héroïque qui caractérise ses paroles : « *Je l'aime, parce qu'il ne m'a jamais flatté.* »
Il veut le fixer sur le siége le plus brillant de ses
Etats, et le décorer de la pourpre romaine. L'évêque
de Genève étoit attaché à son église par des liens trop
chers, par l'indigence et l'affliction où elle languis-
soit, pour que les plus grandes espérances, et ce
qui touchoit bien plus un cœur aussi noble, pour
que l'amitié d'un si grand héros pût jamais le séparer
de cette triste épouse. Par un désintéressement si
généreux, il achève de prouver combien il mérite
les honneurs qu'il refuse. Henri voit donc avec
douleur s'échapper à ses faveurs et à son amitié,
l'homme de son siècle qui en étoit le plus digne. Et
en effet, Messieurs, quel ami étoit mieux fait pour
le plus humain des héros, que le plus doux des
apôtres ?

Quelle est donc la société que François préfère
aux cours les plus brillantes ? C'est la portion la plus
obscure et la plus affligée de son peuple. Il parcourt
les montagnes glacées de son diocèse, pour instruire
et pour consoler leurs tristes habitans. Que j'aime à
le contempler au milieu d'une troupe rustique de
bergers et de laboureurs, qui s'empressent autour de
lui avec la même confiance et la même liberté que
leurs brebis s'empressent autour d'eux-mêmes ! La
douceur qui tempère l'éclat de sa dignité, a dissipé
l'effroi dont l'aspect d'un grand a coutume de frapper le timide vulgaire. Voyez avec quelle complaisance il écoute l'ennuyeux détail de leurs intérêts,
et le récit lamentable de leurs infortunes ; avec quelle
bonté il appaise leurs différends, il calme leurs inquiétudes, il essuie leurs larmes !

Cette affabilité naissoit d'un cœur trop sensible et trop généreux, pour se borner à de stériles démonstrations. Les biens de son église, pillés par l'hérésie, sembloient pouvoir fournir à peine à la vie la plus simple et la plus frugale ; mais, pour être libéral, un grand cœur a-t-il besoin d'être opulent? Par sa généreuse économie, François trouve, au sein de sa médiocrité, des ressources inconnues dans les fortunes les plus brillantes.

Si la modicité de ses revenus ne peut suffire à tous les besoins de son peuple, sa tendre charité lui suggère un nouveau moyen de soulager leur misère. Il la partage avec eux. Dans ses courses pastorales, il ne veut d'autre habitation que la plus sombre chaumière, d'autre nourriture que les alimens les plus grossiers ; et leurs sombres chaumières ennoblies par le séjour de leur pontife, et leurs insipides alimens, assaisonnés par le souvenir qu'il s'en est nourri lui-même, tout leur sort, adouci par l'épreuve qu'il en a daigné faire, leur devient moins triste et moins rigoureux.

Quel spectacle plus consolant pour une ame aussi tendre, que les expressions naïves de leur joie et de leur reconnoissance ; et les larmes qu'il voyoit couler de leurs yeux! Il sentoit, Messieurs, tout le prix des cœurs, et combien les sentimens sont préférables à de froids hommages.

Mais est-ce pour lui que François gagne les cœurs? Vous savez, ô mon Dieu, qu'il n'en fait la conquête que pour vous, et qu'il n'ambitionne l'amour de ses peuples que pour leur faire aimer les oracles et les lois que vous l'avez chargé de leur annoncer. Ainsi, par la douceur de son caractère, il préparoit les merveilles que devoit opérer la douceur de son zèle.

SECONDE PARTIE.

Quand il s'agit, Messieurs, de venger la cause du ciel, il sembleroit d'abord qu'un si grand intérêt devroit nous élever au-dessus de tous les ménagemens de la prudence et de la modération : mais puisque la clémence divine nous ordonne plutôt de lui gagner les rebelles que de les punir, en vain serions-nous animés d'un zèle aussi vif que celui qui dévoroit autrefois le cœur du prophète, si la douceur n'en modéroit les transports.

François ne craignit donc point d'altérer le zèle qu'il devoit à la cause du ciel, par des ménagemens que le ciel prescrivoit lui-même. Quel zèle plus ardent que le sien pour les droits sacrés de la vertu et de la vérité ; et quel zèle en même temps plus doux, soit qu'il veuille venger la vérité, soit qu'il veuille gagner les cœurs à la vertu ? La Providence l'avoit fait naître aux environs de cette ville où l'hérésie avoit établi le centre de son empire. Quelle affreuse désolation déchiroit alors le sein de ces malheureuses contrées ! Des peuples aveuglés des ténèbres, agités des fureurs du fanatisme et de la discorde ; les temples livrés en proie aux sacriléges, aux flammes, au pillage ; les corps des martyrs arrachés de leurs tombeaux, et livrés, pour ainsi dire, à de nouveaux supplices ; le sang de J.-C. foulé aux pieds, et confondu avec le sang de ses prêtres.... Qui pourra délivrer cette région malheureuse des monstres qui la désolent ? En vain le prince déploie toutes les ressources de sa puissance ; c'est à la douceur de François que le ciel a réservé ce triomphe.

La politique humaine, qui craint d'abandonner à une vertu si foible en apparence, le succès d'une en-

treprise aussi périlleuse, veut seconder le zèle de
François par la force des armes : mais non-seulement
l'apôtre du Chablais rejette avec horreur les violences proscrites par la douceur de l'Evangile; il ne veut
pas même consentir à celles qu'autorise une légitime
défense. L'hérésie trame contre lui les plus noirs et
les plus cruels complots : il soustrait lui-même ses
assassins au glaive de la justice humaine ; et par leur
conversion, il obtient encore leur grâce de la justice
divine. Ainsi se vengent les saints, par des bienfaits.
Les catholiques, justement alarmés pour sa vie, veu-
lent-ils la garantir des périls dont elle est menacée ?
sa douceur ne souffrira jamais d'autre escorte que sa
patience et son courage.

François ne veut donc combattre l'erreur qu'avec
les mêmes armes qui ont soumis l'Univers à l'Evangile. Il ne veut employer d'autre glaive que celui de
la parole. Telle est la réputation de ses premiers discours, que les faux prophètes les plus fameux n'osent
accepter les défis qu'il leur propose. Ils sentoient
qu'ils ne pouvoient remporter de plus belles victoires
que de fuir le combat.

Mais que peuvent les démonstrations les plus évidentes sur des esprits prévenus ; et quel est le succès
ordinaire des controverses, sinon d'affermir chaque
parti dans son opinion ? Ainsi quand notre nation,
pour terminer les troubles funestes qui déchiroient
l'Eglise et l'Etat, rassembla ce fameux colloque où
les docteurs les plus célèbres des deux religions qui
partageoient l'Europe, devoient combattre tête à
tête, ne sembloit-il pas que la querelle alloit être
décidée, comme autrefois celle d'Albe et de Rome
par le sort des combattans? Vous savez, Messieurs,
l'issue de cette controverse fameuse. Chaque parti
s'attribua les honneurs du triomphe ; et l'erreur,

comme la vérité, reçut une nouvelle vigueur des contradictions qu'elles y avoient éprouvées. Aussi, Messieurs, écoutez l'aveu du docteur qui défendit alors, avec le plus de distinction, les droits de l'Eglise romaine : « Il n'est point, disoit le savant du « Perron, il n'est point d'hérétiques que je ne sois « assuré de convaincre ; mais c'est à François de Sa- « les qu'il est réservé de les convertir. »

Sans recourir à des exemples si reculés, j'en appelle à votre expérience, à vous qui avez le plus souvent combattu les opinions dangereuses de notre siècle. Quel est le succès ordinaire de vos raisonnemens auprès des différens ordres d'esprits qui se rencontrent dans la société ? Les esprits vulgaires ont-ils seulement assez d'intelligence pour en comprendre le sens ? Nos beaux esprits ont-ils assez de justesse et de pénétration pour en sentir la force ? Les vrais génies enfin, si quelques-uns ont eu le malheur de se laisser séduire, ont-ils assez de candeur et de générosité pour avouer leur erreur ? Les eussiez-vous mille fois réduits au silence, l'amour-propre le céderoit alors à l'opiniâtreté. Ils aimeroient encore mieux attribuer leur défaite à leur propre foiblesse, qu'à celle de leur cause. En vain même, par la force de nos démonstrations, nous subjuguerions leur raison : le cœur est, si j'ose ainsi m'exprimer, comme une forteresse qui commande à toute l'étendue de l'ame ; et, s'il n'est pas soumis, il ne cessera de ravager notre conquête.

A l'exemple de François, commençons donc par nous emparer des cœurs, et les esprits sont à nous. Qui posséda jamais mieux l'art divin de les conquérir ? Qui sut mieux bannir de la dispute tout ce qui peut aigrir les esprits, et ôter au raisonnement ce on impérieux qui révolta toujours leur indépendance ? Qui sut mieux étudier les caractères, et se proportionner à leur variété, choisir leurs momens et ménager leurs foiblesses ?

Cette méthode pourra paroître bien longue et bien pénible à des esprits ardens : ses succès sont lents, il est vrai ; mais ne vaut-il pas mieux encore recueillir des fruits tardifs, que de n'en recueillir aucun ? Et une rosée douce qui rafraîchit, qui fertilise insensiblement les campagnes, n'est-elle pas préférable à ces pluies impétueuses qui dégradent la terre et qui entraînent les moissons ?

Pour nous encourager à soumettre notre vivacité à cette sage lenteur, considérons, Messieurs, les succès prodigieux dont la douceur de François fut couronnée. Manier à son gré des caractères farouches dont l'ignorance et la rusticité redoubloient encore l'obstination, dompter l'orgueil de leurs chefs et l'enthousiasme de leurs docteurs, enlever à l'hérésie, aux portes de sa capitale, sous les yeux même de ses plus célèbres défenseurs, des provinces où elle sembloit devoir perpétuer son empire : tel fut, Messieurs, le triomphe d'un seul homme et d'une seule vertu, de François et de sa douceur.

Mais en célébrant les avantages de cette vertu, je crains, M. F., de paroître autoriser d'injustes murmures. Prenez donc garde, Chrétiens, d'accuser de rigueur ou d'imprudence la sage fermeté avec laquelle les pasteurs les plus modérés sont obligés de soutenir les droits sacrés de la foi. Et ne pensez pas que la crainte de révolter des préjugés trop violens, que les menaces des grands, que les clameurs des peuples, aient jamais pu déterminer le saint évêque de Genève à dissimuler des vérités qu'on ne doit jamais taire, ou à plier au gré des circonstances des lois qui doivent être inflexibles. Il ne connoissoit point la douceur de la politique : il ne connoissoit que la douceur de l'Evangile.

Je ne vous dissimulerai point, Messieurs, les reproches de mollesse et de relâchement dont un rigorisme farouche osa noircir la morale de ce pieux docteur. Il n'accabloit point le corps de jeûnes et de macérations : mais pourquoi, disoit-il, pourquoi toujours punir ce malheureux corps des fautes dont il n'est souvent que l'instrument ? C'est sur le coupable, c'est sur le cœur, qu'il fait tomber la vengeance par les mortifications intérieures, plus agréables à Dieu que les plus rigoureuses macérations. Il n'ordonnoit pas à tout le monde d'abandonner les richesses, les honneurs, les plaisirs innocens ; mais de quel droit auroit-il commandé ce que Dieu lui-même ne fait que conseiller ? Il n'exigeoit pas de toutes les ames le même degré de vertu ; mais toutes sont-elles appelées au même degré de sainteté ? N'y a-t-il pas différens trônes dans le ciel ?

Pour juger de la sublimité de sa doctrine, considérons-la quand rien n'arrête son essor : ne perdre jamais de vue la présence de l'Etre suprême, lui diriger toutes ses actions, toutes ses idées, tous ses sentimens, l'aimer pour lui-même, pour lui seul, vivre au milieu du monde comme si l'on avoit déjà le corps dans le tombeau et l'ame dans le ciel (c'est une des expressions énergiques qu'il employoit lui-même). Les maîtres les plus saints de la vie spirituelle, les plus illustres, les Basile, les Clymaques, les Augustin, ont-ils jamais porté la piété à un degré plus sublime ?

C'étoit ainsi, Messieurs, que la douceur de François, sans cesser d'être inflexible sur les obligations essentielles du christianisme, se proportionnoit, pour la pratique des conseils évangéliques, à la dif-

férente portée des ames que le ciel confioit à ses
soins; qu'elle s'abaissoit avec les foibles, qu'elle s'élevoit avec les parfaits, qu'elle se faisoit tout à tous,
selon l'exemple et le conseil de l'apôtre, pour gagner
tous les cœurs à J.-C.

Accourez donc à lui avec confiance, et vous qui
gémissez encore sous le poids de vos foiblesses, et
vous aussi qui marchez déjà dans le voies de la perfection. Il sait également distribuer, et le lait aux
foibles, et le pain aux forts. Pécheurs, ne redoutez
point sa sainteté. Plus la vertu élève les saints au-
dessus de vous, plus elle doit leur inspirer pour
vous de commisération. Avec quelle bonté reçoit-il
tous les pénitens qui viennent se jeter à ses pieds ! et
quelle horreur n'eut-il pas toujours pour ce zèle.im-
pitoyable qui achève d'écraser un roseau brisé, et
d'éteindre une mêche encore fumante ; pour ce zèle
impatient qui voudroit qu'un pécheur s'élançât tout
à coup, de l'abîme où il est tombé, au comble de la
vertu; pour ce zèle amer qui ajoute encore une rigueur étrangère à celle de la pénitence? La douceur,
pour me servir de ses expressions, la douceur est
toujours le premier appareil qu'il applique aux plaies
de l'ame, pour la préparer aux opérations douloureuses qu'il ne peut se dispenser de lui faire subir.
Car ne le soupçonnez pas, Chrétiens, de cette pitié
cruelle qui ne fait que pallier des maux qu'une rigueur salutaire eût guéris, et qui laisse languir les
pécheurs dans une mortelle sécurité. Si, pour faire à
leur délicatesse une salutaire illusion, il croit devoir
border de miel la coupe amère de la pénitence, jamais il ne diminue la vertu du remède pour en adoucir l'amertume.

Mais lorsque la Providence lui envoie des ames
qu'elle appelle à une vie plus parfaite, à quoi pou-

vons-nous mieux comparer ses tendres attentions pour leur piété naissante, qu'à celles d'une mère pour ses enfans, parmi les foiblesses et les infirmités du premier âge? Ainsi l'Apôtre se peignoit lui-même autrefois aux fidèles de Thessalonique : *Tamquam si nutrix foveat filios suos.* Voyez avec combien de précaution il ménage la délicatesse de leur vertu; comme il calme leurs frayeurs, comme il soutient leurs pas chancelans dans les sentiers difficiles, comme il écarte devant eux les obstacles, comme, sans élargir le chemin du ciel, il sait en adoucir l'âpreté : *Tamquam si nutrix foveat filios suos.* Est-il temps de leur faire prendre leur essor vers le ciel? *Sicut aquila provocans ad volandum pullos suos, ac super eos volitans,* comme cet aigle voltige au-dessus de ses timides aiglons pour encourager leurs premiers efforts, comme il soutient leur vol tremblant, comme il les porte sur ses ailes, comme il les accoutume à fixer le soleil immortel! *Expandit alas suas, atque portavit in humeris suis.*

Mais parmi ces jeunes aiglons, quel est celui que je vois tout à coup s'élancer et planer au plus haut des airs? Son guide lui-même a peine à suivre sa rapidité. A ces traits, M. F., vous reconnoissez la plus illustre des ames que le ciel ait confiées à François, cette femme illustre que l'Eglise vient d'honorer du nom de bienheureuse, et qu'elle va bientôt décorer d'un titre encore plus auguste.

Nous ne vous retracerons pas, Messieurs, les succès de cette direction célèbre; un objet plus intéressant encore doit fixer nos regards. Il ne s'agissoit pas de la sanctification d'une seule ame. François voyoit depuis long-temps avec douleur, au milieu des tumultes et des dangers du siècle, une multitude d'ames fidèles que Dieu appeloit à la solitude, mais que la délicatesse de leur tempérament, ou les infirmités de la vieillesse empêchoient d'embrasser les règles austères, les seules qui fleurissoient alors dans l'Eglise. Il falloit leur préparer un nouvel institut dont la douceur pût compatir avec leur foiblesse. Mais comment un ordre dont la douceur est le principal esprit, pourra-t-il écraser sous ses fondemens les plus chers et les plus tendres sentimens de la nature? Une fille abandonner un père qui la regarde comme l'unique appui, la seule consolation de sa vieillesse! Une mère abandonner des enfans qui ont déjà perdu leur père, et qui vont devenir, dans un âge encore tendre, doublement orphelins! O le plus doux d'entre les hommes, si l'on peut encore vous nommer ainsi, où est votre douceur? où est votre humanité? Voyez un vieillard baigné de larmes, suffoqué par la douleur, et dont les sanglots semblent être les derniers soupirs; voyez un fils, un fils unique qui s'est étendu aux pieds de sa mère dans les transports de son amour et de son désespoir, et qui lui fait une barrière de son corps pour arrêter ses pas; voyez la plus tendre des filles, la plus tendre des mères, obligée de s'arracher des bras d'un père, de passer sur le corps de ce fils. Est-ce vous, ô mon Dieu, qui ordonnez ce cruel sacrifice? Vos lois peuvent-elles contredire les lois de la nature, et la plus ancienne, la plus sacrée de ses lois, l'amour filial, l'amour maternel? Que la nature frémisse; mais qu'elle se taise: son maître a parlé. Quiconque, dit le même Dieu qui ordonna à Abraham de lui immoler son fils unique, quiconque n'est point assez généreux pour me sacrifier, quand ma gloire l'exige, les plus chers objets de la tendresse la plus légitime, n'est pas digne d'être mon disciple.

Que la générosité de ce sacrifice vous apprenne

M. F., le véritable esprit de l'institut qui lui doit son origine. Trompés par la douceur des règles qu'il prescrit, peut-être aviez-vous cru jusqu'ici qu'il traitoit l'ame avec la même indulgence que le corps. Sachez, M. F., qu'il ne tolère d'autre foiblesse que celle du tempérament, qu'il veut en être dédommagé par la force du caractère ; sachez que si les vierges qui vivent sous ses lois ne peuvent imiter les macérations des Claire, des Scholastique, des Thérèse, elles doivent surpasser, s'il est possible, leurs vertus.

Le saint fondateur de cet ordre illustre ne s'est pas borné, Messieurs, à tracer une règle particulière à son nouvel institut. Fidèles de toutes les conditions et de tous les siècles, il a voulu vous laisser encore une règle universelle qui vous apprît à pratiquer, au milieu du tumulte et des dangers du monde, des vertus qui avoient paru jusqu'alors réservées à la solitude.

Tel est, Messieurs, l'objet de cet ouvrage célèbre, qui introduit les ames dans le sanctuaire de la piété ; livre immortel, que l'Eglise transmettra d'âge en âge jusqu'à la dernière postérité, et que, malgré la vaine délicatesse et l'injuste dédain des esprits profanes, elle mettra toujours au rang de ses plus précieux monumens.

Puisqu'il est nécessaire de ranimer pour ce pieux écrit la vénération de notre siècle, apprenez, Messieurs, avec quels applaudissemens il fut reçu du siècle qui le vit paroître, avec quelle rapidité il se répandit dans toutes les parties de l'Europe, avec quel empressement toutes le langues s'enrichirent de ce nouveau trésor : l'hérésie elle-même, malgré son aveugle enthousiasme pour les plus médiocres écrivains, fut forcée de lui rendre hommage, et d'avouer que ses Calvin, ses Bèze, ses Mélanchton, ses docteurs les plus célèbres, n'avoient rien qui pût lui être comparé. Apprenez qu'un roi dont la mémoire vous est également chère et respectable, que Henri, ce héros, toujours l'ami de la vertu, s'il n'en fut pas toujours le disciple, en avoit formé lui-même le premier projet, et qu'il n'avoit point trouvé dans ses États d'écrivain plus digne, non-seulement par ses vertus, mais par ses talens, d'exposer à l'Univers les élémens et les délices de la vertu.

J'avoue, Messieurs, que le style de François n'est pas exempt des défauts d'un siècle où notre langue n'étoit pas encore parvenue à ce degré de perfection qui l'a fait adopter par toutes les nations de l'Europe. Mais qu'y a-t-il de commun entre le mérite essentiel de ce pieux écrit, et les caprices d'une langue vivante? Quand il ne parleroit qu'à l'esprit, l'esprit devroit encore aimer à y reconnoître les traces de la candeur et de la simplicité de nos aïeux. Mais n'est-ce pas au cœur qu'il parle? et le langage du cœur n'est-il pas de tous les siècles.

Je sais encore, Messieurs, que depuis François une multitude d'écrivains célèbres ont consacré à la piété leurs talens et leurs veilles; qu'un Bossuet, un Fénelon ont écrit; et que leurs ouvrages portent l'empreinte de cette grandeur et de ce génie qui caractérisent le siècle de Louis-le-Grand. Mais, sans manquer à l'admiration que nous devons à la sublimité de leurs talens, est-il, de l'aveu même de ces grands hommes, est-il aucun de leurs écrits qui insinue dans les cœurs, avec la même onction que François de Sales, l'amour de la vertu?

S'il est trop difficile de ranimer le goût des écrits de François de Sales, dans un siècle trop frivole et trop dédaigneux pour goûter la pieuse naïveté de nos pères, puissions-nous du moins ranimer parmi vous,

M. F., le goût de la morale qu'ils contiennent, de cette morale qui a le mieux saisi le juste tempérament de douceur et d'austérité qui fait l'ame du christianisme!

Ah! si cette morale étoit mieux connue, combien de mondains, qui ne l'ont rejetée que par l'idée triste et bizarre qu'ils en ont conçue, s'empresseroient de se réconcilier avec elle! Combien cette vertu, dont le nom, si beau dans son origine, est devenu si odieux; combien cette dévotion si méprisée, si décriée, deviendroit aimable et respectable!

Ames vertueuses, qui faites profession d'une vie plus régulière que le vulgaire des chrétiens, c'est à vous à vous unir à nous pour rendre à cette vertu son ancienne gloire. En vain nous exalterons ses avantages, si vous contredites nos discours par votre conduite. Voyez, nous dit tous les jours un monde profane; voyez les partisans les plus célèbres de cette dévotion dont vous nous vantez la douceur; est-il des caractères plus tristes, des esprits plus contrarians et plus opiniâtres, des cœurs moins sensibles et moins compatissans? Pourvu que leurs mœurs soient régulières, et qu'ils remplissent leurs pratiques extérieures de religion, ils croient satisfaire à tous leurs devoirs, et acquérir le droit de s'abandonner à tous les caprices de leur humeur. Je sais que les mondains vous traitent avec trop de rigueur, qu'ils exagèrent tous vos défauts, et qu'ils pardonneroient plus facilement à l'un de leurs semblables le plus furieux emportement, qu'à vous la plus légère inégalité. Mais que leur malignité même redouble donc votre vigilance; je vous en conjure par l'intérêt que vous devez prendre à la gloire d'une vertu qui vous paroît chère. Songez que vous portez son sort entre vos mains, que ses ennemis ont sans cesse les yeux ouverts sur votre conduite, et qu'ils sont assez injustes pour la rendre responsable de tous vos défauts. Ah! puissiez-vous, par la douceur inaltérable de votre caractère, confondre leurs préjugés odieux, et les forcer à reconnoître que la dévotion peut unir les qualités les plus utiles et les plus chères à l'humanité, avec les vertus les plus agréables au ciel! Ainsi soit-il.

FIN DES PANÉGYRIQUES.

FRAGMENTS

DE LETTRES DE FÉNELON (1),

TIRÉS DE LA CORRESPONDANCE GÉNÉRALE QUI FAIT PARTIE DE SES OEUVRES.

29 janvier 1700.

CARACTÈRE DE S. FRANÇOIS DE SALES.

Le jour de saint François de Sales est une grande fête pour moi. Je prie aujourd'hui de tout mon cœur le saint, d'obtenir de Dieu, pour vous, l'esprit dont il a été lui-même rempli. Il ne comptoit pour rien le monde. Vous verrez, par ses *Lettres* et par sa *Vie*, qu'il recevoit avec la même paix et dans le même esprit d'anéantissement, les plus grands honneurs et les plus dures contradictions. Son style naïf montre une simplicité aimable, qui est au-dessus de toutes les grâces de l'esprit profane. Vous voyez un homme qui, avec une grande pénétration, et une parfaite délicatesse pour juger du fond des choses et pour connoître le cœur humain, ne songeoit qu'à parler en bon homme pour consoler, pour soulager, pour éclairer, pour perfectionner son prochain. Personne ne connoissoit mieux que lui la plus haute perfec-

---

(1) Fénelon (François de Salignac de Lamothe) naquit au château de Fénelon en Périgord, le 6 août 1651 ; il mourut à l'âge de soixante-quatre ans, le 7 janvier 1715.

La meilleure édition et la plus complète de ses OEuvres a été publiée par les soins de MM. de Saint-Sulpice, et imprimée par Lebel, à Versailles.

tion ; mais il se rapetissoit pour les petits , et ne dé-
daignoit jamais rien. Il se faisoit tout à tous, non
pour plaire à tous, mais pour les gagner tous, et
pour les gagner à Jésus-Christ , et non à soi......

(Tome VI , Lettre 242, page 279.)

15 avril 1700.

....Pour vos lectures , vous faites bien de lire l'É-
criture sainte, mais n'abandonnez, ni l'Imitation de
Jésus-Christ, ni les ouvrages de saint François de
Sales. Ses *Lettres* et ses *Entretiens* sont remplis de
grâce et d'expérience.

(Tome VI , Lettre 246, page 288.)

30 avril 1700.

. . . .
Je ne sais si vous avez bien lu les livres de saint
François de Sales ; mais il me semble que vous pour-
riez lire fort utilement ses *Entretiens*, quelques-
unes de ses *Épîtres*, et divers morceaux de son grand
Traité de l'Amour de Dieu. En parcourant, vous
verrez ce qui vous convient. L'esprit de ce bon saint
est ce qu'il faut pour vous éclairer , sans nourrir en
vous le goût de l'esprit, qui est plus dangereux pour
vous que pour une autre.

(Tome VI, Lettre 248, page 292.)

28 janvier 1701.

Puisque vous êtes foible, reposez-vous, et ne sortez point. Le bon saint que nous aimons tant, sera avec vous au coin de votre feu.... Si vous sentez que votre langueur ne vous permette pas d'aller demain à la messe renoncez-y bonnement. Souvenez-vous que, si saint François de Sales étoit au monde, et qu'il fût votre directeur, il vous défendroit d'y aller en ce cas : il ne vous le défend pas moins du paradis. En quittant la solennité de sa fête, vous suivrez son esprit. Vous le trouverez dans la foiblesse et dans la simplicité, bien plus que dans une régularité forcée. Aimons, comme lui, et nous aurons bien célébré sa fête.

(Tome VI, Lettre 260, page 314.)

29 janvier 1701.

Je vous conjure encore une fois, de ne songer point encore aujourd'hui à entendre la messe, si votre foiblesse et votre langueur ne vous le permettent pas. Vous manqueriez à Dieu et au saint par ce défaut de simplicité, vertu que le saint a tant aimée et recommandée. Mais si votre santé se trouvoit assez fortifiée pour entendre une messe, venez simplement à onze heures et demie entendre la mienne dans la chapelle de céans. Nous nous unirons ensemble au bon saint. Il m'a donné, le jour de sa fête, les prémices de mes plus grandes croix.

(Tome VI, Lettre 261, page 315.)

29 janvier 1708.

. . . .
J'espère que l'onction de saint François de Sales dé-
coulera de son cœur dans le vôtre pour l'adoucir et
pour le calmer. Si vous vous tournez vers lui, il
vous obtiendra la paix. Je vous demande, par tout
ce que vous avez jamais goûté dans ses écrits, de
suivre ses conseils contre les dépits de votre amour-
propre, et de venir le jour de sa fête vous unir de
cœur avec moi. Je voudrois être mort à moi-même,
et qu'il n'y eût plus en moi que ce bon saint, pour
vous parler, pour vous conduire, et pour vous aider
à mourir sans réserve.

(Tome VI , Lettre 411 , page 500.)

.... Il me semble que vous pouvez lire d'abord,
avec utilité, *l'Introduction à la vie dévote* de saint
François de Sales , puis quelques traités de Rodri-
guez , de là , vous pourrez passer aux *Entretiens* de
saint François de Sales.

(Tome V, Lettre 35 , page 441.)

.... Lisez bien saint François de Sales. Il est
au-dessus de l'esprit ; il n'en donne point, il en ôte,
il fait qu'on n'en veut plus avoir ; c'est une maladie
dont il guérit.

(Tome VI , Lettre 112, page 79.)

FIN.

TABLE DES PANÉGYRIQUES

DE SAINT FRANÇOIS DE SALES.

FIN DE LA TABLE.

DE L'IMPRIMERIE DE CRAPELET,
Rue de Vaugirard, n° 9.